이기동의 **영어 전치사**

의미와 용법

Keedong Lee's English Preposition

Meaning and Usage

이 기 동 의
영어 전치사 의미와 용법

KEEDONG LEE'S ENGLISH PREPOSITIONS   MEANING AND USAGE

SPECIAL EDITION

이기동 지음

PREPOSITIONS

이기동의 **영어 전치사**

의미와 용법

초판 발행 1983년 2월 25일
개정판 발행 1998년 7월 5일
3판 발행 2012년 6월 29일
4판 발행 2020년 5월 18일
5판 발행 2024년 8월 1일

지은이 이기동
감　수 최경애
펴낸이 류원식
펴낸곳 교문사

편집팀장 성혜진 | **책임진행** 김성남 | **본문편집** 김도희

주소 10881, 경기도 파주시 문발로 116
대표전화 031-955-6111 | **팩스** 031-955-0955
홈페이지 www.gyomoon.com | **이메일** genie@gyomoon.com
등록번호 1968.10.28. 제406-2006-000035호

ISBN 978-89-363-2588-6 (03740)
정가 22,000원

저자 소개

이기동 Keedong Lee

서울대학교 사범대학(영어교수법 학사)
University of Hawaii 대학원(영어교수법 석사)
University of Hawaii 대학원(언어학 박사)
건국대학교 문과대학 부교수 역임
연세대학교 문과대학 교수 역임
연세대학교 명예교수

저서

A Korean Grammar on Semantic – Pragmatic Principles
Kusaiean Reference Grammar
Kusaiean—English Dictionary
이기동 영어 형용사와 전치사
영어 동사의 의미 上 · 下
인지문법에서 본 영어동사
인지문법에서 본 동사사전
영어동사의 문법
이기동 영어 구동사 연구
이기동의 영어 형용사 연구 BASIC · ADVANCED
영어 전치사 연구
図説 英語の前置詞 上·下

역서

문법 이해론
말의 여러 모습
언어와 심리(공역)
인지언어학(공역)
말(공역)
현대언어학(공역)
언어학개론(공역) 외

100여 편의 논문 출간
고등학교 영어 교과서 집필(교문사 외)

책 출간에 부쳐

영어를 배우고 쓰면서 일반적으로 가장 어렵게 생각되는 부분은 전치사와 구절 동사(관용어)이다. 전치사의 경우에 사전을 찾아보면 전치사 하나하나에는 여러 가지의 뜻이 실려 있다. 웹스터(Webster) 사전에 실린 전치사 over의 뜻은 무려 25 가지가 넘는다. 그런데 문제는 이 25가지 뜻 사이에 관련성이 포착되지 않기 때문 에 이것을 배우기에 그만큼 큰 부담이 있다는 것이다.

구절동사도 마찬가지이다. 예를 들어서 put up with~는 '~을(를) 참다'로 풀이 가 되는데, 이 구절동사를 이루는 어느 요소도 '참다'와 관련이 없어 보인다. 그러 므로 이러한 구절동사는 한 낱말의 다른 동사를 외우듯 그냥 외워야 하는 것으로 생각된다. 또 한 예로 live on~(~을 주식으로 살다)을 들어 보자. 이 경우에 live의 뜻은 찾아볼 수 있으나 on은 그 뜻을 찾아볼 수 없으므로 live에 그대로 붙여서 외 워야 하는 것으로 생각된다.

이 밖에 He is _____ the stove.라는 문장이 있을 때 빈칸에는 at, by, near 등 의 전치사가 쓰일 수 있다. 그러나 전치사에 따라서 그 의미가 달라지는데, 현재 쓰이고 있는 참고서나 사전을 아무리 부지런히 찾아보아도 의미 차이는 알아낼 수가 없다.

필자는 이러한 문제를 늘 인식하면서 영어를 배우며 가르쳐 왔다. 위에서 말한 문제에 대한 해답을 찾게 되면 영어를 외국어로 배우고 가르치는 우리에게 많은 도 움이 될 수 있으리라고 생각했다. 그러던 중 유학시절에 태평양의 미크로네시아 에 있는 쿠사이라는 섬나라 말을 연구하게 되었는데, 이 나라 말에도 비슷한 현상이 있음을 알게 되었다. 그때 이 문제는 비단 실용 문제에 그치는 것이 아니라 학문적으로도 캐어 볼 가치가 있음을 확신하게 되었다.

그 사이 필자는 언어학 훈련을 통해 언어를 들여다볼 수 있는 눈이 생기면서 다음과 같은 생각을 갖게 되었다. 전치사마다 여러 가지 뜻이 사전에 실려 있지만 이러한 뜻은 어떤 공통점에 의해 묶여질 수 있으며, 구절동사에 쓰이는 전치사나 부사에도 정도의 차이는 있을지언정 반드시 어떤 뜻이 있을 것이라는 확신이었다. 먼저 over를 살펴보았다. 이것은 전치사와 부사로 쓰일 수 있는데, 어느 품사로 쓰이건 이 낱말에는 핵심 의미가 있음을 알게 되었다.

이러한 연구 결과를 학생들과 동료들에게 소개해 보았더니 모두들 재미있는 연구라고 칭찬과 격려를 아끼지 않았다. 특히 고등학교 선생님들께서는 이러한 연구가 고등학교에서 영어를 가르치는 데에 무엇보다 중요한 자료와 지침이 될 수 있을 것이라고 하였다. 아무런 관련성이 없는 여러 가지 의미를 그냥 외우는 것보다 의미 사이에 관련성을 찾게 되면 외우기도 쉽고 오래 기억할 수 있다는 장점이 있기 때문일 것으로 생각한다.

그래서 1975년부터 전치사와 구절동사에 쓰이는 전치사적 부사를 하나씩 연구하기 시작하였다. 연구가 끝난 것은 기회가 있을 때마다 발표하여 여러 사람의 의견을 골고루 주의 깊게 들어 보았다. 발표 후 들은 의견에 따라 필자의 생각과 분석을 조금씩 바꾸어야 하는 부분도 없지 않았으나, 필자의 기본 가정은 그대로 살릴 수 있다는 자신을 얻게 되었다.

　그러한 자신이 굳혀지자 이것을 빨리 세상에 내놓아 영어에 관심을 가진 많은 사람들에게 도움을 주고 싶었다. 그러나 과중한 수업에 쫓기다 보니 충분한 시간을 갖지 못하여 마무리를 짓지 못하다가, 오랜 연구 끝에 이것을 내놓게 되었다. 이 연구에는 아직도 부족한 점이 많으리라 생각되지만 실용적인 면에서 큰 도움을 줄 수 있으리라 믿는다.

　이 책이 이루어지기까지 필자는 여러 스승의 가르침을 받았다. 한 분 한 분 다 열거할 수는 없지만, 그 가운데에서도 필자에게 많은 영향을 끼친 분은 Byron W. Bender, Stanley Starosta, Dwight D. Bolinger, Ronald W. Langacker, George Lakoff, Robert Kirsner, Susan Lindner 교수 등이다. Bender 교수는 필자에게 실제 언어학을 할 수 있는 좋은 길을 터 주었고, Starosta 교수는 언어 분석이 무엇인가를 일깨워 주었다. Bolinger 교수는 필자가 한 번도 만난 적은 없지만 그분이 쓴 여러 책을 통해 언어에 대한 많은 것을 배웠고 이 책에 이루어진 연구에 필요한 실마리를 많이 얻었다. Langacker 교수는 1979년 일리노이대학교에서 열린 미국언어학회 여름 강좌에서 필자에게 구조 의미에 대한 깊은 관심을 불어넣어 주었고, 그가 주창하는 이론인 '인지 문법'은 이 연구에 많은 도움을 주었다. Lakoff 교수는 1981년 서울에서 열린 한국언어학회 주최의 국제언어학대회에서 비록 영어가 필자의 모국어는 아니지만 필자의 over 분석이 영어가 모국어인 사람의 직관에서 그다지 벗어나지 않음을 알려 주었고 동시에 많은 격려를 해 주었다. 그리고 Kirsner 교수의 '형태 · 내용 분석 이론'과 Lindner 교수의 out과 up에 대한 의미 분석도 이 연구에 많은 도움이 되었다.

　영어 교육이 크게 강조되면서 교수 방법과 교재가 개선되어야 한다는 여러 사람의 의견이 나오고 있다. 그러나 방법과 교재에 앞서 필요한 것은 영어에 대한 보다 정확한 이해라고 생각한다. 낱말이나 구조에 대한 보다 정확한 이해가 있어야 이에 따라 방법과 교재가 개선되리라고 생각한다. 이런 의미에서 이 책이 영어 교육을 담당하는 분들이나 영어 학습자들에게 작으나마 도움이 되기를 바란다.

이 책을 첫 페이지부터 마지막 페이지까지 순서대로 읽을 필요는 없다. 어렵다고 생각되는 전치사나 전치사적 부사를 골라서 읽으면 된다. 그러나 맨 앞 부분에 있는 일반 개요는 반드시 읽어 보는 것이 좋겠다. 이 연구의 밑받침이 되는 인지ㆍ지각 능력이 비교적 상세하게 기술되어 있기 때문이다.

특별한 기호를 쓴 것은 X와 Y뿐이다. X는 전치사의 선행사를, Y는 전치사의 목적어를 나타낸다. 설명을 보충하기 위해서 가능한 한 많은 그림을 포함했다. 이 그림들을 주의 깊게 살펴보면 전치사나 부사의 의미를 이해하는 데 필요한 많은 도움을 얻으리라 생각한다.

출판사 덧붙임

《영어 전치사 연구: 의미와 용법》의 일본어판이 《図説 英語の前置詞》라는 제목으로 2024년 봄 일본 카이타쿠샤(開拓社) 출판사에서 출간되었습니다. 번역자로서 일본어로 옮기는 과정에서 발견한 오탈자를 수정해 주시고 전치사의 여러 예문에 대한 설명을 더 자연스러운 한국어 표현으로 다듬어 주신 목원대학교 영어영문학과 최경애 교수님께 2020년 여름 타계하신 저자 이기동 교수님을 대신해 감사의 마음을 전합니다.

차례

일러두기

1. 들어가는 말

이 책에서는 제가 지금까지 연구해 오고 있는 영어 전치사를 살펴봅니다.

먼저, 영어 전치사에 대해서 몇 가지 연구의 흐름을 짚고 넘어가도록 하겠습니다. 영어 전치사에 대한 생각이 몇 가지로 갈라지고 있습니다. 한 갈래는 전치사 at, in, on, by 등은 뜻이 없다는 것입니다. 이것은 단적으로 잘못된 생각입니다. 우리말에도 '어' 다르고 '아' 다르다고 하지 않습니까? 전치사에 뜻이 없다는 것은 우리말에 '집에', '집에서', '집으로'에 쓰인 '에', '에서', '으로'에 뜻이 없다는 것과 마찬가지입니다. 다음 문장에서는 전치사 of, by, for가 쓰였습니다. 뜻이 없다면 왜 세 가지 전치사가 쓰였을까요.

Government **of** the people / **by** the people / **for** the people

또 한 갈래는 전치사에 많은 뜻이 있다고 하는 주장입니다. 이 주장은 사전을 만드는 분들의 생각입니다. 전치사의 뜻은 사전을 찾아보면 많은 뜻이 실려 있고 사전의 크기에 따라 전치사의 수도 늘어납니다. 하지만 이 방법에도 문제가 있습니다. 한 전치사에 수십 개의 뜻이 있다고 하면, 모국어 화자라도 이것을 외워서 배우기는 어려울 것입니다. 전치사 about을 사전에서 찾아보았습니다.

about
① 약, −쯤, −경 ② 거의 ③ …에 대한(무엇의 '주제'나 '연관성'을 나타냄)

부사

① 약, -쯤, -경

It costs about $10. [그것은 (값이) 약 10달러 한다.]

② 거의

I'm just about ready. [난 거의 준비가 다 되어 간다.]

③ 이리저리

The children were rushing about in the garden. [아이들은 정원을 이리저리 마구 돌아다녔다.]

④ 되는 대로, 여기저기

Her books were lying about on the floor. [그녀의 책은 바닥에 여기저기 놓여 있었다.]

⑤ 그냥, 하릴없이

People were standing about in the road. [사람들이 길에 하릴없이 서 있었다.]

⑥ (주위에) 있는[발견되는]

There was nobody about. [주위엔 아무도 없었다.]

⑦ 반대 방향을 향하게 해서, 거꾸로

He brought the ship about. [그는 뱃머리를 돌렸다.]

전치사

① …에 대한(무엇의 '주제'나 '연관성'을 나타냄)

a book about flowers [꽃에 대한 책]

② …에 관한, …와 관련된(무엇의 '목적'이나 '측면'을 나타냄)

Movies are all about making money these days. [요즘엔 영화가 온통 돈벌이하고만 관련된 일이 되었다.]

③ …로 바빠, …을 하며

Everywhere people were going about their daily business. [어디를 가나 사람들이 일상적인 일을 보느라 바삐 다니고 있었다.]

④ 사방에, 여기저기

We wandered about the town for an hour or so. [우리는 한 시간 정도 시내 여기저기를 돌아다녔다.]

⑤ 도처에, 여기저기

The papers were strewn about the room. [방 안 여기저기에 신문이 흩어져 있었다.]

⑥ …옆에; …내에

She's somewhere about the office. [그녀가 사무실 내 어디에 있을 것이다.]

⑦ …주위[둘레]에

She wore a shawl about her shoulders. [그녀는 어깨에 숄을 두르고 있었다.]

출처 : 네이버 사전

　　많은 뜻이 열거되어 있습니다. 이와 같은 사전의 문제는 about이 갖는 여러 뜻 사이에 관련성이 보이지 않는다는 것입니다. 뜻이 많아도 관련성이 있으면 외우고 배울 수 있습니다. 간단한 실험을 한번 해 봅시다. 제가 몇 개의 단어를 불러 드리겠습니다. 적지 말고 듣기만 하세요. 5초 후에 들은 것을 기억해 보세요.

그룹 1 : 사과, 배, 감, 자두, 살구
그룹 2 : 기차, 선로, 기차표, 승무원, 역
그룹 3 : 매미, 물, 젓가락, 나무, 호두

몇 번 실험을 해 본 결과, 피실험자들은 그룹 1과 그룹 2는 잘 기억하는데, 그룹 3은 잘 기억하지 못했습니다. 그 이유는 그룹 1과 그룹 2는 낱말 사이에 관련성이 있는 반면, 그룹 3에 있는 낱말들은 관련성이 거의 없기 때문입니다.

저는 이 책에서 다음과 같은 방법으로 전치사에 접근하겠습니다. 각 전치사에는 기본 의미가 있고 이 기본 의미가 확대되어 여러 가지 뜻을 갖는다고 생각합니다. 그래서 한 전치사가 여러 가지 뜻을 갖더라도, 이들 뜻 사이에는 관련이 있음을 보여 드리겠습니다. 이 책에서는 이런 점에 중점을 두겠습니다. 이 책을 통해 여러분이 전치사에 대해서 보다 큰 자신감을 갖게 되기를 바랍니다.

2. 용어

다음에서는 이 책에 자주 쓰이는 용어를 몇 개 소개하겠습니다. 소개되는 용어가 생소할 수 있으나, 이들 용어는 우리가 늘 주위에서 경험한 현상을 정리한 것이어서 읽으면 어려울 것이 없습니다.

2.1. 전치사

전치사는 영어로 preposition이라고 합니다. 전치사는 명사 앞에 온다는 뜻입니다. 그러나 이것은 전치사의 완전한 뜻이 되지 못합니다. 왜냐하면 전치사는 관계어(relational word)이고, 관계에는 두 개체가 있어야 하기 때문입니다. 이 두 개체는 전치사의 선행사와 목적어입니다.

---

2 선행사 + 전치사 + 목적어

전치사의 선행사와 목적어는 의미에 따라 이동체와 지표로 불립니다.

3 이동체 + 전치사 + 지표

전치사에 쓰이는 두 개체는 위상이 같은 것이 아닙니다. 전치사의 목적어가 기준이 되고 이 기준에 따라서 이동체의 위치나 움직임이 결정됩니다. 그래서 지표가 이동체보다 더 크고, 더 가깝고, 더 안정됩니다. 다음 표현을 살펴봅시다.

4 A house on the river
강에 접해 있는 집

위 표현에서 집의 위치가 강을 기준으로 해서 정해집니다. 그래서 다음과 같은 표현이 어색합니다.

5 The river by the house

지표는 이동체에 비해 더 크고 더 가까이 있습니다. 위에서 목적어가 기준이 된다고 했습니다. 이 기준에 대해서 잠깐 알아보겠습니다. 다음 두 표현을 살펴봅시다.

6 a. 아들이 아버지를 닮았다.
b. 아버지가 아들을 닮았다.

위 6a에서 기준은 아버지이고, 6b에서 기준은 아들이 됩니다. 그래서 6b는 경우에 따라서 이상할 수도 있는데, 이는 아들이 아버지를 닮는 것이 정상이기 때문입니다.

7 ‌ X + 전치사 + Y

이 책에서는 편의상 전치사에 쓰이는 두 개체를 X와 Y로 부르겠습니다. X는 선행사와 이동체에 해당되고, Y는 목적어나 지표에 해당됩니다. 이 점을 반드시 기억해 주기 바랍니다. X와 Y는 자주 언급되는데 처음부터 잘 인지하여 혼동이 없기 바랍니다.

2.2. 부사

다음으로 전치사에 대해서 한 가지 더 알려 드릴 내용이 있습니다. 전치사 가운데는 부사로도 쓰이는 것이 있습니다. X + 전치사 + Y에서 Y가 안 쓰이는 예가 있습니다. 이것을 부사라고 합니다. '**전치사적 부사**(prepositional adverb)'라는 긴 용어가 있으나, 이 책에서는 부사라고 하겠습니다. 전치사와 부사는 다음과 같이 정리할 수 있습니다.

전치사 : X + 전치사 + Y
부사 : X + 전치사 + $\emptyset$

부사에는 Y 자리가 비어 있습니다. Y가 안 쓰이는 이유는 문맥, 화맥, 세상 지식으로부터 이것은 추리될 수 있기 때문입니다.

다음 두 문장을 비교하여 봅시다.

8

a. Let's get on the bus. (전치사)
b. The bus has arrived. Let's get on $\emptyset$. (부사)

위 8a에는 on이 목적어 the bus와 쓰여서 전치사입니다. 그러나 8b에는 on의 목적어가 쓰이지 않아서 부사입니다. 8b에 목적어 the bus가 쓰이지 않은 이유는 8b에는 앞부분에 버스가 언급되어서 이것을 구태여 다시 언급하지 않아도 타라고 하면 무엇을 타는 것인지 알 수 있기 때문입니다. 우리말도 마찬가지입니다. 정류장에서 두 사람이 버스를 기다리는데 버스가 왔습니다. 이것을 두 사람이 다 보았습니다. 이때 "타자."라고 하면 되지, 구태여 "버스를 타자."라고 할 필요가 없는 것과 마찬가지입니다.

다음으로 세상 지식으로 목적어가 추리되는 예를 살펴보겠습니다. 다음 문장을 봅시다.

9

He put a shirt on ∅.
그는 셔츠를 입었다.

위 문장은 셔츠를 입었다는 뜻입니다. 그런데 위 문장에도 부사 on이 쓰여서 목적어가 표현되지 않았습니다. 셔츠를 입으면 이것은 주어의 몸에 가 닿게 됩니다. 그러므로 옷이 가 닿는 것을 구태여 언급할 필요가 없습니다. 이렇게 보면 on의 목적어를 세상 지식으로 알아낼 수 있습니다. 다음도 마찬가지입니다.

10

He put a hat on.
그는 모자를 썼다.

모자는 머리에 쓰는 것이므로, '머리'를 언급하지 않아도 모자가 어디에 가 닿는지 알 수가 있습니다. 만약 모자가 머리가 아닌 곳에 가 닿게 되면 이것은 명시될 것입니다.

11

He put his hat on the table.
그는 그의 모자를 탁자에 놓았다.

이 사실은 우리말을 살펴보면 쉽게 이해될 것입니다. 다음 문장을 살펴봅시다.

12
> 그는 모자를 _____에 썼다.
> 그는 신을 _____에 신었다.
> 그는 반지를 _____에 끼었다.
> 그는 옷을 _____에 입었다.

위 문장에서 빈칸에 들어갈 말은 거의 예측이 가능합니다. 모자는 머리에, 신은 발에, 반지는 손가락에 등등 이렇게 예측이 가능하므로 이것은 특별한 경우가 아니면 언급되지 않습니다.

특별한 경우는 다음에서와 같이 부위가 명시되어야 하는 경우입니다.

13
> 그는 조그마한 모자를 그 큰 머리에 썼다.

위에서 살펴본 put on의 경우 '숙어'로서 덩어리로 그냥 외우게 하고 있습니다. 그러나 put과 on에도 뜻이 있고, on이 부사로 쓰이는 데에는 이유가 있음을 살펴보았습니다.

위에서 전치사 가운데 부사로도 쓰임이 가능한 경우가 있음을 살펴보았습니다. on 외에 다른 전치사도 이와 같은 분석이 가능한데, 하나의 예로 전치사 up은 부사로도 쓰일 수 있습니다. 이것은 특이한 현상이 아닙니다. 영어에서는 자주 볼 수 있습니다. snow, rain은 명사로 쓰일 뿐만 아니라 동사로도 쓰입니다.

2.3. 불변사

위에서 우리는 전치사와 전치사에서 나온 부사를 살펴보았습니다. 그런데 구동사의 한 요소로 전치사, 전치사에서 나온 부사 이외에 다른 부사가 있습니다. 이것을 '원래 부사'라고 합시다. 이 부사에는 이에 상응하는 전치사가 없습니다. 경우에 따라서 이 세 개를 묶을 필요가 있습니다. 이러한 경우 **불변사**(particle)라는 용어로 쓰겠습니다.

전치사라는 용어를 쓰면 전치사는 포함되지만, 부사가 포함되지 않습니다. 또 부사라는 용어로 쓰면 부사는 포함되지만 전치사는 포함되지 않습니다. 그래서 전치사와 부사를 모두 포함하는 용어 '불변사'가 필요합니다.

2.4. 구동사

전치사를 다루다 보면 자연 구동사(phrasal verb)를 다루지 않을 수 없습니다. 왜냐하면 구동사는 동사와 전치사 또는 부사로 이루어지기 때문입니다. 즉, 동사와 불변사로 이루어지기 때문입니다.

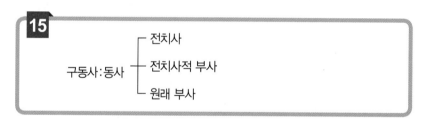

구동사는 여러 가지 용어로 불리고 있습니다. '숙어' 또는 '이어 동사', '삼어 동사' 또는 '동사와 불변사의 결합' 등입니다. 이 책에서는 구동사라는 용어를 쓰겠습니다.

구동사는 영어 학습에 매우 중요합니다. 이 중요성에 비추어 볼 때, 구동사의 교육은 아직 바랄 점이 많습니다. 첫째, 구동사는 이것을 이루는 동사와 불변사의 뜻이 없다고 보므로 이것을 한 덩어리로 가르치고 배우고 있습니다. 예로 'take off'는 '이륙하다'의 뜻으로 가르치고 있습니다. 이 뜻은 take와 off에 각각의 뜻이 없으므로 이것을 덩어리로 외워야 한다고 합니다. 그러나 사실은 그렇지 않습니다. 모든 구동사는 분석이 가능합니다. 즉, 구동사의 뜻은 이것을 이루는 동사와 불변사의 뜻에서부터 끌어낼 수 있습니다. take off를 예로 들어 봅시다. 이 구동사는 다음과 같이 쓰입니다.

16

a. The plane took off for LA.
그 비행기는 LA에 가기 위해 이륙했다.

b. The train took off.
그 기차가 떠났다.

c. The man took off without saying good-bye.
그 남자는 인사도 없이 급히 떠났다.

d. The singer took off.
그 가수가 뜨기 시작했다.

take off는 비행기뿐만 아니라, 기차나 사람이 장소를 떠나는 데에도 쓰입니다. 그리고 가수 등이 뜨는 과정, 즉 인기를 얻기 시작하는 과정을 묘사하는 데에도 쓰입니다. take off를 분석해 봅시다. take는 타동사의 의미 가운데 하나가 이동 동사입니다. 다음 예문을 봅시다. 타동사로 쓰이면 무엇을 '잡다'나 '취하다'를 뜻합니다.

17

He took me to the airport.
그가 나를 그 비행장에 데려다주었다.

이 동사가 자동사로도 '이동하다'의 뜻이 있습니다.

18

a. People took to the streets.
사람들이 거리로 나갔다.

b. He took to the stage.
그는 무대로 갔다.

c. The plane took to the air.
비행기가 하늘로 올라갔다.

그리고 off는 전치사로 쓰일 때 X off Y에서 X가 Y에서 떨어지는 관계를 나타냅니다. 위 예문 16b에서 off는 부사로 쓰였습니다. 그래서 목적어가 안 쓰였습니다. 목적어가 안 쓰인 것은 화자와 청자가 그것을 추리할 수 있기 때문입니다. 비행기는 비행장에서, 기차는 역에서, 사람은 있던 자리에서 떠납니다. 목적어는 경우에 따라 필요하면 다음과 같이 명시할 수 있습니다.

19

a. The plane took off the military base.
그 비행기는 군사 기지를 이륙했다.

b. The train took off the station.
그 기차가 역을 떠났다.

c. The man took off the room.
그 남자가 방을 떠났다.

동사 take가 타동사로 쓰인 다음 문장도 살펴봅시다. take off가 타동사로 쓰일 때 무엇을 '벗다'라고 번역하고 이것을 덩어리로 외우게 합니다. 다음 문장을 살펴봅시다.

20

He took his hat off.
그는 모자를 벗었다.

위 문장에서 take는 '모자를 잡다'라는 뜻이고, off는 모자가 머리에서 떨어진 관계로 나타납니다. 그래서 이것은 '그가 모자를 잡아서' 그것을 머리에서 떨어지게 하는 과정을 그립니다. 그러므로 take에도 off에도 뜻이 있습니다.

이 책에서는 많은 구동사를 다루게 됩니다. 그러나 이 책에서는 구동사를 덩어리로 외우라는 식으로는 접근하지 않겠습니다. 하나하나 분석하여 주어진 구동사가 어떻게 주어진 뜻을 갖게 되는지 보여 드리겠습니다.

2.5. 은유와 환유

다음으로 은유와 환유에 대해서 잠깐 말씀드리겠습니다. 은유와 환유는 일상 언어에 조금이라도 주의를 기울여 보면, 널리 사용되는 현상임을 쉽게 알 수가 있습니다. 이 두 개념은 문학에서 주로 다뤄지므로 특별한 것으로 생각됩니다. 그러나 이것은 전혀 그렇지가 않습니다. 이 두 개념은 전치사와 구동사를 이해하는 데 매우 중요하기 때문에 잠깐 소개하겠습니다.

은유

먼저 은유(metaphor)에 대해서 알아보겠습니다. 은유라는 말은 한자로 隱喩로 표현됩니다. '은'은 '숨기다'의 뜻이고 '유'는 '말'의 뜻입니다. 이것은 은닉, 은폐, 은둔에서 쓰입니다. 즉, 무엇을 숨기는 말입니다. 그럼 무엇을 숨기는지 알아보기 위해 다음 예를 살펴봅시다.

21

행복은 아이스크림이다.

이것은 제가 어느 방송에서 들은 것 같습니다. 이것은 은유의 예라고 생각하여 기억했습니다. 이 말을 어떤 분들은 전혀 말이 되지 않는다고 거부할 수 있겠으나, 말이 되는 것으로 풀어 봅시다. 저는 이것을 은유라고 했습니다. 이것이 어떻게 은유가 되는지 살펴봅시다. 행복과 아이스크림을 비교해 봅시다.

분류	행복	아이스크림
만질 수 있다	×	○
볼 수 있다	×	○
담을 수 있다	×	○
달다	○	○
오래가지 않는다	○	○

행복과 아이스크림을 비교하면 다른 점도 있고 같은 점도 있습니다. 은유란 다른 점은 숨기고 같은 점만 부각시키는 과정입니다. '숨기다'의 뜻은 여기서 찾아볼 수 있습니다. 이것을 좀 더 보완하면 은유는 hiding과 highlighting이라고 할 수 있습니다. 이처럼 다른 점은 숨기고 같은 점은 부각시키는 것이 은유입니다.

은유의 또 다른 예로 다음을 생각하여 봅시다.

22

Time is money.
시간은 돈이다.

시간과 돈은 저축할 수 있고 또 쓰거나 낭비할 수 있습니다. 이처럼 같은 점만 부각시키고, 시간은 추상적이고 돈은 구체적이라는 다른 점을 숨기면 은유가 됩니다.

다음으로 은유와 구동사를 잠깐 살펴봅시다.

23

a. He is simmering inside.
그는 속이 부글부글 끓는다.

b. He is bubbling up.
그는 속이 끓어오르고 있다.

c. He flipped the lid.
그는 뚜껑이 열렸다.

위 문장에 쓰인 동사에 물이 끓는 과정이 나타납니다. 그러나 이 표현들이 사람의 화를 나타내는 데에도 쓰입니다. 이것이 가능한 것은 영어에는 '화는 용기에 담긴 끓는 물이다'라는 은유가 있기 때문입니다. 다음도 살펴봅시다. 다음 24에 쓰인 표현은 문자적 표현이고, 25에 쓰인 표현은 은유적 표현입니다.

24
a. The plane burned up in the air.
그 비행기가 공중에서 타 버렸다.

b. The match flared up.
그 성냥이 확 불이 붙었다.

25
a. He burned up.
그는 몹시 화를 내었다.

b. He flared up.
그는 버럭 화를 내었다.

우리말에서 분노는 흔히 불(火)로 표현됩니다.

환유

환유(metonymy)의 환(換)은 '바꾸다'라는 뜻입니다. 무엇을 바꾸는 것일까요? 환유는 명사의 지시 대상을 바꾸는 과정입니다. '접시'라는 명사는 '접시'라는 물건을 가리킵니다. 이 지시물은 특정한 상황에서 지시 대상이 바뀌는데, 이것이 환유입니다. 다음 예를 살펴봅시다.

26
The chef cooked a very delicious dish.
그 주방장은 맛있는 접시를 요리했다.

위 문장에 쓰인 '주방장'과 '요리하다', 그리고 '접시'는 잘 어울리지 않습니다. 맛있는 음식은 요리할 수 있어도 접시를 요리할 수는 없습니다. 그러면 위 문장이 틀렸다고 해야 할까요? 그렇지 않습니다. 위 문장은 좋은 문장이고 모국어 화자는 누구나 이해할 수 있는 문장입니다. 이것이 가능한 것은 환유에 의해서입니다. 위 문장에 쓰인 'dish'는 접시를 가리키는 말이지만 경우에 따라서는 접시에 담긴 요리를 가리킬 수 있습니다.

환유 역시 영어 전치사나 구동사를 이해하는 데 중요합니다. 다음 예를 살펴봅시다.

28

She cleaned out the fridge.

부사 out은 무엇이 안에서 밖으로 나온다는 뜻인데, 위 문장에서 냉장고가 어디에서 나오는 것이 아닙니다. 이때 냉장고는 환유적으로 냉장고 안에 든 물건을 가리킵니다. 다음 표현도 살펴봅시다.

29

a. He emptied out his pocket.
그는 그의 호주머니 안에 든 것을 비웠다.

b. Pick up your room.
너의 방에 흐트러져 있는 물건을 치워라.

위 29a에서도 무언가 나가는 것은 호주머니 자체가 아니라 호주머니에 든 물건을 가리킵니다. 29b에서 주워 드는 것은 방이 아니라 방에 흐트러져 있는 물건입니다.

2.6. 의미망

언어에서 자주 쓰이는 낱말은 여러 가지 뜻을 갖습니다. 그런데 이 여러 가지 뜻은 관련성이 없이 흐트러져 있는 것이 아니라 서로 관련되어 있음을 알 수 있습니다. 명사 'ring'을 생각하여 봅시다. 'ring'이라고 하면 제일 먼저 생각나는 것은 '반지'입니다. 그런데 손가락에 끼는 반지는 팔찌, 코걸이나 귀걸이에도 확대되어 쓰입니다. 이들의 공통점은 둥근 장식입니다. 둥근 장식의 공통점은 둥근 모양입니다. 둥근 모양을 하는 것은 권투장, 원형 경기장, 바퀴, 고리 등이 있습니다. 또 둥근 모양은 물체가 아니고 표지일 수 있습니다. 동그라미 꼴, 나이테 등이지요. 이것을 정리하면 다음과 같은 의미망(semantic network)을 이루게 됩니다.

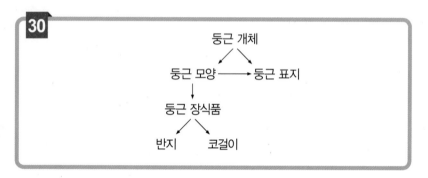

우리가 앞으로 살펴볼 전치사도 위와 같은 의미망을 가지고 있음을 보여 주도록 하겠습니다.

다음으로 명사 reception을 살펴봅시다. 이 명사는 다음과 같은 뜻을 갖습니다.

1. 받아들임	2. 응접, 접대, 환영회
3. 접수(구)	4. 입회, 가입
5. 반응	6. 수신

reception에는 위와 같이 크게 6가지의 뜻이 있습니다. 그러나 모든 뜻에는 '받아들임'의 공통점이 있으며, 무엇이 무엇을 받아들이냐에 따라 여러 가지 뜻으로 달라집니다.

1. 접대는 사람이 사람을 맞이하는 것이다.
2. 접수는 회사나 다른 기관에서 서류 등을 받는 것을, 그리고 이러한 일이 일어나는 접수구도 뜻한다.
3. 입회, 가입은 사람이 회사나 학회 같은 단체에 들어감을 뜻한다.

4. 반응은 자극에 대응하는 어떤 현상을 뜻한다.
5. 수신은 라디오 등이 전파를 받아들이는 관계를 그린다.

2.7. 범주화

우리 주위에는 수많은 물건들이 있습니다. 이 물건들을 하나하나 취급할 때도 있지만, 때에 따라 이들을 무리 지어 취급해야 하는 경우도 있습니다. 사물들을 무리 짓는 과정을 **범주화**(categorization)라고 하고, 무리 지은 결과를 범주라고 합니다. 거의 모든 낱말을 범주라고 해도 무리가 아닐 것입니다. 한 예로, '과일'도 범주입니다. '과일'의 범주에는 어떤 것이 들어옵니까? 몇 가지만 열거해 봅시다.

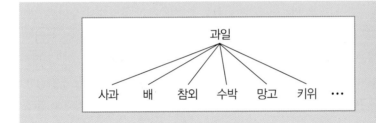

도식 1

과일의 범주에 드는 '사과'도 다시 범주가 되니 그 안에 구성원이 있을 수 있습니다.

범주에는 구성원이 있습니다. 그러나 이 구성원들은 모두 그 위상이 같지 않습니다. 구성원 가운데 가장 모범적이거나 전형적인 것을 **원형**이라고 합니다. 어떤 구성원은 원형에 가까워서 범주의 속성을 많이 가지고 있고, 어떤 것은 그렇지 않습니다. '과일'의 예를 들라고 하면 어떤 과일이 머리에 제일 먼저 떠오르나요? 제 경우 '사과'가 가장 먼저 생각납니다. 이 판단은 보편적이 아니라 문화권에 따라서 다를 수가 있습니다. 예로서 어떤 문화권에는 사과라는 과일이 없을 수도 있기 때문입니다. 어느 범주에서 가장 먼저 생각나고, 가장 많이 쓰이고, 가장 처음 접하게 되는 것이 그 범주의 원형이 됩니다. 그래서 저자의 경우 '사과'가 과일 범주의 원형이 됩니다.

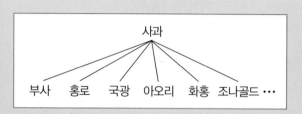

도식 2

'새' 범주를 생각해 봅시다. 여러분은 '새'의 예를 들라고 하면 어떤 새가 생각이 납니까? 저의 경우는 참새가 되겠습니다. 태어나서 제일 먼저 보고 자주 본 것이 참새이기 때문입니다. 그러나 요즈음에 와서는 참새를 볼 수가 없어 참새를 보지 못한 분들에게 전형이 될 수 없겠습니다.

앞에서 모든 낱말은 범주라고 했습니다. 그러면 우리가 앞에서 살펴본 영어 낱말 ring도 범주가 됩니다. 이 범주의 원형은 무엇일까요? ring이 갖는 여러 가지의 의미는 ring의 구성원이 됩니다. 이 구성원 가운데 가장 전형적인 원형이 있을 것입니다. 무엇이 ring의 전형이 될까요? ring이라는 낱말을 듣고 가장 먼저 머리에 떠오르는 의미는 반지일 것입니다. 이것이 ring의 원형이라고 할 수 있겠습니다.

2.8. 말하는 이, 듣는 이, 맥락

많은 경우 우리는 영어로 인쇄된 글을 통해 배워 오고 있습니다. 최근에 와서 많이 달라지기는 했습니다만, 말은 실제 상황에서 말하는 이(speaker)가 듣는 이(listener)에게 의사를 전달합니다. 그래서 다음 문장을 실제 상황에서 말하는 이가 하는 말로 생각해 봅시다.

31

It is hot in here.

인쇄된 문장을 통해 말을 배우더라도, 말에는 말하는 이와 듣는 이가 있고 또 말은 맥락(context)에서 이루어짐을 알아야겠습니다. 위에 주어진 문장을 다음과 같은 맥락에서 생각해 봅시다. 말하는 이는 사장, 듣는 이는 사장의 비서, 이 말이 이루어진 곳은 사장실, 시간은 아침 출근 시간. 사장이 아침에 출근하여 사장실에 들어오면서 이 말을 했다면 비서는 어떻게 반응을 보여야 할까요?

32

> 비서 : 예, 참 덥습니다.

위와 같이 대답했다가는 그 비서는 오래가지 못할 것입니다. 주어진 상황에서 사장은 방을 조금 시원하게 하라는 말일 수도 있습니다. 눈치 빠른 비서라면 냉방기를 틀든지 선풍기라도 틀어야 할 것입니다.

또 한 예를 살펴봅시다.

33

> I pronounce you 10 years in jail.
> 나는 피고에게 10년의 징역형을 선고한다.

이 말은 법관이 예복을 입고 법정에서 해야 효력이 발생할 수 있습니다. 예복을 입고 길에서 이런 말을 한다고 해서 효력이 발생하지 않습니다.

다음으로 정관사 the의 용법을 살펴봅시다. 영어로 이 관사는 definite article 이라고 합니다. definite의 뜻은 다음과 같습니다.

34

> If something such as a decision or an arrangement is definite,
> it is firm and clear, and unlikely to be changed.

위의 정의를 아무리 열심히 들여다보아도 정관사의 용법을 설명하는 데 도움을 주지 못하는 것 같습니다. 왜냐하면 위의 정의에는 말하는 이와 듣는 이가 포함되지 않았기 때문입니다. 특히 말하는 이와 듣는 이의 의식 문제와 결부되어야 합니다. 의식이란 우리가 가지고 있는 많은 지식 가운데 특정한 시간에 머리에 떠올라 있는 부분이라고 하겠습니다.

다음 예문을 살펴봅시다. 우리집 아이가 어릴 때 밖에서 놀다 들어오면서 다음과 같이 졸랐습니다.

> **35**
>
> 그것 줘!

무엇을 달라는 것이었습니다. 그러나 그것이 무엇인지 부모도 알 수가 없었습니다. 왜 이런 문제가 생길까요? 어린아이들은 대화에 익숙하지 않기 때문입니다. 무엇이 아이 자신의 의식 속에 있으면 그것이 부모들의 의식 속에도 있다고 생각하기 때문입니다. 영어도 마찬가지입니다. 친구를 만나 내가 갑자기 다음과 같이 말했다고 생각해 봅시다. 다음 36a가 the smartphone이라고 바로 말하면 36b는 어떤 전화기인지 알 수 없는 것입니다.

> **36**
>
> **a.** I have bought the smartphone.
> 나 그 전화기 샀어.
>
> **b.** ?

A의 말을 들은 친구 B는 "무슨 스마트폰인데?" 하고 반문할 것입니다. 정관사 the를 바로 쓰기 위해서는 내가 생각하고 있는 대상이 상대방의 의식 속에 있다고 판단할 때 써야 하는 것입니다. 다음 대화를 생각해 봅시다.

> **37**
>
> I have bought a smartphone.

위 문장을 통해 스마트폰의 개념이 듣는 이의 의식에 등록되었다고 생각하면 the smartphone이나 대명사 it을 사용할 수 있을 것입니다. 이 관계를 다음과 같이 3단계로 나누어 봅시다.

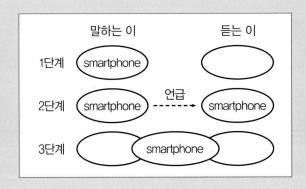

제1단계에서 smartphone의 개념이 말하는 이의 의식에만 있습니다. 제2단계에서, 말하는 이가 smartphone을 언급함으로써, 이 개념이 듣는 이에게 전달되었다고 생각할 수 있습니다. 그래서 3단계에서 말하는 이가 생각하는 물건을 듣는 이도 의식하고 있다고 생각하면 정관사 the가 쓰일 수 있습니다.

다음과 같은 영어도 생각해 봅시다.

38
> I went to the post office.

위에 쓰인 post office는 앞선 언급이 없어도 같은 동네에 사는 친구를 만나 할 수 있습니다. 이 상황에서 the가 쓰일 수 있는 전제는 동네에는 우체국이 하나 있어서 우체국이라고 하면 듣는 이가 하나 있는 그 우체국을 생각하고 있다고 말하는 이가 판단할 때 쓰입니다.

마지막으로 정관사 the의 용법을 정리하겠습니다. 정관사 the는 화자가 생각하고 있는 또는 의식하고 있는 대상을 듣는 이도 의식하고 있다고 말하는 이가 판단할 때 쓰입니다.

일반 개요

1. 전치사

여기서는 전치사에 관련된 일반적인 사실을 몇 가지 살펴보겠다. 전치사는 그 개념 바탕에 전치사의 선행사와 목적어라는 두 개체가 필요하다. 이 책에서는 편의상 선행사를 X로 목적어를 Y로 표현하겠다.

> **1**
>
> X 전치사 Y
>
> a book on the table

전치사는 그 기본 의미에서 두 개체 사이의 관계를 나타내는 것이지만 두 개체 X와 Y의 위상은 서로 다르다. 모든 경우에 Y가 기준이 되고 이 기준에 견주어서 X의 위치나 움직임이 결정된다.

> **2**
>
> **a.** a cat after a mouse
> 쥐를 쫓아가는 고양이
>
> **b.** a mouse after a cat
> 고양이를 쫓아가는 쥐

2의 둘 가운데 어느 것이 우리가 실제 볼 수 있는 상황에 맞을까? 2a에서는 도망가는 쥐를 고양이가 쫓는 관계이고, 2b에서는 쥐가 고양이를 쫓는 관계이다. 2b에서와 같이 쥐가 고양이를 쫓는 경우는 드물거나 거의 없다. 이것을 보아 X와 Y 사이의 위상이 다름을 알 수 있다.

2. 전치사적 부사

기준이 되는 전치사의 목적어 Y는 앞선 말이나 문맥에서 예측이 가능하면 생략이 된다. 즉, 선행사만 남게 된다. 이러한 경우 여기서는 단순히 부사라고 부르겠다.

전치사 : X + 전치사 + Y

부사 : X + 전치사 + ϕ

다음에서 across의 목적어는 명시되어 있지 않다. 그러나 예측이 가능하다.

3

He came to a bridge and went across.
그는 어느 다리에 이르러서 그것을 건너갔다.

위 문장에서 생략된 목적어는 앞부분에 나온 a bridge이다.

across의 목적어는 여러 가지 변이형이 있을 수 있다. 직선은 물론 곡선도 되고, 강이나 길이 되기도 하고, 들판이나 산이 될 수도 있다.

이와 같이 across는 여러 가지 변이형을 가질 수 있는데, 그중에서 가장 원형적인 것은 across의 X와 Y가 둘 다 직선인 관계이다. 이것을 원형적인 관계라 하고 그 밖의 것을 변이형이라 하겠다. 한 전치사의 여러 가지 뜻을 제시하는 순서는 원형적인 관계가 먼저 제시되고 그다음 변이형이 제시된다.

전치사의 선행사는 전치사의 바로 앞에 쓰인다. 4a가 그러한 경우이다.

4

a. the store across the street
b. The store is across the street.

이때 across는 두 개체 사이의 관계를 나타낸다. 그러나 이 관계가 시간 속에 존재하는 것을 나타내기 위해서는 be 동사나 5에서와 같이 그와 유사한 존재 동사가 쓰인다. 이때 전치사의 선행사와 전치사 사이는 동사로 떨어져 있게 된다.

> **5**
>
> The store lies/stands/sits across the street.
> 그 가게는 길 건너에 있다.

3. 전치사＋명사＋전치사

전치사를 살펴보면 다음과 같이 '전치사＋명사＋전치사'의 구조를 가진 표현이 많이 눈에 뜨인다.

> **6**
>
> **a.** in front of
> **b.** in place of
> **c.** on top of
> **d.** in comparison with

이들 표현도 전치사의 뜻을 제대로 알면 자연스럽게 이해된다.

4. 전치사구

전치사의 목적어는 명사가 쓰이는 자리이다. 그러면 이 자리에는 어떤 형태의 명사가 오는가? 다음에서 볼 수 있는 바와 같이 전치사의 목적어 자리에는 명사, 대명사, 수식어와 함께 쓰인 명사 등이 온다.

> **7**
>
> with John/him/a friend/a good friend of his

7의 표현은 모두 구성요소가 다르다. 하지만 이들 각각은 명사와 같은 역할을 할 수 있으므로 이들을 **명사구**라고 한다. 전치사와 명사구가 함께 쓰이면 **전치사구**가 된다. 이것을 일반화하면 다음과 같다.

전치사구 : 전치사 + 명사구

5. 전치사구의 기능

전치사구는 문장 안에서 어떻게 쓰이는가? 전치사구는 문장에서 크게 두 가지 방법으로 쓰인다. 한 가지는 동사구나 형용사구를 수식하는 역할이고 다른 하나는 명사구를 수식하는 역할이다. 다음 예를 살펴보자.

> **8**
> The hunter shot the lion **in a cage**.
> a. 그 사냥꾼은 우리 안에서 사자를 쏘았다.
> b. 그 사냥꾼은 우리 안에 있는 사자를 쏘았다.

in a cage는 8a에서는 동사 shot을 수식하고, 8b에서는 사자를 수식한다. 이것은 한 전치사구가 경우에 따라서는 한 문장 안에서 중의적인 기능을 가질 수 있음을 알 수 있다.

전치사구는 동사와 어떻게 쓰이는가? 문장에서 동사는 하나의 사건 장면을 설정한다. 이 사건에는 여러 참여자가 있다. 다음 예를 살펴보자.

> **9**
> He cut a tree with an axe in the forest with a friend.
> 숲 속에서 그는 친구와 함께 도끼로 나무를 잘랐다.

위에서 동사 cut이 설정하는 사건 장면에는 자르는 이, 잘리는 개체, 도구, 장소, 동반자와 같은 사건의 참여자가 있다. 자르는 이는 주어로, 그리고 잘리는 개체는 목적어로 표현된다. 나머지는 전치사구로 표현된다.

다음에서도 뛰는 사람은 주어로, 출발지와 도착지, 그리고 날씨는 전치사구로 표현되어 있다.

10

He ran from his school to his house in the heavy rain.
그는 학교에서 집까지 세찬 비를 맞고 뛰었다.

문장에 쓰인 형용사도 전치사구를 써서 그와 관련된 개념들을 나타낸다.

11

a. He was angry about that.
그는 그것에 대해 화가 났다.

b. He was angry with his brother.
그는 그의 형에게 화가 났다.

c. He was angry at his brother.
그는 그의 형 때문에 화가 났다.

11a에서 about that은 화의 대상을, 11b에서 with his brother는 화의 상대를, 11c에서 at his brother는 화의 원인을 나타낸다.

다음으로 명사구를 수식하는 전치사구의 예를 살펴보자.

12

He sat on a bench in the park across the street.
그는 길 건너에 있는 공원 안의 의자에 앉아 있었다.

---

sat [on a bench]
a bench [in the park]
the park [across the street]

위 문장에서 전치사구 on a bench는 동사 sat을 수식한다. 그러나 전치사구 in the park는 명사 a bench를 수식하고, 전치사구 across the street는 명사 the park를 수식한다. 다음 예도 살펴보자.

13

He read a book beside a lamp on the table in the kitchen.
그는 부엌에 있는 식탁 위의 램프 옆에서 책을 읽고 있었다.

read a book [beside a lamp]
a lamp [on the table]
the table [in the kitchen]

위 문장에서 in the kitchen은 the table을 수식하고, on the table은 a lamp를 수식하고, beside a lamp는 read를 수식한다.

6. 범주화 능력

인간으로 살아가기 위해서는 여러 가지 인지 능력이 필요하다. 기억, 의식, 주의, 비교 등을 할 수 있는 인지 능력이 그것이다. 이 능력 가운데에서 언어 사용에 중요한 것은 사물을 비교하고 비슷한 것을 떼어 내어서 무리를 짓는 **범주화** 능력이다. 여기서는 이 능력이 언어 사용과 이해에 왜 중요한지를 살펴보겠다.

영어 철자 p와 이 철자가 낼 수 있는 소리를 살펴보자. 철자 p는 다음과 같이 쓰여서 발음이 조금씩 다르게 실현된다. 철자 p의 음운표시(음소)는 빗금 속에 /p/와 같이 표현하고 이와 관련된 실제 소리(음성표시)는 각 괄호 속에 표시한다. 즉, [pʰ], [p], [p˺]와 같이 표기된다.

14

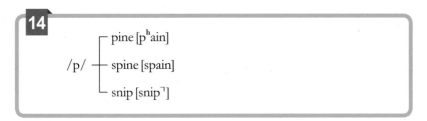

정리하면 /p/는 다음과 같은 세 가지 소리를 갖는다.

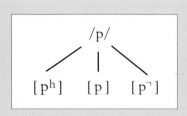

[pʰ]는 파열음으로 두 입술이 터지면서 나는 소리이고, [p]는 파열음 없이 두 입술이 열리면서 나는 소리이다. [p˺]는 두 입술이 열리지 않는 소리이다. 개략적으로 기술했지만 이 세 소리는 각각 다르다. 그러나 영어에서는 이들이 같은 음으로 인지된다. 그 이유 중의 하나는 이들이 두 입술을 써서 만들어지기 때문이다. /p/뿐만 아니라 /t/와 /k/도 비슷한 규칙성을 보여 준다. 다음을 살펴보자.

15

tone [tʰ]	kit [kʰ]
stone [t]	skit [k]
sit [t˺]	sick [k˺]

빗금 속에 있는 /t/와 /k/는 **음소**라 부른다. 각 음소에는 모두 세 개의 이음이 있다. 이렇게 보면 음소는 범주이고 범주에는 구성원(이음)이 있다. 범주의 구성원 가운데는 원형적인 것이 있다. 영어 폐쇄음 /p, t, k/의 경우 파열음이 원형이 될 수 있다. 파열음이 폐쇄음의 특징을 가장 많이 가지고 있는 것으로 볼 수 있기 때문이다.

우리가 쓰는 어휘에도 범주화 현상이 있음을 알 수 있다. **과일**이라는 범주는 다음과 같은 열매를 포함하고 있다.

도식 2

위 도식을 보면 과일이라는 범주에는 사과, 배 등의 구성원이 있다. 구성원을 서로 비교해 보면 같은 점이 거의 없다. 배와 참외를 비교해 보면 같은 점이 눈에 뜨이지 않는다. 다른 구성원들을 서로 비교해도 같은 점이 거의 없다. 그럼에도 불구하고 이들이 과일의 구성원으로 분류되는 데에는 어떤 공통되는 속성이 있기 때문이다. 여기서 공통점은 크기나 모양보다도 더 추상적인 것이 된다. 이 경우, 공통되는 속성은 식물의 열매이고 단맛이 나는 것으로 볼 수 있다.

도식 2에서 과일 범주에는 여러 개의 구성원이 있다. 그러나 이들의 구성원 자격은 서로 다르다. 예를 들면, 사과나 딸기를 두고 보면, 사과가 딸기보다 더 과일답다. 이것은 구성원의 자격에 정도의 차이가 있음을 나타낸다. 구성원 가운데 가장 원형적인 것이 있는가 하면 가장 과일답지 않은 구성원이 있다. 사과와 바나나를 비교하면 어느 것이 더 과일다운가? 과일이란 말을 들으면 곧 생각해 내는 과일은 무엇인가? 필자의 경우 사과가 생각난다. 이것은 사과가 바나나보다 우리 문화권에서는 과일 범주의 원형이라는 것으로 풀이할 수 있다.

전치사의 뜻도 마찬가지이다. 전치사 across의 경우 한 개체(X)가 길이가 있는 다른 개체(Y)를 가로질러 있거나, 바퀴가 달린 자동차가 이것을 가로질러 가거나, 사람이 걸어서 이 개체를 가로질러 가는 관계, 또는 비행기가 어느 지역을 가로질러 가는 관계 등에 쓰인다.

위에서 주어진 관계들은 하나하나 서로 다르다. 그럼에도 이 관계들은 하나의 전치사로 표현되어 있다. 이것은 이 전치사에 공통점이 있다는 뜻이다. 이 공통점은 한 개체가 다른 개체를 가로지르는 관계이다.

위에서는 가로지르는 개체 X의 특성만을 바꾸어 보았으나 가로지르는 개체

Y도 변이될 수 있다. 몇 가지 예를 들면 Y는 강, 도로, 철도, 산, 평야, 바다 등이 될 수 있다.

위에서 우리는 범주 구성원의 자격이 꼭 같지 않음을 살펴보았다. /P/의 경우 [Pʰ]가, 과일의 경우 사과가, 전치사 across의 경우 X와 Y가 선형이고 실체가 있는 것이 각 범주의 원형임을 살펴보았다. 이 책에서는 전치사 하나하나의 의미를 탐색하는데, 먼저 원형적인 관계를 제시하고 난 다음, 이것이 점차로 어떤 변이형을 갖는지 살펴보는 순서로 진행하겠다. 한 예로 across의 원형에서 먼 변이형의 한 가지는 X와 Y 둘 다 선형성이 결여된 관계이다. 그러나 X가 Y의 한쪽에서 다른 쪽으로 뻗쳐 있거나 퍼져 있는 점은 across의 뜻과 일치된다. 그러므로 이 비원형적인 변이형은 across를 다루는 장의 마지막 부분에 제시될 것이다.

다음으로 전치사도 하나의 범주이다. 이 범주의 구성원에는 영어에서 about, above, below 등이 있다. 전치사의 구성원 각각은 원형성의 정도가 다르다. 대부분의 전치사는 전치사의 기능 외에 전치사적 부사로도 쓰인다. 전치사 중에는 against나 for와 같이 전치사로만 쓰이는 것이 있다.

7. 은유와 환유

1980년 George Lakoff 교수가 《Metaphors We Live By》를 발표한 이래 많은 언어학자들이 은유에 관심을 가지게 되었다. 이러한 관심은 다시 우리가 생각하는 것보다 은유가 언어에 더 많이 쓰이고, 더 많은 중요성이 있기 때문이다. 은유는 한 개체를 다른 개체에 비추어 다른 점들은 숨기고 같은 점만 부각시키는 수사법이다. 다음이 은유의 한 예가 되겠다.

16

He is a pig.
그는 돼지이다.

엄밀한 의미에서 사람이 돼지일 수는 없으나 실제에는 이러한 표현은 필요하면 만들어서 적절하게 쓸 수 있다. 어떻게 이러한 비교가 가능한가? 사람은 사람으로서의 여러 가지 속성이 있고, 돼지도 돼지로서의 속성이 있다.

17

사람	돼지
직립	네발 동물
꼬리가 없다	꼬리가 있다
털이 없다	털이 있다
식탐 있다	**식탐 있다**

17에는 사람과 돼지의 속성이 몇 가지 열거되어 있다. 사람과 돼지 사이의 속성은 다르지만 **원으로** 표시한 속성만은 같다고 하자. 이때 같은 점은 부각시키고 나머지는 숨겨 버리는 것이 은유의 특징이다. 어느 한 특성을 선택하여 그것에 집중하면서 나머지는 감추어 버리는 과정이 은유이다.

우리말에도 다음과 같은 은유가 흔히 쓰인다. 흔히 쓰이기 때문에 보통의 경우 이것을 은유로 의식하지 못한다.

18

　　인생은 여정이다.

이 은유는 다음과 같은 표현에 녹아 들어가 있다.

19

　　a. 인생은 나그네 길이다.
　　b. 우리는 지금까지 열심히 살아왔고 또 앞으로도 그렇게 살아갈 것이다.
　　c. 그는 지금 가시밭길을 걸어가고 있다.
　　d. 그는 소중한 여행의 동반자다.

위 19는 인생은 추상적인데 이것을 좀 더 구체적인 여행에 견주는 은유이다. 여행에는 길이 있고, 동반자가 있다. 또 길이 험할 수도 있고, 평탄할 수도 있다. 이러한 것이 **"인생은 여정이다."**의 은유로 잘 드러난다.

또 한 예로, 마음에 관한 은유를 살펴보자. 마음은 추상적인 것이다. 그러나 이것을 구체적인 것에 빗대어 은유로 표현할 수 있다. **"마음은 그릇이다."**에 대한 다음과 같은 표현이 이 은유를 뒷받침해 준다.

> **20**
> a. 마음을 비웠다.
> b. 마음이 걱정으로 가득 차 있다.
> c. 마음이 공허하다.
> d. 마음이 행복으로 충만하다.

은유는 언어 연구에 필수적이다. 또 이와 비슷한 개념으로 **환유**가 있다. 환유는 명사의 지시가 바뀌는 수사법이다. 지시가 바뀌어도 예측 가능한 방법으로 바뀌어야지 그렇지 않으면 의사소통이 어렵게 된다. 지시가 바뀌는 방법은 크게 두 가지이다. 첫째는 부분이 전체를 가리키는 경우이다. 즉, 부분을 가리키는 말이 전체를 가리키는 수사방법이다. 다음을 살펴보자.

> **21**
> a. 그 팀은 투수/포수가 좋다.
> b. 그 마라톤에 많은 건각들이 참여했다.
> c. 그 당은 젊은 피가 필요하다.
> d. 그 학회에는 새 얼굴이 많았다.

위에서는 손, 발, 피 그리고 얼굴과 같은 부분을 가리키는 말이 쓰였지만, 21에서는 실제로 사람 전체를 가리킨다. 이것은 부분이 전체를 가리키는 예이다. 다음도 마찬가지이다.

> **22**
> a. 까까머리가 나타났다.
> b. 빨강 머리가 결석했다.
> c. 나는 곱슬머리를 만났다.
> d. 그가 좋아하는 단발머리가 지나갔어.

> **e.** 장발은 출입이 금지된다.

위 22에는 서로 다른 유형의 머리를 가리키는 명사가 쓰였으나 모두 사람 전체를 가리킨다.

환유의 또 한 가지 유형은 전체가 부분을 가리키는 예이다. 다음 23a에서 he는 사람의 키를 가리키고, 23b에서는 사람의 몸무게를 가리킨다. 다음 예를 살펴보자.

23

a. He is 180cm tall.
그는 키가 크다.

b. He weighs 80kg.
그는 몸무게가 80킬로그램이다.

c. He is big.
그는 몸집이 크다.

d. He is strong.
그는 힘이 세다.

다음에서 he는 그 사람의 마음을 가리킨다.

24

a. He thinks he is great.
그는 자신이 위대하다고 생각한다.

b. He is warm-hearted.
그는 마음이 따뜻하다.

c. He is very generous.
그는 마음이 너그럽다.

d. He is narrow-minded.
그는 마음이 좁다.

23과 24에 쓰인 주어는 모두 같다. 즉, 주어는 모두 He이다. 그러나 He는 23에서는 몸을 가리키고, 24에서는 마음을 가리킨다. 이러한 차이는 우리말의 번역에 어느 정도 잘 나타나 있다.

다음 예에서는 형용사 big이 서술적으로 쓰였다.

25

a. He is big.
그는 몸이 크다.

b. He is big on baseball games.
그는 야구 경기에 관심이 많다.

c. He is big in cognitive linguistics.
그는 인지 언어학에 중요한 사람이다.

25에서 주어로는 모두 He가 쓰였으나 이것은 25a에서는 몸을, 25b, 25c에서는 각각 관심, 중요성을 가리킨다.

위에서 은유와 환유의 수사법을 잠깐 살펴보았다. 이 과정은 언어의 의미를 기술하는 데 많은 도움이 될 것이다.

전치사의 이해에도 은유와 환유의 개념이 필요하다. 다음 예를 살펴보자.

26

He is above deceit.
그는 사기 위에 있다.

26의 he를 그의 몸으로 풀이하면 이상해진다. 그의 몸이 속임 위에 있다는 것은 이상하다. 이 문장을 바로 이해하기 위해서는 'he'가 환유적으로 풀이되어야 한다. 즉, 'he'는 그 사람의 인품을 말한다. 그렇게 보면 26은 '그의 인품이 사기 위에 있다'는 뜻이다. 또한 이 문장을 풀이하기 위해서는 다음 은유가 필요하다. 거의 모든 언어에서 '좋음은 위, 나쁨은 아래이다'의 은유가 있다. 이 은유에 의하면 그의 인품은 좋고, 사기는 나쁘다. 인품이 사기 위에 있다는 것은 사기를 치지 않는다는 뜻이다.

다음 예문도 살펴보자.

> **27**
>
> He came across as a generous man.
> 그의 인상이 관대한 사람으로 (나에게) 전해졌다.

27에서 he가 몸으로 풀이되면 came across까지는 뜻이 통한다. 즉, '그는 가로질러 왔다'가 된다. 그러나 이 풀이는 as a generous man과 연결이 되지 않는다. 이와 연결되기 위해서는 he가 환유적으로 풀이되어야 한다. 즉, he는 그의 인품이나 성격을 뜻한다.

8. 전치사와 구동사

전치사와 구동사는 밀접한 관계가 있다. 구동사는 동사와 불변사로 이루어진다. 불변사는 다음과 같이 전치사, 전치사적 부사, 일반 부사로 나누어진다.

$$
\text{불변사} \begin{cases} \text{전치사} \\ \text{전치사적 부사} \\ \text{일반 부사} \end{cases}
$$

전치사는 크게 두 가지로 나누어진다. 전치사 가운데는 전치사로만 쓰이는 것과, 전치사와 부사로 쓰이는 것이 있다. 전치사로만 쓰이는 전치사에는 against, at, of, for, with 등이 있다. 이 밖의 전치사는 전치사로도 쓰이고 부사로도 쓰인다. 전치사와 부사의 차이는 목적어가 있고 없음에 달려 있다.

전치사 : 선행사 + 전치사 + 목적어

전치사적 부사 : 선행사 + 전치사 + ϕ

전치사가 부사로 쓰일 때, 그 목적어가 쓰이지 않는다. 쓰이지 않기는 하지만 전혀 없는 것이 아니라, 화맥, 문맥, 세상 지식에서 그 정체를 추리할 수 있다. 다음을 살펴보자.

> **28**
> a. We hopped on the bus when it arrived.
> 그 버스가 도착했을 때, 우리는 그 버스에 훌쩍 올라탔다.
>
> b. The bus has arrived. Let's hop on.
> 버스가 도착했다. (버스에) 올라타자.

위 28b의 경우 앞에 bus가 언급되었으므로, hop on의 목적어를 언급하지 않아도 목적어가 버스임을 알 수 있다.

위에서 살펴본 바와 같이 on은 전치사로도, 또 부사로도 쓰인다. 그러나 두 기능은 다르다. 이것은 snow나 rain이 명사와 동사로 쓰이는 것과 같다. 즉, 형태는 하나이지만, 그 기능이 다르다.

구동사에 쓰이는 일반 부사에는 apart, aside, away, back, together 등이 있다. 위에서 살펴본 바와 같이 전치사는 구동사의 한 요소이기 때문에 전치사 연구에서 구동사를 빼놓을 수도 없고, 또 구동사 연구에서 전치사를 빼놓을 수도 없다.

9. 통합

여기서는 간단하게 전치사가 선행사와 목적어가 통합되어 합성 구조를 이루는지 다음 예에서 살펴보자.

> **29**
> a cloud over the mountain
> 그 산 위에 있는 구름

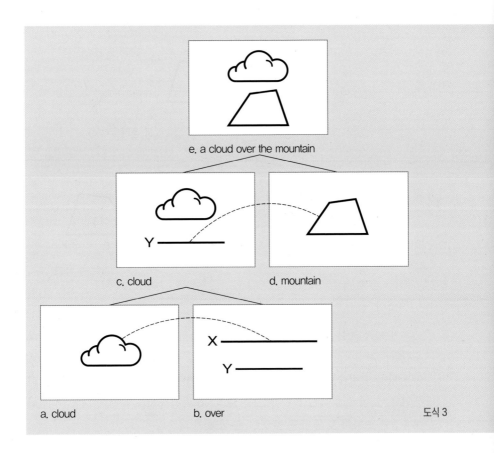

도식 3

도식 3b는 over의 도식이다. X가 Y 위에 있고, Y보다 큰 관계이다. over의 X
와 구름이 대응된다. 도식 3a를 대응선에 따라 포개면 도식 3c가 된다. over의
X가 cloud로 대응되었다. 도식 3c의 Y와 mountain이 대응된다. 대응선을 따라
도식 3d를 도식 3c에 포개면 도식 3e, 즉 구름이 산 위에 있는 합성 구조가 된다.

다음에는 동사와 불변사가 합성되는 과정을 다음 예문을 통해 살펴보자.

30

He went up the mountain.
그는 그 산 위로 올라갔다.

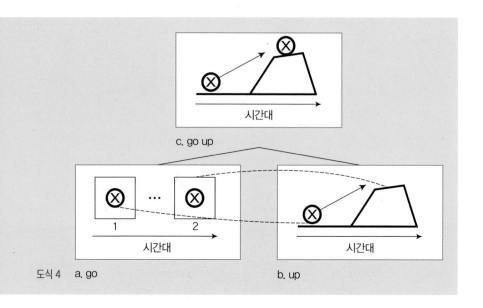

도식 4   a. go   b. up

도식 4a는 동사 go의 과정을 나타낸다. 이동체 X가 한 자리에서 다른 자리로
옮긴다. 그러나 go 자체로는 어디로 가는지 알 수 없다. go와 같이 쓰이는 up
이 방향을 결정해 준다. 도식 4b는 up의 도식이다. 도식 4a와 4b의 X가 각각 대
응되고, 도식 4a의 장소1과 장소2는 도식 4b의 시작점과 끝점에 대응된다. 이
대응점들을 따라 도식 4b를 포개면, 도식 4c가 나온다.

10. 전치사구와 그 기능

전치사는 선행사를 X로 목적어를 Y로 표현하면 다음 구조와 같다.

$$X + 전치사 + Y$$

이 전치사 구조에서 전치사와 목적어를 따로 떼어서 **전치사구**(prepositional
phrase)라고 한다.

전치사 구조 : X + 전치사 + Y

전치사구 : X+[전치사+Y]

전치사구는 X의 성질에 따라서 부사적으로나 형용사적으로 쓰일 수 있다. X
가 동사이면 전치사구는 부사적으로, X가 명사이면 전치사구는 형용사적으로
쓰인다. 다음 예를 살펴보자.

31
> He was born [in 1977] [in Seoul].

31에서 괄호 안에 든 두 전치사구는 was born을 수식하므로 부사 용법이다.
그러나 다음에서는 전치사구가 앞의 명사를 수식하므로 형용사적 용법이다.

32
> He sat [on a bench] [in the park] [across the street] [in the city
> center].

32에 쓰인 in the park는 앞의 bench를, across the street는 park를 수식하고,
in the city center는 앞의 명사 street를 수식한다.

33
> **a.** a bench [in the park]
>   공원에 있는 벤치
>
> **b.** the park [across the street]
>   길 건너편에 있는 공원
>
> **c.** the street [in the city center]
>   도시 중심에 있는 길

다음 예에서와 같이 동사를 수식하는 전치사구는 여럿이 될 수 있다.

34

He took a stroll	그는 산책했다.
[at 6]	6시에
[on December 15th]	12월 15일에
[in sneakers]	운동화를 신고
[with his dog]	그의 개와 같이
[in the apartment complex]	아파트 단지에서

그러므로 이 전치사구들은 앞의 동사를 수식하는 부사적 용법으로 쓰였다.

ABOARD

aboard는 전치사와 부사로 쓰인다. 먼저 전치사 용법부터 살펴보자.

1. 전치사적 용법

X aboard Y에서 aboard는 승객인 X가 탈것인 Y를 타고 있는 관계를 나타낸다. 이때 Y가 쓰이지 않으면 aboard는 부사이다. 이것을 도식화하면 다음과 같다. 탈것은 육상, 해상, 항공 등이 될 수 있다.

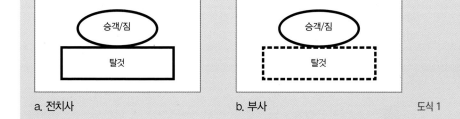

a. 전치사   b. 부사   도식 1

탈것에는 여러 가지 종류가 있다. 다음에서 이것을 몇 가지로 나누어 살펴보자.

1.1. 육상

1

He came here **aboard** a bus.
그는 버스를 타고 여기 왔다.

위 a bus 대신에 다음과 같은 표현이 쓰일 수 있다.

aboard an express bus	고속버스를 타고
aboard a train	기차를 타고
aboard a KTX	KTX를 타고
aboard a greyhound	그레이하운드 버스를 타고

1.2. 해상

2

He went to the port city **aboard** a ferry.
그는 연락선을 타고 항구 도시로 갔다.

위 a ferry 대신에 다음과 같은 표현이 쓰일 수 있다.

aboard a cruiser	유람선을 타고
aboard a yacht	요트를 타고
aboard a cargo ship	화물선을 타고
aboard a fishing boat	고기잡이 어선을 타고

1.3. 항공

3

He went over there **aboard** a plane.
그는 비행기를 타고 그곳으로 갔다.

위 a plane 대신에 다음과 같은 표현이 쓰일 수 있다.

aboard a Korean Airlines plane	대한항공을 타고
aboard an Indonesian Airlines plane	인도네시아항공을 타고
aboard a helicopter	헬리콥터를 타고
aboard a British Airways plane	영국항공을 타고
aboard Air Force One	공군 1호기를 타고

2. 부사적 용법

X **aboard** Y에서 Y의 정체를 청자가 화맥이나 문맥 등에서 알아낼 수 있다고 화자가 생각하면 Y는 쓰이지 않는다. 이 경우 **aboard**는 부사이다.

4

a. The bus had only three passengers **aboard**.
그 버스에는 3명의 승객만을 태우고 있었다. (Y는 버스이다.)

b. The ship sank with hundreds of passengers **aboard**.
그 배는 수백 명의 승객을 태운 채 가라앉았다. (Y는 배이다.)

c. The plane crashed into the Indian Ocean with 300 passengers **aboard**.
그 비행기는 300명의 승객을 태운 채 인도양에 추락했다. (Y는 비행기이다.)

ABOUT

about은 전치사와 부사로 쓰인다. 먼저 전치사 용법부터 살펴보자.

1. 전치사적 용법

X **about** Y는 여러 개의 X가 Y의 위나 주위에 흩어져 있는 관계이다.

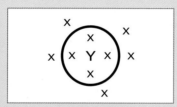

도식 1   X가 Y 위나 주위에 있는 관계

1.1. X가 복수인 경우

X가 복수인 경우, 다음 예에서는 여러 개의 X가 Y의 주위에 있다.

1

　a. The papers were scattered **about** the room.
　　그 서류들이 그 방 안 이곳저곳에 흩어져 있었다.

　b. The children left their toys lying **about** the room.
　　그 아이들이 그들의 장난감들을 그 방 안 이곳저곳에 늘어놓았다.

c. Don't leave bottles, tins, and papers **about** the park.
그 공원 여기저기에 병들, 깡통들, 휴지조각들을 버리지 마시오.

다음에서도 X는 복수이다.

2

a. Fifty or sixty people gathered **about** the table.
50 또는 60명의 사람들이 그 탁자 주위에 모였다.

b. The streets **about** the castle are full of places of historic interest.
그 성 주위의 거리들은 역사적 유적지로 가득 차 있다.

c. This plant grows in the meadows **about** Oxford.
이 식물은 옥스퍼드 주위 여기저기에 있는 목초지들에서 자란다.

1.2. 개략적인 수나 양

about은 장소뿐만 아니라 수나 양의 개략적 표현에도 쓰인다. 다음에서 X는 그의 도착이고, 이 도착 시간이 9시 반 주위에 있음을 **about**이 나타낸다.

3

a. He came at **about** 9 : 30.
그는 9시 반경에 왔다.

b. They are **about** 3 feet long.
그것들은 길이가 약 3피트이다.

c. There are **about** 200 pages in the book.
그 책에는 200쪽가량이 있다.

d. He is **about** 50 years old.
그는 약 50세가량이다.

about은 X가 나타날 자리가 Y 주위에 여러 개 있음을 뜻하는데, 이것은 시간에도 적용된다. about 9 : 30은 도식 2와 같이 X가 나타날 자리가 여러 곳이다.

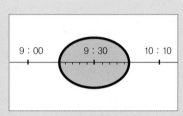

도식 2   9시 30분경 : 30분 앞뒤가 포함될 수 있음

즉, 9시 30분을 전후로 여러 개의 점을 생각할 수 있다. 3a에서 그의 도착은 9시 30분 얼마 전이나 후가 되는 시간 영역 속의 한 시점에 있다는 뜻이다. 여기서 대략의 뜻이 나오는 것으로 볼 수 있다.

1.3. 여러 가운데 하나

어떤 물건이나 과정이 있을 때 이것을 우리는 여러 가지 속성으로 나누어 볼 수 있다. 예를 들면, 사과의 경우 모양, 색깔, 맛, 크기 등이 있다. 다음에 쓰인 about을 이해하기 위해서는 이와 같은 물건의 속성을 생각해야 한다.

4

a. What's the best thing **about** the car?
그 차에 대해선 무엇이 가장 좋습니까?

b. What's your opinion **about** his work?
그의 작품에 대한 당신의 의견은 무엇입니까?

c. Is there something suspicious **about** him?
그에 대해 수상한 점이 있습니까?

d. His father wants to know all **about** his girlfriend.
그의 아버지는 그의 여자친구에 대해 모든 것을 알고 싶어 한다.

자동차가 있을 때 이에 대해 크기, 색깔, 모양, 힘 등 여러 가지 각도에서 살펴볼 수 있다. 최상급은 여러 개의 속성을 전제한다. 4a는 이 가운데에서 어느 것이 가장 좋으냐는 뜻이다. 이때 Y는 자동차이고, X는 자동차의 여러 속성이다. 이것을 도식으로 나타내면 도식 3과 같다. 어떤 문학 작품이 있을 때 이것도 구성, 작중 인물, 전개 방법 등으로 나누어 볼 수가 있다. 4b는 이러한 속성에 대한 상대방의 의견을 묻는 것이다.

a. 자동차의 속성들   b. 문학 작품에 포함될 수 있는 것들   도식 3

어떤 사람에 대해서도 마찬가지로 생각할 수 있다.

5

a. Something **about** him seems strange.
그에 대한 어떤 점은 이상하게 보인다.

b. There is a sense of humor **about** him.
그에게는 유머 감각이 있다.

c. There is something **about** him that I like.
그에게는 내가 좋아하는 무엇인가가 있다.

어떤 사람이 있을 때 우리는 그를 걸음걸이, 말소리, 얼굴 모양, 몸짓, 성질, 인격 등으로 나누어 살펴볼 수 있다. 5a는 이러한 속성 가운데 어느 하나가 이상하다는 뜻이다. 5b의 유머 감각도 그가 가진 속성 중의 하나이다. 5c도 그에게 있는 속성 가운데 어느 하나가 마음에 든다는 뜻이다.

다음 6a에서 그는 칼을 자신의 어디엔가 가지고 있다.

6

a. He hid a knife **about** his body.
그는 몸 어디인가에 칼 한 자루를 숨겼다.

b. He has some money **about** him.
그는 몸 어디엔가 돈을 좀 가지고 있다.

1.4. about과 일

다음에서 Y는 일이고 X는 일의 주위에 있다. 이것은 주어진 일을 한다는 뜻이다.

7

a. He is **about** an important piece of work.
그는 중요한 일의 주위에 있다(즉, 그 일을 하고 있다).

b. I must be **about** my father's business.
나는 아버지의 사업을 돌보아야 한다.

c. Do the shopping now, and while you are **about** it, buy yourself a pair of shoes.
지금 그 쇼핑을 하고, 쇼핑을 할 때 너 자신은 구두 한 켤레를 사라.

d. Clean up the bathroom. While you are **about** it, do the mirror, too.
그 화장실을 청소해라. 그 청소를 하면서 그 거울도 닦아라.

1.5. about과 감정 형용사

다음에서는 감정 형용사가 전치사 **about**과 같이 쓰였다. 8a에서 주어는 톰에 대해서 화가 났다.

8

a. He was angry **about** Tom.

그는 톰에 관련된 일에 화가 났다.

b. Are you pleased **about** your job?

너는 네 일에 관련된 것에 만족하느냐?

c. I feel guilty **about** leaving the kids behind.

나는 그 아이들을 뒤에 남겨 두는 것에 죄책감을 느낀다.

1.6. 이리저리 움직임

전치사 **about**이 움직임 동사와 쓰이면 Y의 이곳저곳을 다니는 관계를 나타낸다.

9

a. He goes **about** the country lecturing on the evils of drink.

그는 음주의 악덕들에 관해 강연하면서 그 나라의 여기저기를 다닌다.

b. The nature of his business enables him to get **about** the world a great deal.

그의 일의 성격이 그를 세계의 이곳저곳을 많이 다닐 수 있게 한다.

c. He walks **about** the garden every day.

그는 매일 그 정원의 이곳저곳을 거닌다.

d. Children like to run **about** the park.

아이들은 그 공원 여기저기 뛰어다니기를 좋아한다.

공간

　　　　　공간 이곳저곳 다니기

1.7. about과 과정

1.7.1. 예정

과정에는 예정, 진행, 방지가 있는데 이들은 다음과 같이 전치사로 나타낸다. 다음 세 문장을 비교하여 보자.

10

a. He is **to** move.
그는 움직일 예정이다.

b. He is **on** the move.
그는 움직이고 있다.

c. She kept him **from** moving.
그 여자는 그를 못 움직이게 했다.

10a에서 He는 행위자이고, move는 과정이다. 전치사 to는 행위자가 과정에서 떨어져서 과정을 바라보는 관계이다. 여기서 예정의 뜻이 나온다. 10b에서 행위자 He는 과정 move에 닿아 있음을 나타낸다. 이것은 과정이 일어나고 있는 상태를 나타낸다. 이동을 나타내는 동사들은 'on the move', 'on the run', 'on the fly', 'on the rush'와 같은 표현으로 쓰인다. 10c에서 전치사 from은 행동주 him이 과정인 moving에서 떨어져 있음을 나타낸다. 행동주와 과정이 떨어져 있음은 과정이 일어나지 않았다는 뜻으로 쓰인다.

다시 10a로 돌아가서, to는 행동주가 과정에서 떨어져서 이것을 바라보는 관계를 나타낸다. 그러나 얼마나 떨어져 있는지 알 수가 없다. 다음에서 **about**은 행동주가 과정의 근처에 있음을 나타낸다.

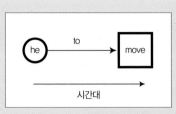
a. to move : 주어가 동작을 바라보는 관계

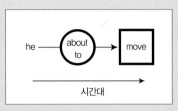
b. about to move : 주어가 동작에 가까이 있는 관계

도식 5

즉, **about**이 쓰이면 he가 move의 근처에 있음을 나타낸다. 다음 예를 살펴보자.

11

a. The train is **about** to leave.
그 기차가 막 떠나려고 한다.

b. I was **about** to go out.
나는 막 나가려고 했다.

c. The concert is **about** to begin.
그 음악회가 막 시작하려고 한다.

11a는 열차가 출발 순간의 바로 가까이에 있는 어느 점에 있다는 뜻이다. 11b는 내가 외출하는 순간 가까이의 어느 점에 있고, 11c는 음악회가 시작하는 순간과 가까운 어느 곳에 있다는 뜻이다.

과정에는 시작과 끝이 있고 그 사이에는 변화나 진행이 있다. 변화는 진행 행위로, 과정의 끝은 과거분사로 표현된다.

1.7.2. 과정의 끝

다음 문장을 살펴보자. 다음에서 **about**은 동사의 과거분사와 쓰여서 과정이 마지막 근처에 있음을 나타낸다.

12

a. The dinner is cooked.
그 저녁이 다 되었다.

b. The dinner is **about** cooked.
그 저녁이 거의 다 되었다.

c. The building is **about** built.
그 건물은 거의 다 지어졌다.

d. The work is **about** finished.
그 일은 거의 다 끝났다.

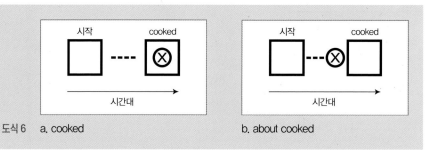

도식 6   a. cooked   b. about cooked

---

cook의 과거분사 cooked가 쓰인 12a는 요리 과정이 마지막 단계에 이르렀음을 나타낸다. 12b는 **about**이 있으므로 마지막 단계 근처 어딘가에 있다는 뜻이다.

1.7.3. 진행

다음에서 **about**은 과정의 진행을 나타내는 진행형으로 쓰인다.

13

 a. The water is boiling.
  그 물이 끓고 있다.

 b. The water is **about** boiling.
  그 물이 거의 끓으려고 한다.

a. X : 끓는점에 있음

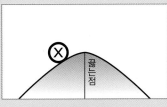

b. X : 끓는점 근처에 있음

도식 7

도식 7a는 물이 실제 끓음을 나타내고, 도식 7b는 물이 끓는 상태의 근처에 와 있음을 나타낸다.

2. 부사적 용법

다음에서 **about**은 X **about** Y에서 Y가 쓰이지 않은 부사이다. Y가 쓰이지 않는 이유는 이것이 쓰이지 않아도 무엇인지 예측이 가능하기 때문이다. 다음에서 생략된 Y가 무엇인지 살펴보자.

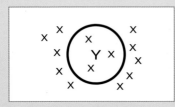
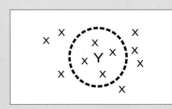

도식 8   a. 전치사   b. 부사

2.1. 말하는 이의 주위

다음에서 암시된 Y는 말하는 이나 말하는 이가 살고 있거나 현재 있는 지역 (위치)이다.

14

a. There is no one **about**.
(내) 주위에는 아무도 없다.

b. The cholera is **about**.
콜레라가 (주위에) 돌고 있다.

c. He has left his papers **about**.
그는 그의 서류들을 여기저기에 흩어 놓았다.

d. Drivers slow down when they see children **about**.
운전사들은 어린이들이 주위에 있는 것을 보면 속도를 줄인다.

다음에서 암시된 Y는 15a에서는 바지이고, 15b에서는 아내이다.

15

a. He fell down and tore his trousers **about**.
그는 넘어져서 그의 바지 여기저기가 찢어졌다.

b. He got drunk and hit his wife **about**.
그는 술이 취해 그의 아내를 여기저기 때렸다.

2.2. 행동 동사

about이 행동을 나타내는 동사와 쓰이면 뚜렷한 목적이나 목표가 없는 행동을 나타낸다.

16

a. He is always fooling **about**.
그는 늘 빈둥거리며 지낸다.

b. We have to hang **about** for a while.
우리는 잠시 막연히 어슬렁거려야 한다.

c. She just loafed **about** for two years.
그녀는 2년 동안 빈둥거리며 지냈다.

3. 다른 전치사와의 비교

의미상으로 about과 비슷한 전치사로 around와 of가 있다. 여기서는 그 차이를 살펴보겠다.

3.1. about과 around

X **about** Y에서 X는 Y 위나 주위의 여러 개의 점이나 여러 자리에 나타날 수 있는 개체를 가리킨다. 그런데 X **around** Y는 X가 Y 위나 주위에 곡선으로 나타나는 경우이다.

17

a. He looked **about** the hall.
그는 그 홀 여기저기를 보았다.

b. He looked **around** the hall.
그는 그 홀 여기저기를 **둘러**보았다.

17a에서는 **about**이 쓰였는데, 이때 X는 그의 눈길이 머문 여러 자리가 되고, 17b에서는 **around**가 쓰였는데 이때 X는 눈길이 이동한 곡선이 된다. 그러므로 같은 사실이지만 어느 부분을 어떻게 강조하느냐에 따라서 표현의 차이가 난다. 다음 문장의 차이도 마찬가지이다.

18

a. We drove **about** the city.
우리는 자동차로 그 시의 이곳저곳을 다녔다.

b. We drove **around** the city.
우리는 자동차로 그 시의 주위를 또는 여기저기를 **돌아**다녔다.

3.2. about과 of

동사 dream, hear, think, know, speak, tell, remind 등은 전치사 **about**이나 **of**와 같이 쓰일 수 있다. 그런데 **about** Y가 쓰이면 Y에 관련된 여러 가지 일을 나타내고, **of** Y가 쓰이면 Y의 존재를 나타낸다.

19

I know **of** him, but I do not know **about** him.
나는 그가 존재한다는 것을 알지만 그에 대해서는 자세히 모른다.

동사 speak도 마찬가지로 쓰인다.

20

a. He speaks **of** leaving school.
그는 학교를 그만둘까 하고 말한다.

b. He speaks **about** his travel.
그는 여행에 대한 여러 가지 이야기를 한다.

의사소통이나 사고를 나타내는 동사도 전치사 **about**이나 **of**와 다 쓰일 수 있다. 그러나 그 뜻에는 차이가 있다.

21

a. How did you learn **about** our product?
우리의 생산품에 대해서 (자세한 것을) 어떻게 알았습니까?

b. How did you learn **of** our product?
우리의 생산품(의 있음)을 어떻게 알았습니까?

21a의 의미는 생산품에 대해서 이것저것 자세하게 아는 것이고 21b의 의미는 생산품의 존재만 아는 것이다. 다음에는 동사 think가 **of**와 **about**과 각각 쓰였다. 전치사 **of**가 쓰이면 문제의 존재만을 생각하므로 carefully나 methodically와 같은 부사와 쓰일 수 없다.

22

a. *Bill thought **of** the problem carefully and methodically.
빌은 그 문제를 조심스럽게 조직적으로 생각해 냈다.

b. Bill thought **about** the problem carefully and methodically.
빌은 그 문제에 대해서 조심스럽게 조직적으로 생각했다.

주 : * 표시는 다음에 오는 표현이 주어진 문장에 쓰일 수 없음을 나타낸다.

또 어떤 동사가 나타내는 과정이 시간이 걸리는 것이면 **about**이나 **over**와는 쓰이나 **of**와는 쓰이지 않는다.

23

a. He brooded **about** (over, *of) the plan.
그는 그 계획에 대해서 곰곰히 생각해 보았다.

b. He pondered **about** (over, *of) the exam.
그는 그 시험에 대해서 곰곰히 생각해 보았다.

주 : * 표시는 다음에 오는 표현이 주어진 문장에 쓰일 수 없음을 나타낸다.

ABOVE

above는 전치사와 부사로 쓰인다. 먼저 전치사 용법부터 살펴보자.

1. 전치사적 용법

X **above** Y에서 **above**는 X가 어느 수직선을 기준으로 Y보다 위에 있음을 나타낸다. 이 기준선은 원형적인 관계에서는 공간 속의 수직선이지만 이것은 여러 가지 다른 영역에 적용될 수 있다. 도식 1에서 수직선이 기준선이라면, 이 선을 기준으로 X가 Y의 바로 위쪽뿐만 아니라 조금 벗어나 있어도 **above**가 쓰일 수 있다. X와 Y 사이의 거리도 표시될 수 있다.

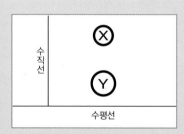 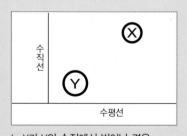

도식 1   a. X가 Y의 수직선상   b. X가 Y의 수직에서 벗어난 경우

1.1. 수직선상

다음 예는 X가 수직선상 Y보다 위에 있는 경우이다.

1

a. The airplane was flying a few feet **above** the sea.
　그 비행기는 그 바다 위 몇 피트 상공을 날아가고 있었다.

b. The kingdom was 11,000 feet **above** the sea.
　그 왕국은 그 바다에서 11,000피트 위에 있었다.

c. Some nice people are **above** us.
　몇몇 친절한 사람들이 우리 위에 살고 있다.

d. Hang the sign **above** the door.
　그 간판을 그 문 위에 다시오.

　1a에서 비행기는 바다 바로 위에 있으나, 2b에서 왕국은 바다 바로 위에 있지 않다. 그러나 이것은 수직선상 바다보다 위쪽에 있다. 2c에서 우리가 살고 있는 곳이 아파트라고 한다면 위층에 살고 있는 사람은 우리보다 위에 있다.

 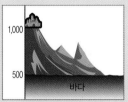 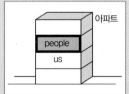

a. 수면 위의 비행기　　b. 바다 위의 왕국　　c. 아파트 위층에 사는 사람들　도식 2

1.2. 수직에서 벗어난 경우

　above는 거의 수평선상에 있는 두 개체의 위치를 나타내는 데에도 쓰인다. 물은 높은 곳에서 낮은 곳으로 흐르기 때문에 흐름이 시작되는 곳이 위쪽이고 그 반대쪽이 아래로 간주된다. 그리고 위도상 북쪽은 위로, 남쪽은 아래로 간주된다.

> **2**
>
> **a.** Jamsil is **above** Banpo on the Han River.
> 잠실은 한강에서 반포 위에 있다.
>
> **b.** There is a waterfall **above** the bridge.
> 그 다리 위쪽에 폭포가 있다.
>
> **c.** San Francisco is **above** Los Angeles.
> 샌프란시스코는 로스앤젤레스 위에 있다.

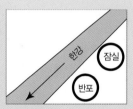

a. 한강에서 반포 위쪽에 있는 잠실

b. 다리 위쪽에 있는 폭포

c. 로스앤젤레스 위쪽에 있는 샌프란시스코

도식 3

1.3. 수치

위치를 나타내는 X **above** Y에서 X는 Y보다 수, 양 등이 큼을 나타낸다.

> **3**
>
> **a.** It cost **above** 5 dollars.
> 그것은 5달러 이상이 들었다.
>
> **b.** The fish weighed **above** 3 pounds.
> 그 생선은 무게가 3파운드 이상 나갔다.
>
> **c.** Those whose marks are **above** 9 will pass the examination.
> 점수가 9점 이상인 사람들은 그 시험에 합격할 것이다.

3a에서는 비용이 X이고 이것이 5달러 이상이었고, 3b에서는 생선의 무게가

X이고 이것이 3파운드 이상이었음을 **above**가 나타낸다. 3c에서는 점수가 X이
고 이것이 9보다 높음을 **above**가 나타낸다(도식 4).

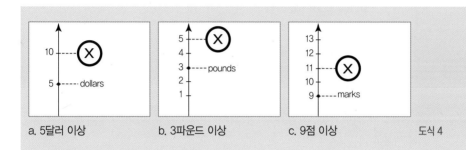

a. 5달러 이상   b. 3파운드 이상   c. 9점 이상   도식 4

1.4. 계급

　수직선상에서의 '위'와 '아래'는 계급의 높고 낮음에도 확대되어 쓰인다. 즉,
높은 것은 위, 낮은 것은 아래로 개념화된다.

4

a. A lieutenant-colonel is **above** a major.
중령은 소령보다 높다.

b. The captain of a ship is **above** the seamen.
배의 선장은 선원보다 높다.

c. John is **above** Tom in the army.
존은 톰보다 군대에서 높다.

1.5. 인격·도덕

　X **above** Y에서 X가 Y보다 높은 위치에 있는 관계는 X가 인격적으로나 도덕
적으로 Y 위에 있음을 나타낸다. 다음은 '좋음은 위, 나쁨은 아래'라는 은유가
적용된 예이다. 다음에서 he는 그의 몸을 가리키는 것이 아니라 환유적으로 그
의 성격이나 인품을 가리킨다.

5

a. He is **above** bribery.
그는 뇌물을 받지 않는다.

b. He is **above** deceit.
그는 속이지 않는다.

c. He is **above** meanness.
그는 야비한 짓을 안 한다.

어느 사람이 뇌물, 속임, 야비함 위에 있다는 것은 이러한 행위를 하지 않는
다는 뜻이다.

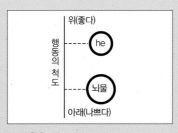
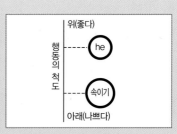

도식 5   a. 좋음은 위   b. 좋음은 위

Y는 다음과 같이 동명사로 나타날 수 있다(도식 5b 참조).

6

a. You must be **above** cheating in examinations.
여러분은 시험들을 칠 때 부정 행위를 하지 말아야 한다.

b. He is **above** stealing.
그는 훔침의 위에 있다(즉, 그는 훔치지 않는다).

c. You should be **above** gossiping about your neighbors.
여러분은 이웃들의 험담을 하지 말아야 한다.

1.6. 가치 평가

다음 예에서 **above**는 X가 Y(의심, 비판, 비난)의 위에 있음을 나타낸다. 이것은 X가 의심, 비판, 비난을 벗어나 있음을 나타낸다.

> **7**
>
> **a.** His honesty is **above** suspicion.
> 그의 정직은 의심의 범위를 넘어서 있다.
>
> **b.** His work is **above** criticism.
> 그의 책은 비판의 범위 위에 있다.
>
> **c.** Her behavior is **above** reprimand.
> 그녀의 행동은 비난을 받는 수준 위에 있다.

above는 7a에서 그의 정직이 의심의 영역 위에 있고, 7b에서는 그의 책이 비판의 범위를 넘어서 있고, 7c에서는 그녀의 행동이 견책의 범위를 넘어서 있음을 뜻한다.

1.7. 능력

다음 8a는 책이나 강의가 내 능력 위에 있어서 이들을 이해할 수 없다는 뜻이다. 다음에서 Y인 me나 us는 환유적으로 사람의 능력을 뜻한다.

> **8**
>
> **a.** The book is **above** me.
> 그 책은 내 능력 위에 있다(즉, 나는 그 책을 읽을 수 없다).
>
> **b.** His lecture is **above** us.
> 그의 강의는 내 능력 위에 있다(즉, 이해할 수 없다).

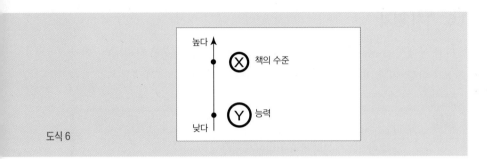

도식 6

2. 부사적 용법

다음은 X **above** Y에서 Y가 쓰이지 않은 부사로 쓰였다. 도식 7a에서 전치사로 X와 Y가 명시되어 있지만, 7b는 부사로 Y가 명시되어 있지 않다.

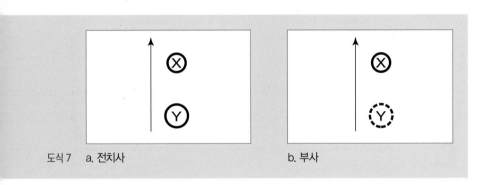

도식 7   a. 전치사   b. 부사

2.1. 말하는 이의 위치

다음에서 암시된 Y는 말하는 이의 위치이다.

9

a. A student lives **above**, and he is very noisy.
한 학생이 (우리) 위에 사는데, 그는 매우 시끄럽다.

b. The sky **above** was blue.
(우리) 위의 하늘은 푸르렀다.

2.2. 문맥

다음 예에 암시된 Y는 문맥에서 추리된다. 암시된 Y는 10a에서 the water, 10b에서 7세이다.

a. Half of the rock was under the water, and half was **above**.
그 바위의 반은 물 밑에 있고 반은 (물) 위에 있다.

b. Children aged 7 and **above** are not allowed in this program.
7세와 그 이상의 아이들은 이 과정에 허용되지 않는다.

3. 다른 전치사와의 비교

다음에서 **above**와 **over**를 비교하여 보자.

a. A colonel is **above** a major.
대령은 소령 위에 있다.

b. A colonel is **over** a major.
대령은 소령 위에 지배적 위치에 있다.

11의 두 표현 모두 대령은 소령보다 위임을 나타낸다. 그러나 **above**는 위치만을 나타내고, **over**는 대령이 소령에 영향권을 행사할 수 있음도 나타낸다.

ACROSS

across는 전치사와 부사로 쓰인다. 먼저 전치사 용법부터 살펴보자.

1. 전치사적 용법

1.1. X가 Y를 가로질러 있는 경우

다음 X **across** Y에서 X는 Y를 가로지르는 정적(static) 관계에 있다.

1

a. There was a rope **across** the street.
로프가 그 길을 가로질러 놓여 있었다.

b. There was a bridge **across** the river.
그 강을 가로지르는 다리가 있었다.

c. There was a road **across** the mountain.
그 산을 가로지르는 길이 있었다.

d. There was a big sofa **across** the room.
그 방을 가로지르는 큰 소파가 있었다.

1.2. 가로지르기

다음 X **across** Y에서 X는 Y를 가로지르는 동적(dynamic) 관계에 있다.

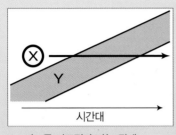 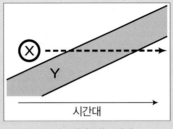

| a. X가 Y를 가로질러 가는 관계 | b. X가 Y를 가로질러 있는 관계 | 도식 1 |

2

a. He walked **across** the street.
  그는 그 길을 가로질러 걸어갔다.

b. He swam **across** the river.
  그는 그 강을 가로질러 헤엄쳐 갔다.

c. He ran **across** the field.
  그는 그 밭을 가로질러 뛰어갔다.

d. He got **across** the ocean.
  그는 그 대양을 가로질러 건너갔다.

e. He drew a straight line **across** the page.
  그가 그 페이지를 가로지르는 직선을 그었다.

다음 문장에서는 타동사가 쓰여서 목적어가 Y를 가로지른다.

3

a. The girl helped the children **across** the street.
  그 소녀가 그 아이들이 그 길을 건너게 도와주었다.

b. I'll help you to push your cart **across** the street.
  당신이 당신의 수레를 밀어서 그 길을 건너는 데 제가 도와드리겠습니다.

1.2.1. 닿지 않음

다음 X **across** Y에서 X가 Y를 가로지를 때 X가 Y에 닿지 않을 수 있다.

4

  a. We flew **across** the Atlantic.
   우리는 대서양을 가로질러 비행했다.

  b. You can fly to Korea **across** the North Pole.
   북극을 가로질러 한국으로 날아갈 수 있다.

1.2.2. 만남

두 선이 교차되면 만나게 된다. 또한 두 사람이 시선이 교차되면 만나게 된다. 또 시선이 어떤 물건과 교차될 수 있다.

5

  a. I came **across** Mr. Smith in the street.
   나는 그 길에서 스미스 씨를 우연히 만났다.

  b. I ran **across** an old photograph of yours.
   나는 너의 옛날 사진을 우연히 보았다.

5a에서처럼 스미스 씨와 내가 서로 다른 길을 가다가 만나게 되는 수가 있다. 이러한 두 선이 교차되는 것은 '만남'의 뜻으로 풀이된다. 또 5b에서처럼 시선이 움직이다가 어떤 물건에 접하게 되는 수가 있다. 이것은 '본다'는 뜻으로 풀이된다. 따라서 이로부터 '우연히'라는 뜻을 추리해 낼 수 있다.

1.2.3. 원형에서 벗어나기

across의 원형적인 관계에서 X와 Y는 둘 다 선형적이었다. 그러나 다음에 쓰인 **across**의 X와 Y는 선이 아니라 면적이다. 이 경우 **across**는 X의 분포가 Y의 한쪽에서 다른 쪽으로 다 펼쳐져 있음을 나타낸다.

6

a. The TV series is popular **across** the country.
그 TV 연속극은 그 나라 전역에 걸쳐 인기가 있다.

b. Colds are spreading **across** Europe.
감기들이 유럽 전 지역에 퍼지고 있다.

6a에서 X는 연속극의 인기이고, 이 인기가 전국에 퍼져 있음을, 그리고 6b에서 X는 감기가 유럽 전역에 퍼지고 있음을 나타낸다.

1.3. 주관적 이동

1.3.1. 말하는 이의 위치

X가 Y의 한쪽에서 다른 쪽으로 움직이면 X는 처음과는 반대쪽에 있게 된다. 이러한 결과도 **across**가 나타낸다. 이때 중요한 것은 관찰자의 위치이다. 특별한 명시가 없으면 말하는 이의 위치가 기준점이 된다. 말하는 이의 위치에서 보면 집은 길의 건너편(across)에 있다. 도식 2b는 프랑스가 길과 해협을 각각 가로질러 건너편에 있음을 나타낸다.

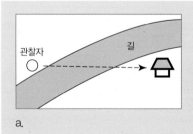

a.   b.   도식 2

7

a. The house is **across** the street.
그 집은 그 길 건너편에 있다.

b. France lies **across** the channel.
프랑스는 그 해협 건너편에 있다.

1.3.2. across의 기준점 : from

다음에서는 **across**의 기준이 전치사 from으로 표시되어 있다.

8

a. His grandmother lived **across** the street from his house.
그의 할머니는 그의 집에서 보면 그 길 건너에 살았다.

b. Betty sat **across** the aisle from her boyfriend.
베티는 그의 남자친구로부터 그 통로 건너편에 앉았다.

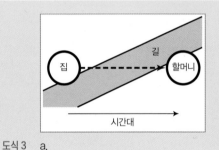 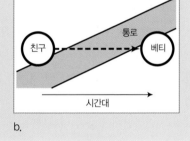

도식 3   a.   b.

1.3.3. 소리와 빛

소리나 빛도 움직이는 것으로 개념화되어 **across**와 같이 쓰일 수 있다.

9

a. He shouted **across** the hall to Mary.
그는 그 강당을 가로질러 메리에게 소리쳤다.

b. She looked **across** the field at the players.
그녀는 그 운동장을 가로질러 그 선수를 보았다.

9a에서는 소리가 강당을 가로질러 메리에게 닿는 것으로 개념화되고 9b에서는 시선이 운동장을 가로질러 반대편 선수에게 이르는 것으로 개념화되어 있다.

2. 부사적 용법

말하는 이나 글쓴이가 X **across** Y에서 Y를 명시하지 않더라도 듣는 이나 읽는 이가 Y의 정체를 문맥과 맥락 등에서 식별할 수 있다고 판단하여 Y를 쓰지 않는 경우 **across**는 부사이다. 다음 도식 4a는 전치사로서 X와 Y가 둘 다 표시되어 있다. 도식 4b는 부사로서 X만 표시되어 있고 Y는 점선으로 그려져 있다.

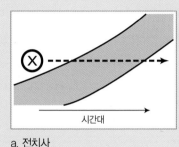
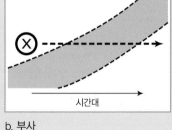

a. 전치사   b. 부사   도식 4

2.1. 문맥

다음에서 **across**는 부사로 쓰였다. **across**의 목적어는 문맥에서 찾을 수 있다.

10

   a. I saw an old lady in the street and as she was frightened, I helped her **across**(the street).

   나는 그 길에서 나이 많은 여자를 봤는데 겁을 먹고 있어서, 나는 그녀가 (그 길을) 건널 수 있게 도와주었다.

   b. We came to the river with no bridge **across**(the river).

   우리는 (그 강을) 가로지르는 다리가 없는 강에 이르렀다.

c. The middle of the bed has broken, and I am going to put some pieces of wood **across**(the bed).

그 침대의 중간이 부러져서 나는 나무 조각 몇 개를 (그 침대에) 가로질러 놓을 생각이다.

2.2. 화맥

다음 X **across** Y에서 숨은 Y는 말하는 이나 전치사가 있는 곳이다. 여기에서 **across**의 목적어는 쓰이지 않는다. Y가 없어도 이 정체를 듣는 이가 파악할 수 있다고 말하는 이가 생각할 때는 쓰이지 않는다.

11

a. The dog ran **across**.
그 개는 (~을 가로질러) 뛰어갔다.

b. They shouted **across**.
그들은 (~을 가로질러) 소리쳤다.

위 11a에서 **across**는 부사로 쓰여서 목적어가 없다. 그러나 말하는 이가 생각할 때 듣는 이가 목적어를 추리할 수 있다.

2.3. 세상 지식

다음 예에서 **across**의 숨은 목적어는 12a에서는 강이고 12b에서는 상자이다.

12

a. The river here is 50m **across**.
그 강의 여기 이 지점의 폭은 50m이다.

b. The box is 60cm **across**.
그 상자의 폭은 60cm이다.

Y는 12a에서는 강의 어느 지점에서 본 폭이 되고, 12b에서는 말하는 이가 마주하고 있는 물체의 한쪽에서 다른 쪽까지의 폭의 길이가 된다.

3. 관용적 표현

come **across**, run **across**, put **across** 등은 '관용적'인 표현이라고 생각되어 왔다. 그러나 이러한 표현에 쓰인 **across**에는 앞에서 살펴본 뜻이 그대로 있는 것으로 보인다. 앞서 살펴본 5의 예가 이에 해당된다. 예 5a와 5b를 그림으로 나타내면 각각 도식 5a, 5b가 된다.

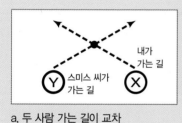

a. 두 사람 가는 길이 교차   b. 시선이 사진에 닿는 관계   도식 5

또한 논쟁, 담화, 강의 등에는 두 지점이 있다. 즉, 말하는 이와 듣는 이가 이 두 지점이 된다. 말하는 이의 말이나 주장을 상대방에게 전달하는 것은 어떤 물건을 길의 한쪽에서 다른 쪽으로 옮기는 것에 비유될 수 있다. 실제 영어에는 '생각은 공이다'라는 은유가 많이 쓰인다. 이러한 비유가 다음 문장에 쓰였다.

13

a. I managed to get my arguments **across**.
나는 내 논거들을 겨우 상대방에게 전달했다.

b. It was difficult to get **across** the basic idea.
그 기본 생각을 전달하기가 어려웠다.

c. He put the ideas **across**.
그는 그 생각들을 상대방에게 전달했다.

d. I tried to put **across** my point of view.
나는 내 견해를 전달하고자 했다.

도식 6

위에서 14a, 14c의 **across**는 부사적으로 쓰였는데 이때의 Y는 생각을 받는
사람이다. **across**는 X가 전달하는 이에게서 받는 이에게로 전달됨을 나타낸다.
어느 사람의 인상도 한 사람에게서 다른 사람에게로 전달되는 것으로 개념화
된다. 다음 15a에서 she는 환유적으로, 그녀의 인상을 가리킨다. 실제로 그녀
가 어디로 건너가는 것이 아니다.

14

a. She wasn't coming **across** as the simpleton I had expected her to be.

그녀는 내가 예상했던 것과 같은 바보로는 보이지 않았다.

b. That was the impression that was coming **across**.

그것이 전달되는 인상이었다.

AFTER

after는 전치사와 부사로 쓰인다. 먼저 전치사 용법부터 살펴보자.

1. 전치사적 용법

X **after** Y에서 X와 Y는 둘 다 실제 움직이거나 움직이는 것으로 생각되는 개체이고, **after**는 X가 Y의 뒤를 따라가는 관계를 나타낸다. 이것을 도식화하면 다음과 같다.

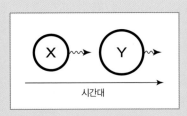

시간대

도식 1   전치사 after

1.1. X가 Y를 따라가기

다음 문장에서 X는 Y를 따라간다. 다음 1a에서는 버스가 앞서고 그 뒤를 택시가 따라간다.

1

a. A taxi passed **after** a bus.
택시가 버스 다음에 지나갔다.

b. The dog was running **after** the cat.
그 개가 그 고양이를 뒤쫓고 있었다.

c. George went **after** Mary.
조지가 메리 다음에 갔다.

1에서 Y(버스, 고양이, 메리)도 움직이고 X(택시, 개, 조지)도 움직이는데, Y가 앞서가고 X가 뒤에 가는 관계이다.

아기나 버스 등의 낱말도 **after**와 같이 쓰이면 움직이는 것으로 간주된다. 다음에 쓰인 Y는 **after**와 같이 쓰이면 움직이는 것으로 풀이된다.

2

a. Mom looks **after** the baby.
엄마는 (이리저리 움직이는) 그 아기를 돌본다.

b. Mary gazed **after** the bus.
메리는 (멀어져 가는) 그 버스를 응시했다.

c. John called **after** Tom.
존은 (뛰어가고 있는) 톰을 불렀다.

d. The shopkeeper shouted **after** a thief.
그 가게 주인은 (도망가는) 도둑에 대고 소리쳤다.

1.2. 주관적 이동

지금까지 살펴본 X **after** Y의 예는 모두 X와 Y가 움직이는 예들이다. 그런데 다음에서는 Y가 실제로 움직이지는 않으나 **after**와 쓰이는 예가 있다. 다음을 살펴보자.

3

a. John lives in the second house **after** the church.
존은 그 교회를 지나서 두 번째 집에 산다.

b. **After** a mile, you come to a small bridge.
1마일이 지나면, 여러분은 어느 조그마한 다리에 이르게 된다.

c. B comes **after** A in the alphabet.
영어 자모에서 B는 A 다음에 온다.

d. Ali's name was called **after** three others.
알리의 이름은 다른 세 사람 이름이 불리고 나서 불렸다.

3a의 경우는 다음과 같이 도식 2a로 나타낼 수 있다. 교회나 집은 움직임이 없다. 그러나 말하는 이의 시선이 왼쪽에서 오른쪽으로 옮긴다고 생각하면 왜 **after**가 쓰이는지 알 수 있다.

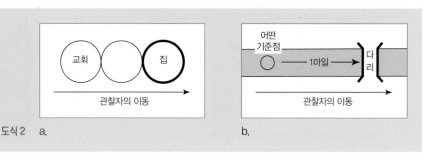

도식 2   a.   b.

1.3. 시간 1

시간도 흐르는 것으로 개념화되면서 어느 날이 지난 다음 다른 날이 따른다.

4

a. The day **after** tomorrow is a holiday.
내일 다음 날은 공휴일이다.

b. We will see you again **after** the holidays.
우리는 공휴일들이 지나고 나서 다시 당신을 뵙겠습니다.

날짜는 다음과 같이 왼쪽에서 오른쪽으로 진행된다. 우리 시선이나 마음을 왼쪽에서 오른쪽으로 옮기면 오늘에서 내일을 지나 그다음에 모레가 온다.

도식 3

다음에서와 같이 시간 개념을 포함하는 행동, 사건, 과정 등을 나타내는 명사도 **after**와 같이 쓰일 수 있다.

5

a. We had a heated discussion **after** dinner.
우리는 저녁을 먹고 난 다음 열띤 토의를 했다.

b. His class starts **after** lunch.
그의 강의는 점심 후에 시작된다.

c. The speaker was asked many questions **after** his lecture.
그 연사는 그의 강연이 끝난 후 많은 질문들을 받았다.

d. **After** the concert, they went home.
그 음악회가 지난 다음에, 그들은 집으로 갔다.

5a는 시간선상에서 저녁 먹기가 먼저 있고 그다음에 토의가 뒤따랐다는 뜻이다(도식 4a). 5c는 강연이 먼저 있고 그다음에 질문이 있었다는 뜻이다(도식 4b).

도식 4   a. 저녁 후 토의   b. 강연 후 질문

1.4. 시간 2

X **after** Y에서 X는 Y가 지난 다음의 시간이다.

6

a. It is 10 minutes **after** 12.
시간은 12시 10분이다.

b. We met again 10 years **after** our graduation.
우리는 졸업 10년 후에 다시 만났다.

c. The bridge broke down only one year **after** its completion.
그 다리는 완공된 지 일 년 후에 무너져 내렸다.

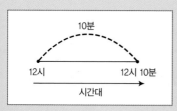 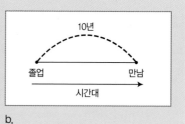

도식 5   a.   b.

1.5. 반복

전치사 **after**는 명사 + **after** + 명사의 형태로 쓰여서 명사가 반복됨을 나타내는데 이 형태에 쓰이는 명사는 모두 시간이나 시간 속에 존재하는 과정 등을 나타낸다.

7

hour **after** hour	매시간
day **after** day	매일
week **after** week	매주
year **after** year	매해
time **after** time	매번
meeting **after** meeting	모임마다

1.6. 확대된 의미

Y가 앞서고 X가 그 뒤를 따른다는 의미 관계는 X와 Y의 성질에 따라서 다음과 같이 여러 가지 의미로 확대된다.

1.6.1. 순행

다음 X **after** Y에서는 Y가 먼저 일어나고 그다음에 X가 일어나는데, 세상일에 비추어서 X는 Y에서 오는 당연한 결과일 수 있다.

8

a. **After** careful consideration, I have decided to go by train.
신중히 생각을 한 다음 나는 기차로 가기로 결심했다.

b. You must succeed **after** such efforts.
이렇게 많은 노력들을 했으니, 당신은 꼭 성공할 것이다.

c. **After** what you have said, I shall be careful.
당신이 그렇게 말했으니, 나는 조심할 것이다.

d. **After** her rudeness to him, he never called her again.
그녀가 그에게 무례함을 저지른 다음, 그는 그녀에게 다시 전화를
하지 않았다.

8a와 8b에 쓰인 X와 Y는 도식 6과 같이 나타낼 수 있다.

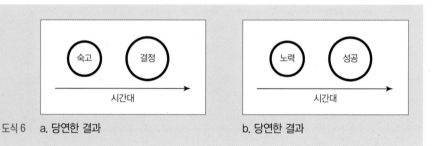

도식 6   a. 당연한 결과   b. 당연한 결과

숙고한 다음에 결정을 했으니 숙고가 결정의 바탕이 되고, 노력한 다음에 성
공하는 것이 보통이므로 노력도 성공의 바탕이나 원인으로, 충고를 듣고 조심
하는 것이 보통이므로 충고도 조심의 바탕이나 원인으로 풀이된다.

1.6.2. 역행

Y가 먼저 일어나고 그다음 X가 있는데, X가 Y로부터 예상 밖일 수 있다. 이
때 **after**는 대조의 의미를 갖는다.

9

a. **After** all my trouble, you have learned nothing.
나의 모든 수고에도 불구하고, 너는 아무것도 못 배웠다.

b. He has failed **after** his labor.
그는 노력에도 불구하고 실패했다.

c. **After** all the criticism of the house, he bought it.
그 집에 대한 모든 비판에도 불구하고 그는 그 집을 샀다.

9a에서 누가 애써 가르치면 배우는 사람이 무엇을 배우는 것이 보통이다. 그런데 내가 노력했음에도 불구하고 그가 아무것도 배우지 못했으니 대조의 의미가 추리된다. 9b의 경우 노력하면 성공하는 것이 보통인데, 노력 뒤에 성공이 따르지 않았으므로 여기에서도 대조의 의미가 생긴다. 9c에서는 그가 어떤 집을 먼저 비판하고 난 다음 그것을 샀다는 뜻이므로 비판과 사는 일 사이는 대조의 뜻이다.

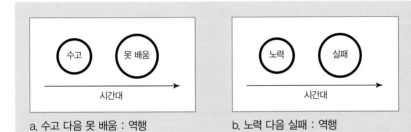

a. 수고 다음 못 배움 : 역행　　　　b. 노력 다음 실패 : 역행　　　　도식 7

1.7. 따르기

X **after** Y에서 X는 Y를 따라 이름을 짓거나 닮거나 모방을 한다.

10

a. They named the boy **after** his father.
그들은 아버지의 이름을 따라 그 소년의 이름을 지었다.

b. This painting is **after** Rembrandt.
이 그림은 렘브란트를 본떴다.

c. He is going to take **after** his father.
그는 아버지를 닮을 것이다.

1.8. 순서 매기기

X **after** Y에서 Y가 앞서므로 Y는 중요성에 있어서 X에 앞선다.

11

a. **After** water, food is the most important need for human life.
물 다음에, 음식이 인간 생존에 가장 중요하다.

b. **After** Hardy, Dickens is her favorite author.
하디 다음으로는, 디킨스가 그녀가 좋아하는 작가이다.

c. Lieutenants rank **after** captains.
소위는 대위 밑에 있다.

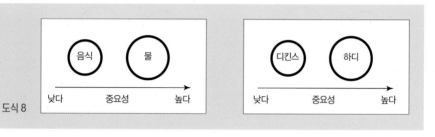

도식 8

1.9. 추구

Y가 앞서고 X가 그 뒤를 따르는 관계가 X가 Y를 찾아다니는 관계에도 확대
된다.

12

a. The miners sought **after** gold.
그 광부들은 금을 찾아다녔다.

b. The police are **after** the criminal.
경찰은 그 범인을 쫓고 있다.

c. The researchers are **after** a cure for cancer.
그 연구가들은 암 치료법을 찾고 있다.

d. The journalists are **after** news.
그 신문 기자들은 뉴스를 찾고 있다.

2. 부사적 용법

X **after** Y에서 Y가 쓰이지 않으면 부사이다. 다음 도식에서 Y는 점선으로 표시되어 있다.

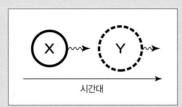

도식 9

다음에서 **after**의 Y는 쓰이지 않았다. 그러나 Y는 말하는 이와 듣는 이가 알고 있는 어느 시점이 된다.

13

a. One hour **after**, she was still sitting.
그 후 1시간 동안 그녀는 계속 앉아 있었다.

b. Long **after**, I heard a true story about it.
훨씬 뒤에 가서야 나는 그것에 대한 참된 얘기를 들었다.

13에서 **after**의 목적어(Y)는 쓰이지 않았다. 그러나 이 Y는 이야기나 글의 앞선 부분에서 언급된 어느 시점이 될 수 있다.

3. 다른 전치사와의 비교

3.1. after와 behind

X **after** Y는 X가 Y를 뒤따르고, X **behind** Y는 X가 Y 뒤에 있는 위치만을 가리킨다.

14

a. The picture fell **after** the bookcase.
그 그림은 그 책장 다음에 넘어졌다.

b. The picture fell **behind** the bookcase.
그 그림은 그 책장 뒤에 떨어졌다.

X **after** Y에는 움직임의 뜻이 있으므로 책장이 먼저 떨어지고, 그다음에 그림이 떨어진 관계를 나타낸다. X **behind** Y는 떨어져서 Y 뒤에 X가 있게 되는 공간 관계만을 나타낸다. 다음 예를 살펴보자.

15

a. Close the door **after** you.
네가 (들어가거나 나간) 다음에 문을 닫아라.

b. Close the door **behind** you.
너 뒤에 있는 문을 닫아라.

after 다음의 you는 어떤 행동과 연관된다. 즉, 네가 들어오고 나서 문을 닫으라는 뜻이다. **behind** 다음의 you에는 이러한 동적 의미가 없다.

3.2. after와 for

16

a. She hungers **after** luxury.
그녀는 사치를 갈구하여 찾아다닌다.

b. She hungers **for** food.
그녀는 음식을 갈구한다.

X **after** Y에서 Y는 움직임의 뜻을 포함하고 있으므로 16a에서 X(she)가 Y(luxury)를 찾아 헤맨다는 뜻이 포함된다. for에는 그러한 뜻이 없으므로 16b 에는 단순히 구한다는 뜻만 있다. 다음도 비슷하게 풀이된다.

17

a. He pined **after** her for a long time.
그는 오랫동안 그녀를 따라다니며 사모했다.

b. He pined **for** her affection.
그는 그녀의 애정을 얻고자 애태웠다.

AGAINST

against는 전치사로만 쓰인다.

1. 전치사적 용법

X **against** Y는 X가 Y의 힘에 맞서는 관계를 나타낸다.

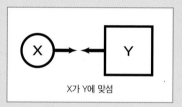

X가 Y에 맞섬

도식 1　　　　　　　전치사 against

1.1. 거슬러 가기

다음에서 X는 Y에 거슬러 올라간다.

1

　a. No ship could sail **against** the wind that moved her.
　　어느 배도 그것을 움직이는 바람을 거슬러 항해할 수 없었다.

　b. He was swimming **against** the tide.
　　그는 그 조류를 거슬러 헤엄쳐 가고 있었다.

c. They were rowing **against** the current.
그들은 그 해류를 거슬러 배를 저어 가고 있었다.

d. The salmon swam **against** the current.
그 연어들은 그 물길을 거슬러 올라갔다.

1.2. 맞부딪히기

다음에서 X는 Y에 맞부딪힌다. 여기서 Y는 움직이는 개체가 아니기 때문에 이것의 X에 맞서는 힘은 위에서 살펴본 경우보다는 덜 뚜렷하다. 그러나 이 경우도 Y가 X에 힘을 미친다고 생각되는 경우이다.

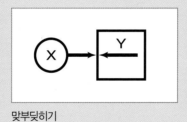

맞부딪히기   도식 2

2

a. Waves dashed **against** the shore.
파도들이 그 해안에 부딪쳤다.

b. Rain beat **against** the window.
비가 그 창문을 두들겼다.

c. I hit my head **against** the wall.
나는 내 머리를 그 벽에 부딪쳤다.

2a는 X인 파도가 움직여서 Y인 해안에 부딪히는 모습이다. 그러나 해안은 그대로 있다. 이것은 해안이 미는 힘을 가하기 때문이다. 다음 예에서도 X는 Y에

힘을 가하지만 Y는 그대로 있다. 하지만 이것도 힘이다.

3

a. We pushed **against** the door, but it did not open.
우리는 그 문을 밀었으나, 그 문은 열리지 않았다.

b. Rub your knife **against** that smooth rock and it will get sharp.
너의 칼을 저 미끄러운 돌에 문질러라. 그러면 날이 설 것이다.

c. Don't lean **against** the wall.
그 벽에 기대지 마시오.

3a에서 문을 밀어도 열리지 않는 것은 문이 힘을 가한 것으로, 3b에서 칼을 돌에 갈면 날이 서는 것은 돌이 칼에 힘을 가하는 것으로 볼 수 있다. 3c에서 누가 벽에 기대는데 벽이 반대 힘을 가하지 않으면 넘어질 것이다.

다음 문장에서는 타동사가 쓰여서 동사의 목적어가 Y에 힘을 가한다.

4

a. She propped the post **against** the blackboard.
그녀는 그 막대기를 그 칠판에 받쳤다.

b. She rested the rake **against** the wall.
그녀는 그 갈퀴를 그 벽에 기대 세웠다.

c. She pressed her hand **against** her forehead.
그녀는 그녀의 손을 이마에 가져다 눌렀다.

1.3. 항거, 반대

다음에서는 X가 Y에 항거하거나 맞선다.

5

a. The poor people rose **against** the king.
그 불쌍한 백성들이 그 왕에게 대들었다.

b. All his servants complain **against** the master because he does not pay them enough.

그 모든 하인들은 그 주인이 충분한 돈을 주지 않아서 그에게 대들면서 불평을 한다.

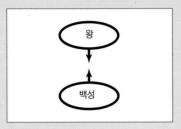
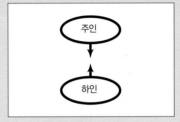

a. 항거하며 맞서기   b. 항거하며 맞서기   도식 3

1.4. 반대하기

다음 X **against** Y에서 X는 Y에 반대를 한다.

6

a. The citizens voted **against** the law.
그 시민들은 그 법을 반대하는 투표를 했다.

b. The leader spoke **against** violence.
그 지도자는 폭력을 반대하는 연설을 했다.

c. I want to raise an objection **against** starting work so early.
나는 일을 그처럼 일찍 시작하는 데 이의를 제기하고 싶다.

d. Are you **against** allowing girls to join our club?
당신은 소녀들이 우리 모임에 들어오는 것에 반대를 합니까?

e. Father was **against** his daughter marrying young.
아버지는 자기 딸이 일찍 결혼하는 것을 반대했다.

f. I am **against** the baby.
나는 그 아기는 반대한다.

g. He is **against** the dog.
그는 그 개는 반대한다.

h. We are **against** beer.
우리는 맥주는 반대한다.

6f, 6g, 6h에서 baby, dog, beer는 이들과 관련된 선택이 암시된다. 즉, 아기를 갖는 것에 반대, 개를 키우는 것에 반대, 맥주를 마시는 것에 반대하는 관계를 나타낸다.

1.5. 맞서 싸우거나 경쟁하기

다음에서 X는 Y에 맞서 싸우거나 경쟁을 한다.

7

a. He is a famous runner and has raced **against** some of the best runners.
그는 훌륭한 달리기 선수로서 몇몇 유명한 선수들과도 겨룬 적이 있다.

b. He had to race **against** the time to finish the work before the dark.
그는 그 일을 어둡기 전에 끝내기 위해서 시간과 다투어야 했다.

c. They battled **against** great difficulties.
그들은 큰 어려운 일들에 대항해서 싸웠다.

1.6. 의지, 충고, 소원

의지나 충고도 어떤 방향으로의 힘을 갖는 것으로 생각할 수 있다. 이러한 힘도 다른 힘과 맞설 수 있다. 다음 8a에서 그는 나의 뜻에 거슬러 행동한다.

8

a. He acted **against** my will.
그는 나의 뜻에 거슬리게 행동했다.

b. **Against** my advice, he waited until 12 o'clock.
내 충고를 듣지 않고 그는 12시까지 기다렸다.

c. The girl left **against** her mother's wishes.
그 소녀는 어머니의 소망을 듣지 않고 떠나 버렸다.

1.7. 대비

노년기나 질병도 우리에게 다가오는 것으로 생각되면서 다음에서 X는 Y에 대비한다.

9

a. We saved some money **against** our old age.
우리는 노년기를 대비해서 약간의 돈을 저축했다.

b. We are taking medicine **against** the disease.
우리는 그 병에 대비해서 약을 먹고 있다.

c. We take vitamins as a protection **against** colds.
우리는 감기 예방책으로 비타민을 먹는다.

d. The villagers built a dam **against** the rising river.
마을 사람들은 불어나는 강에 대비해서 둑을 쌓았다.

1.8. 배경

X **against** Y에서 Y는 X의 시각적 배경이 된다. X는 이 배경에 대조가 될 수도 있고 그렇지 않을 수도 있다.

10

a. The picture looks good **against** the light wall.
그 그림은 그 옅은 색의 벽에 대조되어 좋게 보인다.

b. The red tie looks good **against** the blue shirt.
그 빨강 넥타이는 그 파랑 셔츠에 잘 맞는다.

c. She didn't see the black car **against** the dark wall.
그녀는 그 어두운 벽을 배경으로 하고 있는 그 검정 차를 못 보았다.

1.9. 타동사와 against가 쓰인 자동사

타동사 가운데는 **against**와 같이 쓰여서 자동사가 되는 경우도 있다. 다음 두 문장을 비교해 보자.

11

a. He pushed the door.   [타동사]
그는 그 문을 밀었다.

b. He pushed **against** the door.   [자동사]
그는 그 문을 (힘껏) 밀었다.

11a의 경우 문이 주어의 영향을 완전히 받고 밀린 경우이다. 다시 말하면, 이 문장은 문이 주어가 가하는 힘을 그대로 흡수하여 밀리는 과정이다. 그러나 11b의 경우 문이 주어와 거의 맞서는 힘을 가져서 잘 열리지 않는 경우이다. 다음 두 문장도 마찬가지의 차이를 나타낸다.

12

a. Someone is pounding the door.
누가 그 문을 두들기고 있다.

b. Someone is pounding **against** the door.
누가 그 문을 (세차게) 두들기고 있다.

12a의 경우 누가 문을 두들겨 부수는 경우이고, 12b의 경우 누가 문을 세차게 두들기지만 문이 맞섬을 가리킨다.

2. 다른 전치사와의 비교

2.1. against와 on

X **against** Y에서 X와 Y가 맞서고, X **on** Y에서는 X가 Y에 영향을 준다.

13

a. The rain was beating **against** the window.
그 비가 그 창문을 두드리고 있었다.

b. The rain was beating **on** the cabbage leaves.
그 비가 그 양배추 잎들을 두드리고 있었다.

13a에서 the window는 비에 저항하는 개체로 풀이되고, 13b에서 the cabbage leaves는 비의 충격을 받아서 영향을 받는 개체로 풀이된다.
다음 두 문장도 마찬가지로 풀이된다.

14

a. Don't lean so heavily **against** me.
내게 그렇게 무겁게 기대지 마세요.

b. Don't lean so heavily **on** me.
내게 그렇게 무겁게 기대지 마세요.

14a에서는 me가 어느 정도 힘을 가하는 관계이고 14b에서 me는 상대가 나에게 의존해서 내가 영향을 받는 관계이다.

ALONG

along은 전치사와 부사로 쓰인다. 먼저 전치사 용법부터 살펴보자.

1. 전치사적 용법

X along Y에서 X는 나란히 있거나 움직인다. X along Y에서 Y가 쓰이지 않으면 부사이다.

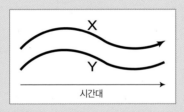

도식 1   전치사

1.1. X가 Y에 나란히 놓인 관계

다음 문장에는 X가 Y에 나란히 놓여 있다.

1

a. The river runs **along** the valley.
그 강은 그 계곡을 따라 흐른다.

b. The frontier runs **along** the river for a few miles.
그 국경은 그 강을 따라 몇 마일 뻗어 있다.

2

a. There's a white line **along** the middle of the road.
그 길 한가운데를 따라 흰 선이 있다.

b. There is a fence **along** the border.
그 국경을 따라 울타리가 있다.

1.2. X가 여러 개인 경우

다음은 여러 개의 X가 Y와 나란히 있는 경우이다.

3

a. There stands a line of trees **along** the side of the road.
그 길가를 따라서 나무들이 줄지어 서 있다.

b. There were people fishing all **along** the river.
그 강을 따라 쭉 낚시하는 사람들이 있었다.

c. They have placed soldiers all **along** the frontier.
그들은 그 국경선을 따라 쭉 군인들을 배치했다.

3a에서는 여러 나무가 이루는 점선이 Y와 나란히 있는 관계를 **along**이 나타내고, 3b, 3c에서는 여러 사람들이 선을 이루어 강과 국경선과 나란히 있는 관계를 나타낸다.

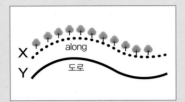 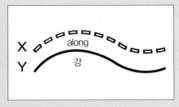

도식 2   a. 나무들이 도로에 나란히 있는 관계   b. 여러 사람이 강을 따라 있는 관계

다음 4에서 X는 도식 2의 X와 모양은 다르나 여러 개체가 모여서 점선을 이룬다는 점은 마찬가지이다.

4

   a. When it rained, planks were placed all **along** the path.
     비가 오자, 널빤지들이 그 길을 따라 깔렸다.

   b. They put nets **along** the side of the ship.
     그들은 그 뱃전을 따라 그물들을 쳤다.

1.3. 움직임

다음에서 X는 Y를 따라 움직인다.

5

   a. The cat ran **along** the road.
     그 고양이가 그 길을 따라 뛰어갔다.

   b. The car raced **along** the road.
     그 자동차가 그 길을 따라 질주했다.

   c. The general passed all **along** the front of his army.
     그 장군이 자기 병사들의 앞을 쭉 따라 지나간다.

다음 도식에서 X는 시간에 따라 Y를 지나간다.

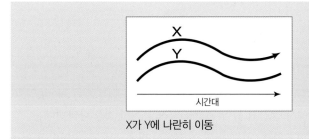

X가 Y에 나란히 이동   도식 3

2. 부사적 용법

다음에서 **along**은 부사로 쓰였다. 즉, X **along** Y에서 Y가 쓰이지 않는 경우이며, 도식 4는 부사를 나타낸다. 도식 4에서 Y는 점선으로 표시되어 있다.

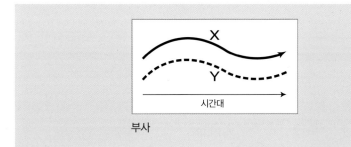

부사   도식 4

2.1. 동사와 along

다음 두 문장을 비교해 보자. 6a에는 move만 쓰였지만, 6b에는 move along 이 쓰였다.

6

a. The man moved slowly.
그 사람은 천천히 움직였다.

b. The man moved **along** slowly.
그 사람은 천천히 (~을 따라) 움직였다.

6a는 **along**이 없으므로 제자리에서의 움직임을 나타내고, 6b는 **along**이 있으므로 주어진 상황에서 알려진 길이나 선을 따라 움직인 것을 나타낸다.

다음도 마찬가지이다. 어느 사람이 한 장소에서 다른 장소로 움직이면 이동선을 생각할 수 있다. 이 사람과 함께 또 한 사람이 같이 움직이면 이 사람의 이동선은 함께 가는 사람을 따라간다. 다음에서 **along**은 동행을 나타낸다.

7

a. She came **along** to the market together with me.
그녀는 그 시장에 나와 함께 왔다.

b. The boy went **along** with his father.
그 소년은 그의 아버지를 따라갔다.

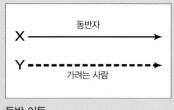

도식 5   동반 이동

동사 take와 bring도 **along**과 같이 쓰여 이동을 나타낸다.

8
a. He took his umbrella **along** with him.
그는 우산을 가지고 갔다.

b. He brought some books **along** with him.
그는 책을 몇 권 가지고 왔다.

2.2. 시간상 이동

다음에서 X는 시간을 따라 움직인다. 다음 9a에서 you는 환유적으로 you와 관련된 일이나 상황이고 9b의 company는 회사의 운영 상태이다.

9
a. How are you getting **along**?
어떻게 지내십니까?

b. The company is coming **along** very well.
그 회사는 매우 잘되어 가고 있습니다.

c. How is your work coming **along**?
여러분의 작업은 어떻게 진행되고 있습니까?

d. How is Bob getting **along**?
밥은 어떻게 지내고 있습니까?

2.3. all along

이 표현은 어떤 일의 처음부터 끝까지의 뜻이다.

10
a. I knew **all along** that he was deceiving.
나는 그가 나를 속이고 있다는 것을 처음부터 계속 알았다.

b. I told you **all along** that I wouldn't have time to finish it.

나는 당신에게 처음부터 그것을 끝낼 시간이 없을 것이라고 말했습
니다.

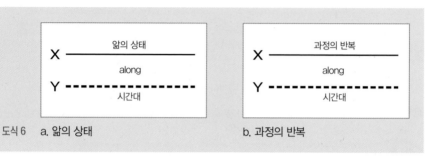

도식 6   a. 앎의 상태   b. 과정의 반복

AMID

amid는 전치사로만 쓰인다.

X **amid** Y에서 X가 Y의 가운데 둘러싸여 있는 관계를 나타낸다. 이를 도식화하면 다음과 같다.

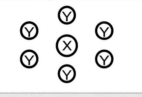

전치사   도식 1

1. 전치사적 용법

다음 X **amid** Y에서 X는 Y 사이에 있다.

1

a. Amid the trees stood a small cottage.
그 나무들 사이에 작은 산장이 서 있었다.

b. Amid all the bushes stood the lonely tree.
그 덤불들 사이에 그 외로운 나무가 서 있었다.

c. The family stood **amid** the ruins of their house.
그 가족은 그들의 폐허된 집 한가운데 서 있었다.

d. I caught a glimpse of her **amid** the sea of faces.
나는 수많은 얼굴 가운데 그녀를 힐끗 보았다.

다음 X **amid** Y에서 X는 Y 가운데 있고, Y는 소란스럽고 혼란스러운 상태이다.

2

a. The mayor resigned **amid** numerous corruptions.
그 시장은 많은 부정부패 가운데 사임했다.

b. The cabinet is meeting today **amid** calls for reform.
그 내각은 개혁의 외침이 있는 가운데 열리고 있다.

c. The Korean Won fell **amid** rumors of economic slow down.
한국 원화가 경기 침체 소문들 속에 폭락했다.

d. China rations food **amid** US sanctions.
중국은 미국 제재들 가운데 식량을 배급한다.

e. People in the police state live **amid** fear and oppression.
그 경찰 국가에 사는 사람들은 공포와 억압 속에 산다.

f. The stock market fell **amid** uncertainty.
주식 시장이 불확실 속에 폭락했다.

g. Donald Trump met with Theresa May **amid** protests.
도널드 트럼프와 테레사 메이는 항의 집회가 있는 가운데에서 만났다.

2. from amid

amid는 다음과 같이 **from**과 쓰일 수 있다.

3

An old temple peeped out **from amid** the trees.
한 오래된 사찰이 그 나무들 사이에서 빼꼼 보였다.

AMONG

among은 전치사로만 쓰인다.

1. 전치사적 용법

X among Y에서 X는 여러 개의 Y 속에 있는 관계를 나타낸다. 이것을 도식화하면 다음과 같다.

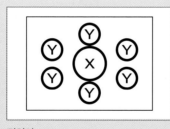

전치사   도식 1

1.1. 여럿 가운데 있는 관계

다음 X among Y에서 X는 여러 개의 Y 가운데에 있다.

1

a. You are **among** friends.
   너는 친구들 속에 있다.

b. They are **among** the richest people in town.
그들은 시내의 가장 돈 많은 사람들 속에 낀다.

c. I found him **among** a group of small children.
나는 그를 작은 어린아이들 무리 속에서 찾았다.

d. One Korean was **among** the rescues.
한 한국인이 그 구조자들 가운데 포함되어 있었다.

e. He strolled **among** the chestnut woods.
그는 그 밤나무 숲 속을 거닐었다.

1.2. 여러 사람이 나누는 관계

다음에서 X는 여러 Y에 나누어진다.

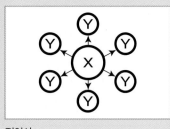

도식 2   전치사

2

a. The estate was divided **among** relatives.
그 부동산을 친척들 간에 나누었다.

b. The money is divided **among** the surviving children.
그 돈은 그 살아남은 아이들 사이에 나누어졌다.

c. Share the sweets out **among** yourselves.
너희들끼리 그 사탕을 나누어라.

1.3. 공유되는 관계

다음에서 X는 여러 개의 Y에 공유된다.

3

a. The country music is popular **among** teenagers.
그 컨트리 음악은 십 대 사이에 인기가 있다.

b. Disease is common **among** poorly nourished children.
질병은 영양 상태가 좋지 못한 아이들 가운데 흔하다.

AROUND

around는 전치사와 부사로 쓰인다. 먼저 전치사 용법부터 살펴보자.

1. 전치사적 용법

1.1. X가 Y의 주위에 있기

X **around** Y에서 여러 개의 X가 Y의 주위에 있거나 한 개체가 Y를 둘러싼다.

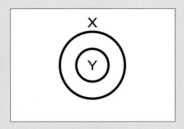 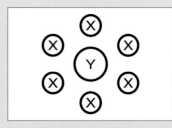

도식 1   a. 한 개체가 Y를 둘러싸기   b. 여러 개의 개체 X가 Y를 둘러싸기

다음에서는 X와 Y의 성질을 중심으로 **around**의 의미를 살펴보겠다.

1.2. X가 하나인 경우

다음에서 **around**는 하나의 X가 Y의 주위에 있는 관계를 나타낸다.

1

a. She wore a belt **around** her waist.
그녀는 허리(주위)에 띠를 매고 있었다.

b. He put a rope **around** his horse's neck.
그는 그의 말의 목에 로프를 감았다.

c. The string of my kite is **around** a branch.
내 연줄이 나뭇가지에 감겨 있다.

d. The land **around** his house is green and pleasant.
그의 집 주위의 땅은 푸르고 쾌적하다.

1의 각 문장은 하나의 X가 Y의 주위에 있는 경우이다. 그러나 X가 Y를 완전히 둘러싸야 할 필요는 없다.

1.3. X가 복수인 경우

다음에서는 복수의 X가 Y의 주위에 있다.

2

a. The family sat **around** the table.
그 가족들은 그 식탁 주위에 둘러앉았다.

b. We saw many cottages **around** the lake.
우리는 그 호수 주위에 많은 별장을 보았다.

c. The pansies grew **around** the flower bed.
그 오랑캐꽃이 그 화단 주위에 자랐다.

다음의 추가적인 예를 살펴보자.

3

a. Everyone for miles **around** us saw the smoke.
우리 주위 수 마일에 있는 사람들 모두가 그 연기를 보았다.

b. There were lots of suspicious characters **around** the market.
그 시장 주위에는 수상한 사람들이 많이 있었다.

c. When one dog barked, all the dogs for miles **around** it
   began to bark.
   한 마리의 개가 짖자 그 주위의 수 마일에 걸쳐 있는 모든 개들이 짖
   기 시작했다.

2와 3에서 X는 모두 복수이다. 이 복수의 개체들을 선으로 이으면 곡선을 이루는 것을 볼 수 있다.

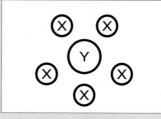

도식 2　　　　　　여러 개체가 Y의 주위에 있음

1.4. 위치

다음에서 X는 be 동사가 쓰여서 Y의 주위나 주위 한 곳, 또는 Y를 중심으로 돌아가 있다.

4

a. My keys must be **around** here.
   내 열쇠는 이 주위에 있음이 틀림없다.

b. The park is **around** the corner.
   그 공원은 그 모퉁이를 돌면 있다.

c. The garage is **around** the house.
   그 차고는 그 집을 돌면 있다.

1.5. 개략적인 수

다음 X **around** Y에서 X는 Y(수, 양)의 주위 또는 근처에 있다.

5

a. There were **around** 200 people at the meeting.
대략 200명의 사람들이 그 회의에 참석하였다.

b. The price has risen to **around** 500 dollars.
그 가격은 약 500달러 정도까지 올랐다.

c. I'll be home **around** seven.
나는 대략 7시 정도에는 집에 있을 것이다.

d. The rent has risen to **around** 200 dollars.
그 임대료가 약 200달러까지 올랐다.

1.6. X가 Y를 돌기

다음 X **around** Y에서 X는 Y의 주위를 돈다. 도는 정도는 360도 또는 그 이하가 될 수 있다.

6

a. The earth goes **around** the sun.
지구는 태양의 주위를 돈다.

b. Spaceships orbit **around** the earth.
우주선들이 지구 주위를 돈다.

c. He went **around** the corner carefully.
그는 그 모퉁이를 조심스럽게 돌아갔다.

d. He took our guests **around** the bay.
그는 우리 손님들을 그 만 주위로 데리고 갔다.

도식 3에서는 X가 지나는 자취가 곡선을 그리는데, 곡선의 모양이 다 다르다. 3a의 곡선은 완전한 원으로, 3b의 곡선은 약 1/4 원으로, 3c의 곡선은 개략적으로 만의 모양을 따라 나타난다. 그러므로 **around**에 중요한 것은 X의 움직임에 곡선이 포함된다는 점이다.

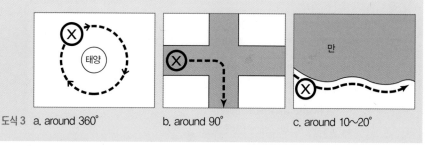

도식 3 a. around 360°   b. around 90°   c. around 10~20°

1.7. 돌아다니기

다음 X **around** Y에서는 X가 Y의 주위를 돌거나 Y의 이곳저곳을 다닌다.

7

a. The students went **around** Korea during their holidays.
그 학생들은 그들의 휴일 동안 한국을 두루 돌아다녔다.

b. I have travelled all **around** England this summer.
나는 이번 여름에 영국 곳곳을 돌아다녔다.

c. She went **around** the house and locked the doors.
 그녀는 집 주위를 둘러보면서 그 문들을 잠갔다.

d. He took his grandson **around** the laboratory.
그는 그의 손자를 그 실험실의 여기저기 데리고 다녔다.

e. Bees are buzzing **around** the garden.
벌들이 그 정원 이곳저곳을 다니면서 웅웅거리고 있다.

f. The rumor is going **around** the office.
그 소문은 그 사무실 안에서 돌아다니고 있다.

1.8. Y가 복수인 경우

다음 X **around** Y에서 X는 복수의 개체인 Y를 돌아다니게 된다.

8

a. They went **around** all the restaurants that evening.
그들은 그날 저녁 그 모든 식당들을 돌아다녔다.

b. Bill took his friend **around** the guests and introduced him to all of them.
빌은 그의 친구를 그 손님들에게 데리고 다니면서 그들 모두에게 소개했다.

c. In this town, hundreds of dogs run **around** the streets all the time.
이 읍내에서는 수백 마리의 개들이 언제나 그 길거리들을 돌아다닌다.

1.9. X가 Y를 돌아가기

다음에서 X는 장애물인 Y의 주위를 돌아간다.

9

a. We got **around** the obstacle.
우리는 그 장애물을 둘러서 갔다.

b. They got **around** the lack of chairs by sitting on the floor.
그들은 그 의자 부족 문제를 그 바닥에 앉음으로써 해결하였다.

2. 부사적 용법

다음에서 **around**는 부사로 쓰였다. 즉, X **around** Y에서 Y가 쓰이지 않은 경우이다. 도식으로 나타내면 다음과 같다. 도식에서 Y는 점선으로 표시되어 있는데 암시된 Y는 문맥, 화맥, 세상 지식으로 추리된다.

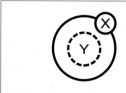

도식 4   부사

2.1. 문맥

다음 예문에서 암시된 Y는, 10a에서는 the corner, 10b에서는 the garden이다.

10

a. When you get to the corner, go **around** carefully.
그 모퉁이에 이르면 조심해서 돌아라.

b. We planted the garden **around** with thick bushes.
우리는 그 정원 주위에 빽빽한 덤불을 심었다.

2.2. X 자체가 회전

다음 문장에서는 X 자체가 바로 Y이다.

11

a. He turned **around** and I saw his face for the first time.
그가 돌아서자 나는 처음으로 그의 얼굴을 보았다.

b. The ship turned right **around** and began to go back to the port.
그 배는 바로 돌아서서 그 항구로 돌아가기 시작했다.

c. The propeller goes **around** so fast that you cannot see it.
그 프로펠러는 너무 빨리 돌기 때문에 우리는 그것을 볼 수가 없다.

2.3. 세상일의 지식으로 Y를 아는 경우

다음 문장에 Y는 쓰이지 않았다. 그러나 세상일의 지식으로부터 그 정체를 알아낼 수 있다.

12

a. When the two men began to fight, lots of people crowded **around** to watch.

그 두 사람이 싸우기 시작하자 많은 사람들이 구경하려고 주위에 몰려들었다.

b. The bridge is damaged, so you will have to go **around** by the lower one.

그 다리는 부서졌으므로 그 아래쪽 다리로 돌아가야 할 것이다.

c. After supper, we went **around** to see our neighbor.

저녁을 먹고 난 다음, 우리는 이웃을 (어디를 돌아) 만나러 갔다.

12a에서 Y는 싸우는 두 사람이고, 12b에서 Y는 부서진 다리이다. 12c에서 두 집이 직선상에 있지 않고 곡선상에 위치해 있다는 것을 상상할 수 있다.

2.4. 생각 돌리기, 제정신으로 돌아오기

13a에서 **around**는 젊은이의 생각이 노인의 생각으로 돌아오는 관계를 나타낸다. 13b에서는 어느 사람의 의식이 나갔다가 돌아온다.

13

a. The two men had quite different views on the subject, but the old man managed to bring the young **around** to his view.

그 두 사람은 그 문제에 관해 서로 매우 다른 견해를 가지고 있었으나, 그 노인은 젊은이의 생각을 자기의 생각으로 간신히 돌렸다.

b. When John came **around**, he found he had a bump on his head.

존이 정신이 들었을 때 그는 머리에 혹이 나 있음을 알았다.

13a에서 두 사람이 의견을 달리한다는 것은 생각의 방향이 다른 것으로 풀이할 수 있으며, 한 사람의 생각을 다른 사람의 생각에 돌아오게 하는 것이 생각을 일치시키는 것이다. 즉, 도식 5에서 A의 생각을 180도 돌리면 B의 것과 일치된다.

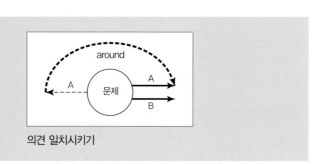

도식 5   의견 일치시키기

13b에서 의식이 있고 없음을 도식 6과 같이 선상에 표시할 수 있다. 의식을 잃는다는 것은 의식에서 무의식의 상태로 가는 것이다. 의식을 잃었다가 되찾는 것은 방향이 바뀌어 무의식에서 의식으로 가는 것으로 생각된다.

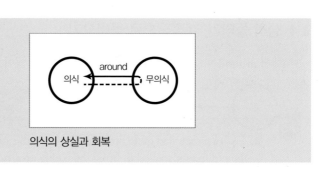

도식 6   의식의 상실과 회복

2.5. 시간 관계

부사 **around**는 시간을 나타내는 데에도 쓰인다.

14

> **a.** Do you live here all the year **around**?
> 당신은 일 년 내내 여기에서 사십니까?
>
> **b.** The weather is fine all the year **around**.
> 날씨는 일 년 내내 좋다.

14에서는 한 해라는 기간을 시계판과 같은 원으로 생각하고, 이 원을 따라 삶이 이어지거나 상태가 계속된다고 생각하기 때문에 **around**가 쓰였다.

다음에서도 생각의 방향이 바뀐다.

15

> Tom was hitting Mary. No, that's not the case. It was the way **around**.
> 톰이 메리를 때리고 있었어. 아니, 그건 사실이 아니야. 그건 반대야 (즉, 메리가 톰을 때렸어).

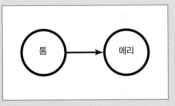

a. 톰이 메리를 치다

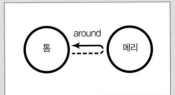

b. 메리가 톰을 치다

도식 7

AS

as는 전치사와 접속사로 쓰인다. 여기에서는 전치사 용법만 살펴본다.

1. 전치사적 용법

X as Y에서 X가 Y의 자격, 기능, 특성을 갖고 있는 관계를 나타낸다. 이것을 도식화하면 다음과 같다. 다음으로 as를 자동사와 타동사로 나누어 살펴본다.

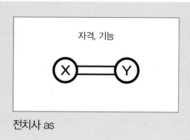

자격, 기능

도식 1   전치사 as

1.1. 자동사

1.1.1. 기능이나 자격

다음에서 주어는 Y의 자격이나 특성을 갖는다.

1

a. He works **as** a secretary to the president.
그는 그 대통령의 비서로 일을 한다.

b. The news came **as** a shock.
그 뉴스는 충격으로 다가왔다.

1.1.2. 연령

2

a. **As** a young man, I was very shy.
젊은이로서 나는 매우 수줍어했다.

b. **As** a child, he was very curious.
어린아이로서 그는 호기심이 많았다.

c. **As** parents, we are concerned about our children's health.
부모로서 우리는 아이들의 건강에 관심을 갖는다.

1.2. 타동사

다음에서 동사의 목적어가 Y의 자격이나 특성을 갖는다.

3

a. He used the sofa **as** a bed.
그는 그 소파를 침대로 썼다.

b. He is considering his son **as** a successor.
그는 그의 아들을 후계자로 고려하고 있다.

c. He regards the situations **as** a drama.
그는 그 상황을 드라마로 본다.

AT

at은 전치사로만 쓰인다.

1. 전치사적 용법

X **at** Y에서 X는 점으로 생각되는 곳(Y)에 있는 관계를 나타낸다.

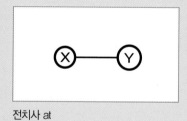

도식 1   전치사 at

1.1. 정상, 바닥, 끝점

이 관계를 구체적으로 살펴보자. 다음 X **at** Y에서 X는 점으로 생각하는 Y에 있다.

1

    a. The climber stood **at** the summit of the mountain.
        그는 그 산의 정상에 섰다.

b. The village is **at** the bottom of the hill.
그 마을은 그 산 아래에 있다.

c. He stopped **at** end of the road.
그는 그 길의 길가에 멈추었다.

d. They are **at** the crossroads now.
그들은 지금 그 교차로에 있다.

1.2. 공항, 항구, 역, 지번

넓은 지역도 항로, 철로, 선로상에는 점으로 간주된다.

2

a. Last night we arrived **at** Seoul.
어제 저녁 우리는 서울에 도착했다.

b. The cruise docked **at** the port of Busan.
그 크루즈선은 부산항에 정박했다.

c. We got off **at** Jonggak station.
우리는 종각역에서 내렸다.

d. I lived **at** 25 Kamoku Street.
나는 카모쿠가의 25번지에 살았다.

e. I saw Tom back **at** the last gas station.
나는 톰을 마지막 그 주유소에서 만났다.

f. Sign up **at** *event.com*.
event.com에서 등록하세요.

g. The information is available **at** *aa.com*.
그 정보는 aa.com에서 구할 수 있다.

항로, 해로, 육로상의 공항, 항구, 역은 점으로 인식된다. 2a에서 서울은 항로상의 한 점으로, 2b에서 부산은 해로상의 한 점으로, 2c에서 종각역도 한 점으로 인식된다. 2d에서 지번은 도로상의 한 점이고, 인터넷 주소도 점으로 인식된다.

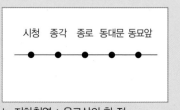

도식 2   a. 지번 : 도로상의 한 점   b. 지하철역 : 육로상의 한 점

1.3. 위치

다음 X at Y에서 X는 행사나 과정이고, Y는 이들이 일어나는 장소의 위치이고, 위치는 점으로 인식된다.

3

a. The exhibition is held **at** the national museum.
그 전시회는 그 국립 박물관에서 열린다.

b. They were married **at** a court house.
그들은 어느 법원 청사에서 결혼했다.

c. He worked **at** different radio stations.
그는 여러 다른 라디오 방송국에서 일했다.

d. He got the key **at** the reception.
그는 그 열쇠를 그 접수대에서 받았다.

1.4. 고도, 심도, 지점

고도, 심도, 지점도 하나의 점으로 인식된다.

4

a. The missile flew **at** an altitude of 30km.
그 유도탄은 고도 30킬로미터에서 날아갔다.

b. The earthquake occurred **at** a depth of 9km.
   그 지진은 9킬로미터 깊이에서 일어났다.

c. She took in the pants **at** the waist.
   그녀는 그 바지를 허리에서 줄였다.

d. There is a tall tree **at** the front of the house.
   그 집 앞에는 큰 나무 한 그루가 있다.

1.5. 속도, 온도, 가격, 각도, 비율

X가 척도상의 한 눈금을 가리킴을 보여 주는 **at**은 속도, 온도, 가격, 나이 따위를 나타내는 데에 자연스럽게 쓰인다. 이들 모두는 연속변차선상의 한 점으로 생각될 수 있기 때문이다.

5

a. The train was going **at** 60 miles an hour.
   그 열차는 시속 60마일로 가고 있었다.

b. Today it will peak **at** 30℃.
   오늘 날씨는 섭씨 30도에 최고점이 될 것이다.

c. We cannot pay the rent **at** the rate of 200 dollars a month.
   우리는 한 달에 집세 200달러를 낼 수 없다.

d. They buy and sell things **at** fair prices.
   그들은 공정 가격으로 물건을 사고판다.

e. He bowed **at** 90° angles.
   그는 90도 각도로 허리를 굽혀 인사했다.

f. The market grows **at** a rate of 8% per year.
   그 시장은 연 8퍼센트 비율로 성장한다.

5에서 **at**은 X가 연속변차선상의 한 점인 Y가 나타내는 눈금에 위치해 있음을 나타낸다. 5a에서는 속도가 60마일에, 5c에서는 집세가 200달러에, 5d에서는 공정 가격을 나타낸다.

1.6. 수준, 단계

다음 X at Y에서 X는 어떤 수준이나 단계에 있다. 수준이나 단계도 점으로 인식된다.

6

a. Fine dust today is **at** the worst level.
오늘 미세 먼지는 최악의 수준에 있다.

b. He speaks English **at** a native speaker level.
그는 영어를 모국어 화자 수준으로 말한다.

c. The project is **at** the initial stage.
그 기획은 시작 단계에 있다.

1.7. 정도

다음 X at Y에서 X는 Y가 가리키는 정도에 있다. 정도도 점으로 인식된다.

7

a. He is staying **at** a low weight.
그는 저체중에 있다.

b. She stays **at** a low fat.
그녀는 저체지방을 유지한다.

c. The world record is **at** 10 seconds.
그 세계 기록은 10초에 있다.

d. The battery is **at** 10%.
그 배터리는 10퍼센트가 있다.

1.8. 최대, 최소, 최상, 최하

최상이나 최하 정도 등도 하나의 점으로 생각된다.

8

a. We can pay you 10 dollars an hour **at** most.
우리는 기껏해야 시간당 10달러를 지불할 수 있다.

b. At worst, we will only lose two days because of the strike.
최악의 경우 우리는 그 파업으로 이틀을 잃게 된다.

c. We will pay a small fine **at** worst.
우리는 최악의 경우 약간의 벌금을 물게 될 것이다.

d. The singer is **at** his best.
그 가수는 최상의 상태에 있다.

e. At last they reached an agreement.
마침내 그들은 합의에 이르렀다.

1.9. 시선이 가 닿는 곳

어떤 물건을 본다는 것은 우리의 넓은 시야 속에 들어오는 어느 물건에 초점을 맞추는 과정이다. 이 물건은 시야 속에 한 점으로 개념화된다. 그래서 전치사 **at**이 쓰인다.

9

a. It is not polite to stare **at** people.
사람들을 응시하는 것은 무례한 일이다.

b. Don't look **at** him.
그를 보지 마세요.

c. The old man glared **at** the rude boy.
그 노인은 버릇없는 그 소년을 노려보았다.

1.10. 기능과 역할

X at Y는 앞에서 살펴본 관계보다 더 추상적인 역할과 기능의 관계를 나타낼 수 있다.

1.10.1. 참여자와 행위

운동 경기가 있으면 여기에는 운동을 하는 사람이 있다. 운동 선수가 X라면 운동 경기는 Y이다.

10

a. John shines **at** tennis, but he's not good **at** golf.
존은 정구를 잘하지만 골프는 잘 못한다.

b. He is hard **at** work.
그는 열심히 일하고 있다.

c. He keeps **at** the problem.
그는 계속해서 그 문제를 풀려고 하고 있다.

다음 문장에는 능력 명사나 형용사가 쓰여서 주어의 어떤 일도 할 수 있는 능력의 정도를 나타낸다.

11

a. Joe is an expert **at** chess.
조는 체스의 명수이다.

b. Tom is very good **at** languages.
톰은 여러 나라 말들을 매우 잘한다.

c. She is very slow **at** learning dance.
그녀는 춤을 배우는 데 매우 더디다.

위의 예에서 X는 사람의 능력이고 Y는 능력이 잘 발휘되는 활동 영역을 가리킨다.

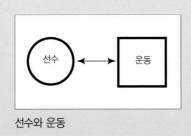

선수와 운동   도식 3

1.10.2. 이용자와 도구

경기나 학습뿐만 아니라 어떤 물건도 사람과 밀접한 관계를 나타낸다. 다음 X **at** Y에서 X는 사람이고 Y는 X가 이용하는 책상, 컴퓨터, 피아노 등이다. X는 이들 가까이 앉아서 이들을 사용한다.

12

   a. Mr. Smith was sitting **at** his table and writing a letter.
   스미스 씨는 그의 탁자에 앉아서 편지를 쓰고 있었다.

   b. He sat **at** the computer.
   그는 그 컴퓨터에 앉아서 작업을 했다.

   c. She is **at** the piano, playing a sonata.
   그녀는 피아노에 앉아서 소나타를 치고 있다.

12에서도 Y가 나타내는 기능을 고려해야 할 필요가 있다. 12a에서 탁자는 사람들이 밥을 먹거나 글을 쓰는 데에 쓰이는 물건이다. 전치사 **at**은 어떤 물건이 제공하는 기능과 사람 사이에 밀접한 상호 작용의 관계가 있음을 나타낸다.

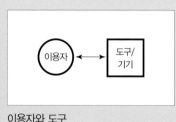

도식 4   이용자와 도구

1.10.3. 이용자와 공공 기관

다음 X **at** Y에서 X는 사람이고 Y는 공공 기관이다. X는 이런 기관에 있으면
서 이들을 이용한다.

13

a. Mary is **at** the cinema.
메리는 그 영화관에서 (구경을 하고) 있다.

b. John is **at** the bank.
존은 그 은행에서 (볼일을 보고) 있다.

c. Sue is **at** the hotel.
수는 그 호텔에 (묵고) 있다.

d. They are **at** the football match.
그들은 축구 시합에 가서 (구경을 하고) 있다.

13a는 메리가 단순히 영화관에 있는 것이 아니라 영화관이 제공하는 기능과
관계를 갖고 있다는 뜻이다. 13의 나머지 문장도 마찬가지로 생각할 수 있다.
13b에서 존은 은행의 고객으로, 13c에서 수는 호텔의 투숙객으로, 13d에서 그
들은 축구 경기의 관람객으로 경기장에 가 있음을 **at**이 나타낸다.

1.10.4. 개체와 상태

다음에서 Y는 어떤 상태를 나타낸다. 예를 들면, 평화, 주의, 쉼, 휴식 등의
상태를 나타낸다. 이러한 경우 X는 이러한 상태에 있음을 나타낸다. 상태는 추

상적이므로 장소를 나타내는 전치사 at을 써서 표현된다.

14

a. Her conscience is **at** peace.
그녀의 양심은 평화롭다.

b. The boy scouts stood **at** attention.
그 보이스카우트들은 차려 자세로 서 있었다.

c. I don't feel **at** ease with them.
나는 그들과 있으면 편하지 않다.

d. The heart beats more slowly when it is **at** rest.
심장은 편하면 좀 더 천천히 뛴다.

1.10.5. 행위자와 과정

X **at** Y에서 X는 행위자이고, Y는 과정이다.

15

a. Father is **at** work now.
아버지는 일을 하고 계신다.

b. All the children were **at** play.
그 모든 아이들이 놀고 있었다.

c. They are **at** breakfast now.
그들은 지금 아침을 먹고 있다.

d. Ali is **at** lunch at the moment.
알리는 지금 점심을 먹고 있다.

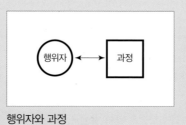

도식 5   행위자와 과정

1.10.6. 자극과 반응

다음 X와 **at** Y에서 X는 Y의 명령이나 요구에 반응한다.

16

  a. At his words they all stood up.
    그의 명령에 모두 일어났다.

  b. At her request, they played 'Rose Marie'.
    그녀의 요청에 그들은 '로즈메리'를 연주했다.

위 16a에서는 그의 말(명령)을 듣고 그들이 일어난 관계를 **at**이 보여 주고, 16b에서는 그녀의 요청에 응하여 연주를 한 관계를 **at**이 나타낸다.

1.11. 동사의 종류와 at

1.11.1. 의사소통 동사 : 공격

다음에 쓰인 **at**은 의사소통 동사와 쓰여서 공격의 뜻을 갖는다. 먼저 전치사 to와 비교해 보자.

17

  a. She shouted **to** me.
    그녀는 내가 들을 수 있게 나에게 큰 소리로 말했다.

  b. She shouted **at** me.
    그녀는 나를 큰소리로 꾸짖었다.

전치사 to가 쓰인 17a는 그녀가 무엇을 나에게 전달하려고 큰 소리로 말한 것이고, **at**이 쓰인 17b에서는 내가 무엇을 했기 때문에 그것이 그녀가 나에게 큰소리로 꾸짖는 동기가 된 것이다.

다음 두 문장도 비교해 보자.

18

　　a. Mother spoke **to** me.
　　　어머니는 내게 말을 했다.

　　b. Mother spoke **at** me.
　　　어머니가 나를 꾸짖었다.

18a는 어머니가 나에게 무엇을 전달하기 위해서 큰 소리로 말한 것이다. 18b는 내가 행한 무엇이 어머니를 자극했기 때문에 어머니가 말로 반응을 보인 경우이다.

1.11.2. 이동 동사

다음 두 문장에는 이동 동사 run이 쓰였다. 이때에도 to와 **at**의 차이가 분명하다.

19

　　a. He ran **to** me.
　　　그는 나에게 달려왔다.

　　b. The dog ran **at** me.
　　　그 개가 나에게 덤벼들었다.

1.11.3. 접촉 동사 : 부분

다음 20a에서는 타동사가 쓰여서 목적어(door)가 전체적인 영향을 받고, 20b에서는 **at**이 쓰여서 문이 부분적 영향을 받는다.

> **20**
>
> **a.** He knocked the door down.
> 그는 그 문을 쳐서 떨어지게 했다.
>
> **b.** He knocked **at** the door(*down).
> 그는 그 문에 노크를 했다.

주 : * 표시는 다음에 오는 표현이 주어진 문장에 쓰일 수 없음을 나타낸다.

위 20b에서는 **at**이 쓰여서 down이 쓰일 수 없다.

1.11.4. 포착 동사 : 시도

at이 포착이나 접촉 동사와 쓰이면 시도를 나타낸다. 다음 두 문장을 비교하여 보자.

> **21**
>
> **a.** The drowning man caught a straw.
> 그 물에 빠지는 사람이 지푸라기 하나를 **잡았다**.
>
> **b.** A drowning man will catch **at** a straw.
> 물에 빠지는 사람은 지푸라기라도 **잡으려 할 것이다**.

21a는 물에 빠지는 사람이 지푸라기 하나를 잡았음을 나타내고, 21b는 지푸라기 하나를 잡으려는 노력을 나타낸다.

다음도 마찬가지로 반복 · 노력의 뜻을 나타낸다. 이러한 노력은 실패로 끝날 수 있다. 그래서 접속사 but과 missed 같은 동사와 함께 쓰일 수 있다.

> **22**
>
> **a.** He snatched **at** the purse but missed.
> 그는 그 지갑을 잡아채려고 했으나 잡지 못했다.
>
> **b.** He shot **at** the bird, but missed.
> 그는 그 새를 쏘려고 했으나 맞추지 못했다

다음 23a는 담뱃대 전체를, 23b는 담뱃대에 담긴 연기를 빼는 과정을 나타
낸다.

> **23**
>
> **a.** He is pulling his pipe.
> 그는 담뱃대를 당기고 있다.
>
> **b.** He is pulling **at** his pipe.
> 그는 담뱃대(담배 연기)를 빨고 있다.

1.11.5. 감정 동사와 형용사

at이 나타내는 자극-반응의 관계는 감정을 나타내는 형용사나 동사에서 좀
더 뚜렷하게 살펴볼 수 있다. 다음 24에서 X는 주어가 갖는 마음의 상태이고 Y
는 이 상태를 일으키는 원인이다.

> **24**
>
> **a.** I always wonder **at** his driving skill.
> 나는 그의 운전 기술에 늘 놀란다.
>
> **b.** The people rejoiced **at** the news.
> 그 사람들은 그 소식을 듣고 기뻐했다.
>
> **c.** She was angry **at** their cruelty.
> 그녀는 그들의 잔인함에 화를 냈다.

at은 24a에서 그의 운전 기술을 보고 내가 경탄하는 관계를, 24b에서는 사람
들이 소식을 듣고 기뻐하는 관계를, 24c에서는 그들이 잔인한 짓을 하는 것을
보고 그것에 대해서 화를 내는 관계를 나타낸다.

1.11.6. 감정 동사의 수동형

다음 문장에 쓰인 동사는 감정 동사의 수동형이다. **at**은 주어가 Y의 자극을
받고 즉각적인 반응을 나타내는 관계를 그린다.

25

a. I was surprised **at** the news.
나는 그 뉴스에 깜짝 놀랐다.

b. I was shocked **at** his appearance.
나는 그의 출현에 충격을 받았다.

c. He was amazed **at** her skill.
그는 그녀의 기술에 경탄했다.

1.12. 시각

시간은 추상적인 개념이므로 공간 개념을 빌어서 표현된다. 시각은 시간선 상의 점과 같다. 그러므로 시각을 나타낼 때 전치사 at이 쓰인다. 이 시각은 시계가 나타내는 것이 될 수도 있고, 해나 달이 가리키는 시간이 될 수도 있다.

26

a. I will meet you **at** 6 : 00.
나는 6시에 너를 만나겠다.

b. The new year begins **at** midnight.
새해는 한밤중에 시작된다.

c. At the last moment, we changed our plans.
마지막 순간에 우리는 우리의 계획을 바꾸었다.

다음 시간 표현은 해나 달을 기준으로 한 것이다.

27

a. The explorers set off **at** dawn.
그 탐험가들은 새벽에 출발했다.

b. The rooster crows **at** sunrise.
수탉은 해 뜰 무렵에 운다.

c. They came back **at** sunset.
그들은 해 질 무렵에 돌아왔다.

전치사 **at**은 시각뿐만 아니라 hour, weekend, Christmas 같은 휴일에도 쓰일 수 있다. 시간, 주말, 크리스마스는 엄밀하게 따지면 기간이지만, 이것은 시간 선상의 점으로도 인식될 수 있다.

28

a. **At** this hour, traffic is very heavy.
이 시간에는 교통량이 많다.

b. **At** the weekend, I rested at home.
그 주말에 나는 집에서 쉬었다.

c. **At** Christmas, our family got together.
크리스마스 때, 우리 가족은 다 모였다.

2. 다른 전치사와의 비교

2.1. at과 by

다음에서 **at**은 지점을, 그리고 **by**는 수단을 나타낸다.

29

He came in **at** one door and went out **by** a window.
그는 문으로 들어와서 창문으로 나갔다.

위에서 **at**은 지점을 나타내는 데 쓰였고, **by**는 window가 수단이 됨을 나타냈다.

2.2. at과 on

다음에서 **at**은 위치로, **on**은 접촉을 나타낸다.

> **30**
>
> **a.** We stopped **at** page 15.
> 우리는 15페이지에서 멈추었다.
>
> **b.** The accident is reported **on** page 20.
> 그 사고는 20페이지에 보고되어 있다.

30a에서 **at**은 책 전체에서 15페이지의 위치를 가리키고, 30b의 **on**은 기사가 페이지에 적힌 관계를 나타낸다. 다음 두 문장도 비교하여 보자.

> **31**
>
> **a.** He is working **at** a new invention.
> 그는 새 발명품을 만들려고 하고 있다.
>
> **b.** He is working **on** a new invention.
> 그는 새 발명품을 만들고 있다.

31a의 **at**은 반복적인 시도를, 그리고 31b의 **on**은 새 발명품을 만들고 있는 과정에 있음을 나타낸다.

2.3. at과 over

다음에서 **at**은 즉각적인 반응을, **over**는 오랜 기간에 걸친 반응을 나타낸다.

> **32**
>
> **a.** I was upset **at** the closure of the store.
> 나는 그 상점이 폐쇄되어 속상했다.
>
> **b.** I am upset **over** the closure of the store.
> 나는 그 상점이 폐쇄되어 줄곧 마음이 안 좋다.

32a에서는 at이 쓰였고, 32b에서는 **over**가 쓰였다. at이 쓰일 경우 상점이 닫힌 것을 알았을 때 화가 난 것이고, **over**가 쓰인 경우 상점이 이미 닫힌 것을 두고 오랫동안 마음이 상한 상태를 나타낸다.

2.4. at과 with

감정 동사와 **at**이 쓰이면 즉각적인 원인이 되고, **with**와 쓰이면 그 원인이 존재하는 관계를 나타낸다.

33

a. I am delighted **at** the idea of going abroad.
나는 외국에 간다는 생각에 기뻤다.

b. I am delighted **with** the idea of going abroad.
나는 외국에 간다는 생각에 기뻤다.

전치사 **at**이 쓰이면 외국에 간다는 생각이 떠올랐을 때 기쁜 마음이 생김을 나타내고, 전치사 **with**가 쓰이면 외국에 간다는 생각을 마음속에 가지고 있으면서 이 생각을 할 때마다 기쁘다는 뜻을 나타낸다. 다음 두 문장의 차이도 같은 방법으로 설명될 수 있다.

34

a. I was furious **at** George.
나는 조지에게 화가 났다.

b. I was furious **with** George.
나는 조지에게 화가 났다.

34a는 조지가 어떤 일을 한 순간 그것을 알고 그때 내가 몹시 화가 났었다는 뜻이다. 34b는 조지가 한 일을 계속 생각하면서 내가 화가 나 있었다는 뜻이다.

BEFORE

before는 전치사와 부사로 쓰인다. 먼저 전치사 용법부터 살펴보자.

1. 전치사적 용법

1.1. 시간에서 앞서는 관계

X before Y에서 X가 먼저 일어나고 그다음 Y가 일어난다. 화살표는 시간이 흐르는 방향을 나타낸다.

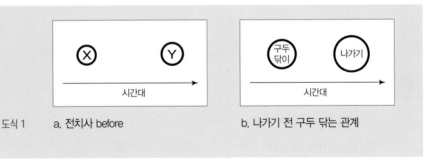

도식 1   a. 전치사 before   b. 나가기 전 구두 닦는 관계

1.1.1. X가 Y에 선행

다음 예에서 X는 Y보다 먼저 일어난다. 즉, 구두닦이가 나가기를 앞선다.

1
   a. He cleaned his shoes **before** going out.
      그는 나가기 전에 자신의 구두를 닦았다.

b. I finished the work **before** dinner.
나는 저녁 먹기 전에 그 일을 마쳤다.

c. A comes **before** B in the alphabet.
영어 자모에서 A는 B 앞에 온다.

d. He went **before** me.
그는 나보다 먼저 갔다.

1b에서 X는 I finished the work이고 Y는 dinner인데, 이 dinner는 시간적으로 풀이되어야 한다. 즉, 저녁을 먹기 전에 일을 마쳤다는 뜻이 된다. 1c에서 영어 자모를 외울 때 A가 먼저 오고 다음에 B가 온다. 1d에서 X는 he went이고 Y는 me(I went)이다.

1.1.2. X는 Y에 앞서 선택

다음에서 X는 Y에 앞서 선택된다. 다음 2a에서는 죽음이 항복에 앞선다.

2

a. He would die **before** surrendering.
그는 항복하기보다는 죽음을 먼저 택할 것이다.

b. Good health comes **before** money in order of importance.
건강은 중요성의 순서에 있어서 돈보다 앞선다.

c. Ken put his family **before** his career.
켄은 가족을 경력보다 더 중요시했다.

항복 전에 죽는 관계   도식 2

1.2. 공간에서 앞서는 관계

1.2.1. X는 Y의 영향 앞

다음에서 X는 Y의 영향을 받는 관계에 있다.

> **3**
>
> **a.** The trees bent **before** the storm.
> 그 나무들은 그 폭풍 앞에 휘어졌다.
>
> **b.** The ship was sailing **before** the wind and making good speed.
> 그 배는 그 바람을 받으며 빠른 속력으로 가고 있었다.

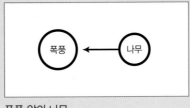

도식 3   폭풍 앞의 나무

1.2.2. X는 Y의 권위 앞

다음에서도 X는 자신보다 높은 Y 앞에 있다.

> **4**
>
> **a.** He was summoned **before** the captain.
> 그는 그 대위 앞에 불려왔다.
>
> **b.** He came **before** a judge, accused of stealing.
> 그는 도둑질의 죄명을 쓰고 판사 앞에 왔다.
>
> **c.** They all bowed **before** the bishop.
> 그들은 모두 그 주교에게 절을 했다.

d. The troublemakers were called **before** the principal.
그 문제아들은 그 교장 선생님 앞에 불려왔다.

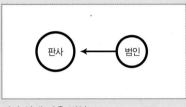

판사 앞에 나온 범인   도식 4

1.2.3. X는 Y의 면전

다음에서 X는 Y의 면전에서 일어난다.

5

a. She broke his umbrella **before** my eyes.
그녀는 내가 보는 앞에서 그의 우산을 부쉈다.

b. It all happened **before** my eyes.
그 모든 것은 내가 보는 앞에서 일어났다.

c. They set food **before** him and left.
그들은 그 앞에 음식을 놓고 떠났다.

d. Korea will face Nigeria **before** crowds of thousand.
한국은 수천 군중 앞에서 나이지리아와 대결할 것이다.

e. The secretary put the file **before** the chairman.
그 비서가 그 서류를 회장이 볼 수 있게 앞에 놓았다.

2. 부사적 용법

X **before** Y에서 Y가 쓰이지 않으면 **before**는 부사이다. 다음 도식 5에서 5a
는 전치사이고, 5b는 부사를 나타낸다. 5b에서 Y는 점선으로 표시되어 있다.

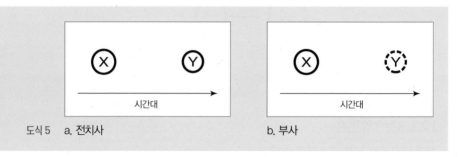

도식 5　a. 전치사　　　　　　　　　　　　b. 부사

2.1. 공간 관계

다음에서 숨은 Y는 대화상에서 말하는 이와 듣는 이가 있거나 그들이 알고
있는 장소가 기준점이다.

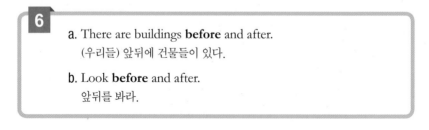

6

a. There are buildings **before** and after.
(우리들) 앞뒤에 건물들이 있다.

b. Look **before** and after.
앞뒤를 봐라.

기준 앞뒤의 건물　　　　　　　　　　도식 6

2.2. 시간 관계

다음에서 암시된 Y는 발화시나 말하는 이와 듣는 이가 아는 시점이다. X는 이 시점 앞에 일어난다. 시간이 과거에서 현재로 흐른다고 가정하면 앞선 사건은 기준 시점의 왼쪽에 온다.

7

a. I have not met him **before**.
　나는 전에 그를 만난 적이 없다.

b. I had met him five years **before**.
　나는 그를 5년 전에 만났었다.

발화시 앞　　　　　　　　　　도식 7

2.3. 앞선 기간 명시

X **before** Y에서 X가 Y를 앞서는 기간이 명시될 수 있다.

> **8**
>
> **a.** He went back weeks **before**.
> 그는 수 주 전에 돌아갔다.
>
> **b.** We met years **before**.
> 우리는 몇 년 전에 만났다.

2.4. 문맥

다음에서 Y는 문맥에서 추리될 수 있다. Y는 9a에서는 last week이고, 9b에서는 last year이다.

> **9**
>
> **a.** He was in Seoul last week, and had been in Busan **before**.
> 그는 지난주에 서울에 있었고, 그 이전에는 부산에 있었다.
>
> **b.** He taught English at a middle school last year and had taught at a high school **before**.
> 그는 작년에 중학교에서 영어를 가르쳤고, 그 전해에는 고등학교에서 가르쳤다.

도식 8   기준점 앞

BEHIND

behind는 전치사와 부사로 쓰인다. 먼저 전치사 용법부터 살펴보자.

1. 전치사적 용법

전치사 behind의 뜻은 크게 두 가지로 나누어서 생각해 볼 수 있다. X behind Y에서 Y가 앞뒤의 구별이 있는 것과 없는 것이 있다. 첫째, 앞뒤 구별이 있는 경우 X가 Y의 뒤에 있으면 behind가 쓰인다.

둘째, Y에 앞뒤 구분이 없는 경우에는 말하는 이의 관점이 중요하다. 말하는 이(관찰자)가 보는 방향에 Y가 먼저 있고 그 뒤에 X가 있을 때에 X behind Y가 쓰인다. 도식 1a의 Y에는 앞뒤 구별이 있으나, 도식 1b의 Y에는 앞뒤의 구별이 없다. 후자의 경우 관찰자의 위치가 중요하다.

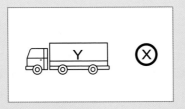

a. 앞뒤 구분이 있는 Y   b. 앞뒤 구분이 없는 Y   도식 1

1.1. 앞뒤 구별이 있는 경우

사람이나 다른 동물은 지각 기관(특히 눈)이 있는 쪽이 앞쪽이고, 움직이는 물건은 통상 진행 방향이 앞쪽이다. 다음에서 X는 Y의 뒤에 있다.

1

a. John is **behind** Mary.
그는 메리 뒤에 있다.

b. The ball is **behind** the car.
그 공은 그 차 뒤에 있다.

1.2. 앞뒤 구별이 없는 경우

산이나 나무에는 내재적인 앞뒤가 없지만 **behind**가 쓰일 수 있다. 여기서 중요한 것은 주어진 개체의 내재적인 앞뒤가 아니라 관찰자의 관점이다. 먼저 다음 예를 살펴보자.

2

a. The village lies **behind** the hill.
그 마을은 그 언덕 뒤에 있다.

b. John is **behind** the tree.
존은 그 나무의 뒤에 있다.

2a에서 hill에는 앞뒤가 없으므로 이의 앞뒤는 관찰자의 위치에 따라서 정해진다. 다음 도식에서와 같이 언덕의 왼쪽에 관찰자가 있고 그가 화살표 쪽을 볼 때 언덕의 앞뒤가 정해진다. 관찰자가 어느 위치에서 언덕을 바라볼 때 먼저 보이는 부분이 앞이 되고 그 반대쪽이 뒤가 된다.

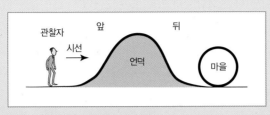

마을 : 관찰자의 입장에서 언덕 뒤   도식 2

1.3. Y가 이동체

다음에서 Y는 움직이는 개체이다. 이러한 경우, 개체가 움직이는 방향 쪽 부분이 앞이고 그 반대쪽 부분이 뒤이다. 개체들이 움직여도 **behind**는 앞뒤의 상대적인 위치만 가리킨다.

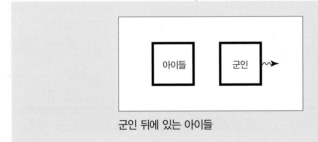

군인 뒤에 있는 아이들   도식 3

3

a. A crowd of small boys came **behind** the marching soldiers.
한 무리의 작은 소년들이 행군하는 군인들의 뒤에 왔다.

b. Seagulls often fly **behind** the ships sailing on the sea.
갈매기들은 가끔 바다 위를 항해하는 배들 뒤에서 난다.

c. I stayed **behind** others as I was not in a hurry.
나는 바쁘지 않기 때문에 다른 사람들 뒤에 남았다.

3c의 경우 나와 다른 사람들이 어느 곳에 있다가 다른 이들은 떠나고 나만 그 대로 있으면, 나는 다른 사람들의 뒤에 있게 된다. 그러나 **behind**는 after와는 달라서 X와 Y의 움직임의 성질을 요구하지 않는다. 3에서는 X와 Y가 움직일 수도 있지만, **behind**가 나타내는 관계에서는 움직일 때나 서 있을 때 두 개체 의 상대적인 위치만이 중요하다.

1.4. 지각

다음에서 **behind**는 시간상 X가 Y의 뒤에 있다.

> **4**
>
> **a.** The train arrived one hour **behind** the schedule.
> 그 열차가 예정 시간보다 1시간 늦게 도착했다.
>
> **b.** We are three days **behind** schedule.
> 우리는 일정보다 3일 늦다.
>
> **c.** The train arrived ten minutes **behind** time.
> 그 기차는 예정 시간보다 10분 늦게 도착했다.

다음 도식에서 시간이 화살표 쪽으로 흐른다고 생각해 보자. 화살표 쪽이 앞 이고, 그 반대쪽이 뒤가 된다. 이렇게 보면 위 4a의 예정 시간보다 도착 시간이 1시간 뒤에 있다. 도착 시간이 예정 시간 뒤에 있다는 것은 늦는다는 뜻이다.

　　　　　　예정 시간보다 1시간 늦게 도착

1.5. 등 뒤에서 모르게

사람이나 동물의 지각 기관이 있는 쪽이 앞이고 지각 기관이 없는 쪽이 뒤이다. 뒤쪽은 자신이 볼 수 없는 곳이다. 다음 X behind Y에서 X는 Y 모르게 일어난다.

5

a. He went to the police **behind** her back and told them the whole story.
그는 그녀 몰래 경찰에 가서 그들에게 그 모든 이야기를 털어놓았다.

b. There is something strange **behind** this apparent occurrence.
이 명백한 사건 뒤에는 이상한 무엇이 있다.

1.6. 뒤에서 밀어주기

누구를 후원하거나 지지할 때에는 '뒤에서 민다'고 한다. behind가 이러한 뜻도 나타낼 수 있다.

6

a. I am asking for longer holidays, and all the other workers are **behind** me.
나는 좀 더 긴 휴일을 요구하고 있는데, 모든 다른 노동자들도 나의 뒤에 섰다(즉, 나를 지지한다).

b. The majority of the people stood **behind** the government reforms.
국민 대다수는 그 정부 개혁들 뒤에 섰다(즉, 지지했다).

c. John stood **behind** his friend when he was in trouble.
존은 그의 친구가 어려움에 처해 있을 때 그의 뒤에 섰다(즉, 그를 도왔다).

1.7. 뒤에 가려져 있기

다음 X **behind** Y에서 **behind**는 X가 Y에 가려져 있는 관계를 나타낸다.

> **7**
>
> **a.** He discovered that **behind** her smile was sadness.
> 그는 그녀의 웃음 뒤에는 슬픔이 있었음을 발견했다.
>
> **b.** He wondered what was **behind** her sudden kindness.
> 그는 그녀의 갑작스러운 친절 뒤에 무엇이 있나 궁금했다.
>
> **c.** I found out that **behind** his arrogant manner, he was inexperienced.
> 그의 오만한 태도 뒤에는 그의 경험 부족이 있음을 나는 알았다.

1.8. 배후

다음 X **behind** Y에서 X는 Y의 배후에 있다.

> **8**
>
> **a.** Poverty is **behind** the riot.
> 빈곤이 그 폭동의 뒤에 있다(원인이다).
>
> **b.** Rising prices are **behind** the demonstration.
> 상승하는 가격들이 그 시위의 뒤에 있다(즉, 원인이다).
>
> **c.** I suspect there is something **behind** it.
> 나는 그 뒤에 무엇이 있다고 여긴다.

1.9. 지나간 일

다음 X **behind** Y에서 **behind**는 X가 Y의 뒤, 즉 과거에 있음을 나타낸다.

9

a. He has put his worries **behind** him.
그는 그의 걱정을 뒤로했다.

b. All her troubles are **behind** her.
그녀의 모든 어려운 일들은 그녀 뒤에 있다(즉, 지난 일이다).

1.10. 쌓은 경력

다음 X **behind** Y에서 X는 Y가 과거부터 쌓아 온 경력이다.

10

a. The school welcomed him because he has 10 years of teaching **behind** him.
그는 10년의 교수 경력이 있어서 그 학교는 그를 환영했다.

b. The agency hired her because she has years of experience as a social worker **behind** her.
그 대행 기관은 그녀가 수년간의 사회 복지사로서의 경력을 가지고 있기 때문에 그녀를 채용했다.

뒤에 쌓인 경력   도식 5

2. 부사적 용법

다음에서 **behind**는 부사로 쓰였다. 즉, X **behind** Y에서 Y가 쓰이지 않는 예이다. 다음 도식 6a는 전치사, 도식 6b는 부사를 의미한다. 부사의 경우 Y가 점선으로 표시되어 있다.

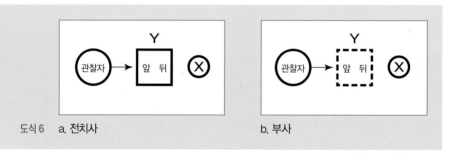

도식 6   a. 전치사   b. 부사

2.1. 화맥

다음 문장에 암시된 Y는 화자가 있는 장소나 화자와 관찰자가 아는 장소이다.

11

a. I stayed **behind**.
나는 뒤에 남았다.

b. If she can't go faster, leave her **behind**.
만약 그녀가 더 빨리 갈 수 없으면 뒤에 남겨 두어라.

c. I've left the key **behind**.
나는 그 열쇠를 뒤에 두고 왔다.

2.2. 세상 지식

집세는 지불할 날짜가 있고, 일에도 마감일이 있다. 다음 문장의 Y는 지불일이나 마감일이다.

> **12**
>
> **a.** He is **behind** with his rent.
> 그는 집세가 (지불일) 뒤에 있다(즉, 밀렸다).
>
> **b.** She is **behind** with her work.
> 그녀는 일이 (마감일) 뒤에 있다(즉, 늦었다).

2.3. 문맥

다음에서 생략된 Y는 앞선 문맥에서 찾을 수 있다. Y는 13a에서는 desk이고, 13b에서는 house이다.

> **13**
>
> **a.** There was a huge desk with the president sitting **behind**.
> 큰 책상 하나가 있었고 그 뒤에 대통령이 앉아 있었다.
>
> **b.** The house had a vegetable garden **behind**.
> 그 집은 뒤에 채소밭이 있었다.

BELOW

below는 전치사와 부사로 쓰인다. 먼저 전치사 용법부터 살펴보자.

1. 전치사적 용법

X below Y에서 X는 Y의 아래에 있다. X는 Y의 수직선상에 있을 수도 있고 수직에서 벗어날 수도 있다.

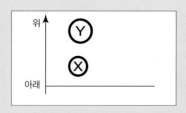 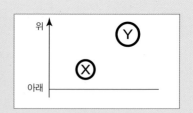

도식 1　　a. X가 수직으로 Y의 아래에 있는 관계　　b. X가 비스듬하게 Y의 아래에 있는 관계

1.1. 위치

다음에서 X는 Y의 아래쪽에 있다.

1

a. He was sitting **below** the branches of a tree.
그는 어느 나무의 나뭇가지들 아래에 앉아 있었다.

b. We keep our wine **below** the ground.
우리는 우리의 포도주를 땅속 밑에 보관한다.

1.2. X가 Y의 수직에서 벗어난 경우

1에서 X는 모두 Y의 바로 아래쪽에 온다. 그러나 다음에서와 같이 X가 반드시 Y의 바로 아래에 올 필요는 없다.

2

a. He waited **below** her window until she opened it.
그는 그녀의 창문 아래에서 그녀가 그것을 열 때까지 기다렸다.

b. The hut is **below** the top of the mountain.
그 오두막은 그 산꼭대기 아래쪽에 있다.

2a에서 누가 창문에 수직으로 그 밑에 있을 수 없고, 2b에서도 집이 굴속에 있는 것이 아닌 이상 산꼭대기에 수직으로 그 밑에 있는 것은 불가능하다. X는 어느 수직 기준선에 비추어서 Y의 아래쪽에 있기만 하면 된다. 2는 도식 2와 같이 나타낼 수 있다.

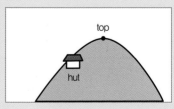

a. 사람이 창문 바로 아래에 있는 관계　　b. 집이 비스듬하게 정상 아래에 있는 관계　도식 2

1.3. 비유적 의미

앞에서 본 공간상의 상하 관계는 수치, 계급 등의 영역에도 확대되어 쓰인다. 수치가 큰 것은 위, 작은 것은 아래, 계급은 높은 것은 위, 낮은 것은 아래로 개념화된다.

1.3.1. 수치 관계

다음에서 X는 수, 무게 등이고, 이들이 Y보다 적다.

3

a. Children **below** the age of 16 are not allowed to see the film.
16세 이하의 어린이들은 그 영화를 보는 것이 허용되지 않는다.

b. The temperature dropped **below** zero.
온도가 영하로 떨어졌다.

c. Bags **below** 3 pounds can be carried in.
3파운드 이하의 가방들은 손에 들고 들어갈 수 있다.

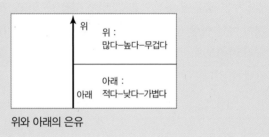

도식 3   위와 아래의 은유

1.3.2. 계급 관계

다음에서 X와 Y는 계급 관계이고 X는 Y의 아래에 있다.

4

a. Captain is **below** major.
대위는 소령의 아래이다.

b. In the British army, officers **below** the rank of major are called company officers.
영국 군대에서, 소령 이하의 장교들은 중대 장교라 불린다.

1.3.3. 가치 판단

아래는 가치 판단을 나타내는 데에도 쓰인다. 위는 좋거나 가치가 있는 쪽, 그리고 아래는 나쁜 쪽으로 표현된다. 다음에서 X인 그의 작품이 논평 아래에 있다는 것은 논평할 가치가 없음을 의미한다.

5

a. Her work is **below** comment.
그녀의 작품은 논평할 가치가 없다.

b. His work is **below** notice.
그의 작품은 주목할 가치가 없다.

도식 4에서 Y가 논평이나 주목을 할 가치가 있는 기준이라면, X는 그 이하에 있음을 **below**가 나타낸다. 이 기준 밑에 있다는 것은 논평이나 주목을 받을 가치가 없음을 의미한다.

	위	논평, 주목의 가치가 있다
	Y	
	X	논평, 주목의 가치가 없다
평가	아래	도식 4

2. 부사적 용법

다음에서 **below**는 부사로 쓰였다. 즉, X **below** Y에서 Y가 쓰이지 않은 경우가 된다. 도식 5a는 전치사, 5b는 부사를 나타낸다. 5b의 Y는 점선으로 되어 있는데, Y는 문맥, 화맥, 세상 지식으로부터 찾을 수 있다.

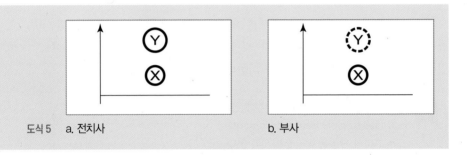

도식 5   a. 전치사   b. 부사

2.1. 문맥

6

a. From the hilltop, we saw the ocean **below**.
그 언덕의 꼭대기에 서서 우리는 아래에 있는 그 대양을 보았다.

b. From the top of the building, they looked down at the city **below**.
그들은 그 건물 꼭대기에서 그 아래에 있는 도시를 내려다보았다.

c. Please affix your signature **below**.
아래에 당신의 사인을 써넣으십시오.

d. John lives on the 3rd floor, and Tom lives **below**.
존은 3층에 살고 톰은 그 아래층에 산다.

e. Children aged 7 and **below** pay half price.
7세와 그 이하의 아이들은 반값을 낸다.

위 문장의 숨은 Y는 문맥에서 찾을 수 있다. 6a에서는 언덕의 꼭대기가, 6b에서는 건물 꼭대기가, 6c에서는 내용이 적힌 글이 Y임을 추리할 수 있다.

2.2. 화맥

다음에서 Y는 화맥에서 찾을 수 있다. 다음 7의 Y는 화자가 있거나 사는 곳이다.

These people who live **below** are noisy.
(우리) 밑에 사는 사람들은 시끄럽다.

2.3. 세상 지식

다음에서 숨은 Y는 0도이다.

8

a. This morning the temperature dropped 15℃ **below**.
오늘 아침 기온이 영하 15도로 떨어졌다.

b. The temperature outside now is 10℃ **below**.
지금 바깥 기온은 영하 10도이다.

BENEATH

beneath는 전치사와 부사로 쓰인다.

1. 전치사적 용법

X beneath Y는 X가 Y의 밑에 있는 관계를 나타낸다.

1.1. X가 Y의 밑

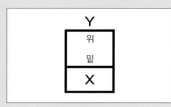

도식 1   X가 Y의 밑에 있는 관계

다음은 X가 수직선으로 Y의 밑에 있는 관계이다. 1a에서 X는 군화 밑에 있는 땅이고, 1b에서 X는 그가 누워 있는 몸 바로 아랫부분이 된다.

    a. As they ran, the ground shook **beneath** their heavy boots.
       그들이 뛰어가자, 무거운 군화들 밑에서 땅이 울렸다.

    b. He was lying there with nothing **beneath** him.
       그는 그의 밑에 아무것도 깔지 않고 그곳에 누워 있었다.

c. She hid the bottle **beneath** the blanket.
그녀는 그 병을 그 담요 밑에 숨겼다.

d. The ground was slippery **beneath** her.
그녀가 걷는 그 땅은 미끄러웠다.

1.2. 수평선상에서 X가 Y의 밑

X가 Y 밑에 수직선상으로 있는 관계는 수평으로 바뀌어도 그대로 **beneath**로 인식된다. 다음에서는 X가 수평선상에서 Y의 밑에 있다.

2

a. We sat **beneath** a tree and had our lunch.
우리는 어느 나무 밑에 앉아서 점심을 먹었다.

b. There is a small village **beneath** the hill.
그 언덕 아래에 작은 마을이 있다.

c. There is a ditch **beneath** the church wall.
그 교회 담 밑에 도랑이 있다.

2에 쓰인 X **beneath** Y의 관계는 도식 2와 같이 나타낼 수 있다. X가 Y의 바로 밑에 있지 않으므로 이것은 원형 관계에서 어느 정도 벗어나는 것으로 볼 수 있다. 그러나 X는 Y의 수평으로 밑쪽에 있다. 이 관계도 **beneath**로 볼 수 있다.

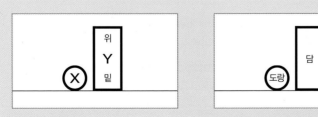

a. X beneath Y   b. a ditch beneath the wall   도식 2

1.3. X가 Y의 안쪽

다음에서 X는 바깥인 Y의 안쪽에 있다.

> **3**
>
> **a.** There are bricks **beneath** the surface of the wall.
> 그 담 표면의 안쪽에는 벽돌들이 있다.
>
> **b.** He wore a shirt **beneath** his coat.
> 그는 외투 안에 셔츠를 입었다.

3에서의 X **beneath** Y 관계는 X가 Y의 안쪽에 있음을 나타낸다. 이것을 도식으로 나타내면 다음과 같다.

도식 3   X가 Y의 안쪽에 있는 관계

다음에서도 X는 Y의 밑이나 안쪽에 있다.

> **4**
>
> **a.** He sensed a deep sadness **beneath** her cheerful expression.
> 그는 그녀의 명랑한 표정 밑에 깊은 슬픔을 감지했다.
>
> **b.** There was something strange **beneath** his relaxed attitude.
> 그의 긴장이 풀린 태도 아래 무언가 이상한 것이 있었다.

1.4. 가치 판단

다음에서 X는 주목이나 주의를 받을 가치가 없다. 이것은 좋음은 위, 나쁨은 아래의 은유가 적용된 예이다.

5

a. Such remarks are so childish that they are **beneath** notice.
그러한 말은 너무 유치해서 주목할 가치가 없다.

b. Such details are **beneath** the minister's attention.
그러한 세부 사항은 장관이 주의할 일이 아니다.

1.5. 사회 계층

다음에서 X는 사회 계층에 있어서 Y의 밑에 있다.

6

a. Her parents think she married **beneath** her.
그녀의 부모는 그녀가 그녀보다 못한 사람과 결혼했다고 생각한다.

b. That man never speaks to people **beneath** him.
그 남자는 자기보다 못한 사람에게는 말을 하지 않는다.

2. 부사적 용법

다음에서 **beneath**는 부사로 쓰였다. 즉, X beneath Y에서 Y가 쓰이지 않은 예이다. 다음 도식 4a는 전치사이고, 도식 4b는 부사이다. 4b에서 Y는 점선으로 표시되어 있다.

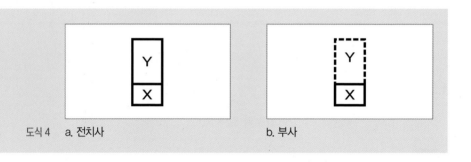

도식 4   a. 전치사   b. 부사

7에서 나타나 있지 않은 Y는 화자가 서 있는 높은 위치임을 추리할 수 있다. 다음 7a에 암시된 Y는 산꼭대기이고, 7b에서는 화자가 있는 곳이다.

7

a. Looking down from the top of the mountain, he saw nothing but desert lay **beneath**.

그 산꼭대기에서 아래를 내려다보았을 때 그는 밑쪽에 펼쳐져 있는 사막밖에 볼 수 없었다.

b. She gazed down at the river **beneath**.

그녀는 아래에 있는 강을 내려다보았다.

BETWEEN

between은 전치사로만 쓰인다.

1. 전치사적 용법

X **between** Y and Z에서 X는 Y와 Z 사이에 있는 여러 관계를 나타낸다. 이것을 도식화하면 다음과 같다.

X는 Y와 Z 사이에 있다   도식 1

1.1. 두 개체 사이

다음에서 **between**은 X가 두 사람이나 개체 사이에 있음을 가리킨다. 즉, X **between** Y and Z에서 X가 Y와 Z 사이에 있다.

1

a. I was sitting **between** Tom and Jerry.
   나는 톰과 제리 사이에 앉아 있었다.

b. A fence runs **between** our garden and the main street.
울타리가 우리 집 정원과 그 큰 길 사이에 둘러져 있다.

다음에서는 기온이나 수치인 X가 Y와 Z 사이에 있다.

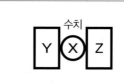

도식 2

2

a. It was hot with midday temperature **between** 30℃ and 36℃.
한낮의 온도가 30℃와 36℃ 사이로 더운 날이었다.

b. The book is aimed at children **between** 10 and 15.
그 책은 10세에서 15세 사이의 아이들을 위한 책이었다.

1.2. 두 시점 사이의 기간

다음에서 X는 두 시점 사이를, 즉 기간을 가리킨다.

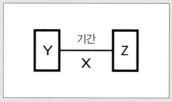

도식 3   X는 Y와 Z 사이에 있다

3

a. I will be busy **between** 10 and 11.
나는 10시와 11시 사이에 바쁠 것이다.

b. I like working **between** lunch and dinner.
나는 점심과 저녁 사이에 일하는 것을 좋아한다.

1.3. 두 지점 사이의 거리

다음에서 **between**은 두 지점 사이의 거리나 왕래를 나타낸다.

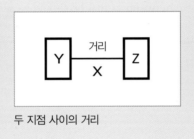

두 지점 사이의 거리   도식 4

4

a. The journey **between** home and work usually takes an hour.
집에서 일터까지의 출근길은 보통 1시간 소요된다.

b. There is a good bus service **between** Suwon and Seoul.
수원과 서울 사이에는 버스 교통편이 좋다.

1.4. 양쪽에 나누기

다음 X **between** Y and Z에서 X는 Y와 Z 사이에 나누어지는 관계이다.

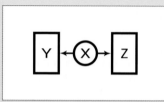

도식 5   X는 Y와 Z 사이에 나누어짐

5

a. Share these chocolates **between** you two.
   이 초콜릿은 너희 둘이 나누어라.

b. We believe **between** us that he should be sent to a boarding
   school.
   우리 모두는 그가 기숙사 학교에 가야 한다고 믿는다.

1.5. 양자택일

다음 X **between** Y and Z에서 X는 선택이고 이 선택은 Y나 Z 중 하나임을 가
리킨다.

6

a. As for dessert, we can choose **between** ice cream and fruit.
   디저트로 우리는 아이스크림과 과일 중에서 고를 수 있다.

b. Women had to choose **between** having children and having
   a career in the past.
   옛날에 여성들은 육아와 경력을 쌓는 것 중 하나를 선택해야 했다.

BEYOND

beyond는 전치사와 부사로 쓰인다. 먼저 전치사 용법부터 살펴보자.

1. 전치사적 용법

전치사 **beyond**에서 중요한 것은 관찰자의 위치이다. X **beyond** Y는 관찰자의 위치에서 볼 때 X가 Y 너머에 있는 관계를 나타낸다. 다음 도식을 살펴보면, 관찰자의 위치에서 볼 때 X는 Y의 너머에 있다.

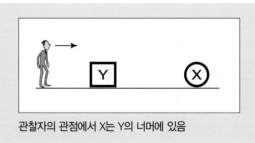

관찰자의 관점에서 X는 Y의 너머에 있음   도식 1

1.1. 공간 관계

1.1.1. X와 Y가 정지된 관계

다음에서 X는 Y의 너머에 있다.

1

a. He lives **beyond** the river.
그는 그 강 너머에 산다.

b. They lived **beyond** the lake.
그들은 그 호수 너머에 살았다.

c. There must be a river **beyond** this mountain.
이 산 너머에 틀림없이 강이 있을 것이다.

d. Put the candle **beyond** the children's reach.
그 촛불을 그 아이들의 손이 닿지 않는 곳에 두어라.

1.1.2. X가 움직이는 관계

다음은 X가 움직여서 Y를 넘어서는 경우이다. 다음 2b에서 그는 걸어서 대문을 넘어간다.

2

a. The train goes **beyond** Osan.
그 기차는 오산을 넘어간다.

b. He walked **beyond** the gate.
그는 걸어서 그 대문을 넘어갔다.

c. The ship disappeared **beyond** the horizon.
그 배는 수평선 너머로 사라졌다.

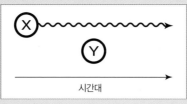

도식 2   X가 Y를 넘어가기

1.2. 비유적 의미

1.2.1. 임무 범위 밖

다음에서 X는 임무, 맡은 일 등이고 이들은 Y의 범위를 넘어선다.

3

a. My duty at the department goes **beyond** computers and technology.
그 과에서 내 임무는 컴퓨터들과 기술의 영역을 넘어선다.

b. My job goes **beyond** just teaching.
내 일은 단순한 가르침의 범위를 넘어선다.

1.2.2. 시간 범위 밖

앞에서 살펴본 공간 관계는 시간 관계에도 확대되어 쓰인다. 다음에서 X는 Y의 시간 범위를 넘어선다.

4

a. He stayed out **beyond** the usual hour.
그는 평상시에 돌아오는 시간이 훨씬 지나서도 밖에 있었다.

b. He stayed out **beyond** the period of her welcome event.
그는 그녀의 환영 기간을 넘어서까지 계속 머물렀다.

c. He lived **beyond** 90 years of age.
그는 90세 이상 살았다.

d. Many people want to work **beyond** the retirement age.
많은 사람들은 정년 넘어서까지 일하고 싶어 한다.

4a에서 보통 귀가 시간이 밤 10시라면 그는 10시 넘어서까지 밖에 머물렀다는 뜻이다. 4b에서 환영 기간이 3일이라면 이 기간을 넘어서까지 그가 머물렀다는 뜻이다.

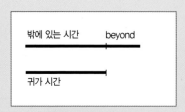 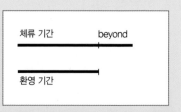

도식 3   a. 귀가 시간을 넘어서 밖에 있는 관계   b. 환영 기간을 넘어서 체류하는 관계

1.2.3. 인식, 통제, 이해 범위 너머

다음에서 X는 Y인 인식, 통제, 이해의 범위를 넘어가 있다. 이것은 인식, 통제나 이해를 할 수 없다는 뜻이다.

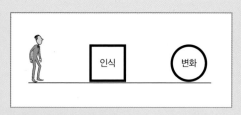

도식 4   인식 범위를 넘어선 변화

5

a. The situation has changed **beyond** recognition.
그 상황은 인식할 수 없을 정도로 변했다.

b. Love is **beyond** all human control.
사랑은 인간의 모든 통제를 넘어선다.

c. The problem is **beyond** comprehension.
그 문제는 이해의 범위를 넘어서 있다(즉, 그 문제는 이해할 수 없다).

1.2.4. 희망, 능력, 의심 범위 너머

다음에서 X는 희망이나 의심의 너머에 있다.

> **6**
> **a.** She is quite **beyond** hope of recovery.
> 그녀는 회복의 가능성 너머에 있다(즉, 가능성이 없다).
> **b.** The work is **beyond** his powers.
> 그 일은 그의 능력 밖에 있다.
> **c.** He is right. That is **beyond** doubt.
> 그가 옳다. 그 점은 의심의 범위를 넘어서 있다(즉, 의심할 바 없다).

1.2.5. 이해, 능력 범위 너머(환유적 표현)

다음 7a에서 book과 child는 환유적으로 쓰였다. book은 책의 수준이고, child는 아이의 능력이다. **beyond**는 책의 수준이 아이의 능력을 넘어서 있는 관계를 나타낸다.

아이의 능력을 넘어선 책   도식 5

> **7**
> **a.** The book is **beyond** the child.
> 그 책은 그 아이의 이해를 넘어서 있다.
> **b.** The explanation is **beyond** the students.
> 그 설명은 그 학생들이 이해할 수 없다.

c. The problem is **beyond** me.
그 문제는 내가 풀 수 없다.

d. The task is **beyond** me.
그 일은 내가 할 수 없다.

e. It is **beyond** me why he did not succeed.
왜 그가 성공하지 못했는지 나는 이해하지 못하겠다.

f. It is **beyond** the child how the magician did the trick.
그 마술사가 어떻게 그 마술을 했는지 그 아이는 알지 못한다.

2. 부사적 용법

X **beyond** Y에서 Y가 쓰이지 않으면 **beyond**는 부사이다. 다음 도식에서 6a
는 전치사이고, 6b는 부사이다. 도식 6b의 Y는 점선으로 표시되어 있다.

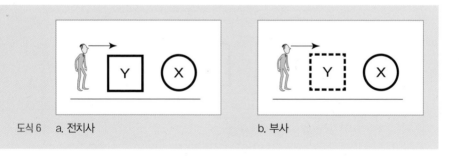

도식 6   a. 전치사   b. 부사

암시된 Y는 문맥, 화맥 등에서 Y의 정체를 파악할 수 있다. 다음 8a에서 Y는
that white house이고, 8b에서는 Y가 Paris임을 문맥에서 추리할 수 있다.

8

a. My friend lives in that white house and I live **beyond**.
내 친구는 저 하얀 집에 살고, 나는 그 너머에 산다.

b. The town I am talking about is not near Paris. It is far **beyond**.
내가 말하는 읍은 파리 근처에 있는 것이 아니라 파리 훨씬 너머에 있다.

c. What changes will await us in the year 2050 and **beyond**?
2050년과 그 이후에 무슨 변화들이 우리를 기다리고 있을까?

3. 다른 전치사와의 비교

3.1. beyond와 above

9

a. There is a waterfall **beyond** the bridge.
그 다리 너머에 폭포가 있다.

b. There is a waterfall **above** the bridge.
그 다리 위쪽에 폭포가 있다.

전치사 **beyond**가 쓰이면 다리에서 폭포까지의 거리가 큼이 암시된다. 한편, 전치사 **above**는 다리를 기준으로 본 폭포의 위치가 위쪽임을 나타낸다.

BY

by는 전치사와 부사로 쓰인다. 먼저 전치사 용법부터 살펴보자.

1. 전치사적 용법

1.1. X가 Y의 영향권

X by Y에서 X는 Y의 영향이 미치는 곳에 있다. 다음 도식에서 X는 Y의 영향권 안에 있다.

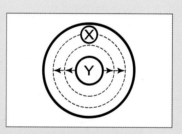

도식 1   X가 Y의 영향권 안에 있는 관계

다음에서 영향을 나타내는 Y의 종류에 따라 by를 살펴본다.

1.1.1. 빛, 열, 바람의 영향권

다음에서 **by**는 X가 Y가 내는 열, 빛, 바람 등의 영향권 안에 있는 관계를 나타낸다.

1

a. He sat **by** the stove.
그는 그 난로 곁에 앉았다.

b. He has a nice house **by** the river.
그는 그 강 곁에 좋은 집을 가지고 있다.

c. It is difficult to read **by** candlelight.
촛불로 책 읽기는 어렵다.

1a에서는 난로 열이 미치는 곳, 1b에서는 강이 보이거나 강 바람의 영향을 받을 수 있는 곳에 X가 있음을 나타낸다. 1c에서는 촛불의 힘으로 책을 읽는 관계를 나타낸다.

1.1.2. Y에서 미치는 거리

다음은 너비를 측정할 때 '가로 × 세로'의 관계를 나타낸다.

2

a. The floor is four yards **by** three yards.
그 마루는 세로 3야드에 가로 4야드이다.

b. I want a piece of wood five feet **by** twelve feet.
나는 길이 12피트에 너비 5피트의 나무 조각을 원한다.

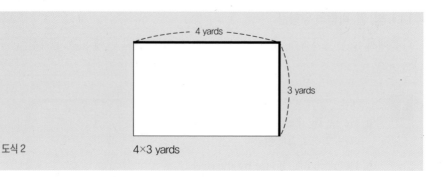

도식 2   4×3 yards

by는 곱하기에서 X에 Y를 곱하고, 나누기에서 X를 Y로 나눈다.

3

a. 3 mutiplied **by** 3 is 9.
$3 \times 3 = 9$

b. 15 divided **by** 3 is 5.
$15 \div 3 = 5$

1.1.3. 반복

'명사 **by** 명사'로 반복의 의미를 나타낸다.

4

a. Day **by** day she grew stronger.
하루하루 그녀는 더 튼튼하게 되었다.

b. He ate the cake bit **by** bit.
그는 그 케이크를 조금씩 먹었다.

c. We advanced step **by** step.
우리는 한 걸음씩 나아갔다.

d. The company gets bigger year **by** year.
그 회사는 해마다 커 간다.

4a에서 하루의 영역이 다하는 자리에서 또 하루가 시작되므로 이어져 나가는 관계이고, 4b에서 조금 입에 넣은 것이 다 넘어가면 또 조금 입에 넣는 반복의 의미이다. 4c에서도 한 걸음이 끝나면 이어서 또 한 걸음을 걷는다는 뜻이다.

a. day by day   b. step by step   도식 3

5

a. Here the river, the railway, and the road run side **by** side.
여기는 강, 철도, 길이 나란히 뻗어 있다.

b. I was running side **by** side with him.
나는 그와 나란히 뛰고 있었다.

5a를 도식으로 나타내면 도식 4와 같다. 강 옆에 철도가 있고 철도 옆에 길이 있는 관계이다.

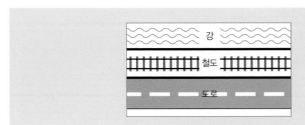

도식 4

1.1.4. 규칙, 약속 등

다음 X **by** Y에서 X는 규칙, 약속, 원칙 등 Y의 영향권 안에 있다.

6

a. You must abide **by** the rules of the club.
여러분은 그 모임의 규칙을 지켜야 한다.

b. Do you always stick **by** your promises?
너는 언제나 약속들을 지키니?

1.2. X가 Y에 의해 움직임

다음 X **by** Y에서 X는 과정이고, 이 과정은 Y에 의해서 일어난다. 다음에서 Y를 몇 가지로 분류해 본다.

1.2.1. 전기, 버스 등

다음에서 과정인 X는 Y의 힘에 의해 일어난다.

7

a. The train goes **by** electricity.
그 열차는 전기의 힘으로 간다.

b. He traveled **by** land/air/sea.
그는 육로로/하늘로/바다로 여행했다.

c. We sent the parcel **by** post.
우리는 그 소포를 우편으로 보냈다.

d. The group travelled **by** bus/train/plane.
그 단체는 버스로/기차로/비행기로 여행했다.

e. John pays his bills **by** check.
존은 수표로 청구서들을 지불한다.

1.2.2. 목덜미, 손, 손잡이

다음 X **by** Y에서 과정 X는 Y의 목덜미, 손, 손잡이에 가해진 힘에 의해서 일어난다.

8
> **a.** I caught him **by** the neck.
> 나는 그의 목덜미를 잡아서 그를 잡았다.
>
> **b.** The boy held the hammer **by** the handle.
> 그 소년은 그 자루를 잡은 힘으로 그 망치를 잡았다.
>
> **c.** She led the boy home **by** the hand.
> 그녀는 그 소년의 손을 잡고 집으로 데리고 갔다.

1.2.3. 수동문

다음 문장들은 수동문이고, 이 수동문은 **by** Y에 의해서 일어난다.

9
> **a.** The picture was taken **by** John.
> 그 사진은 존에 의해 찍혔다.
>
> **b.** His house was built **by** the company.
> 그의 집은 그 회사에 의해 지어졌다.
>
> **c.** He was tired out **by** his long walk.
> 그는 오랜 산보로 녹초가 되었다.

1.2.4. 수염, 이름의 특징

다음 X **by** Y에서 X는 인식이나 판단 과정이고 이것은 용모, 이름, 관습인 Y의 힘에 의해서 일어난다.

10
> **a.** I recognized him **by** his beard.
> 나는 그의 수염으로 그를 알아보았다.

> b. I know him **by** name.
>   나는 그의 이름 때문에 그를 안다.
>
> c. We judge him **by** our customs.
>   우리는 우리의 관습에 따라서 그를 판단한다.

1.2.5. 재귀 대명사

다음 X **by** Y에서 Y는 재귀 대명사이며, 이는 주어와 Y가 동일인물임을 나타 낸다. X는 X 자신의 힘이나 주위에 있다.

11

> a. She lives **by** herself.
>   그녀는 혼자 산다.
>
> b. I hate eating **by** myself.
>   나는 혼자서 먹는 것을 싫어한다.

다음에서 X는 주어 자신의 힘으로 생긴다.

12

> a. Did you put all the shelves up **by** yourself?
>   당신이 그 선반들을 혼자 힘으로 올렸습니까?
>
> b. She changed the flat tire all **by** herself.
>   그녀는 전부 혼자 힘으로 바람 빠진 타이어를 바꾸었다.
>
> c. Why did you go **by** yourself?
>   왜 너 혼자 갔니?

1.2.6. 국가, 가족

다음에서 X는 동작이나 과정인데, 이것이 국가나 가족 같은 Y의 영향에 의해 서 생겨난다.

13

a. He did his duty **by** his country.
그는 국가에 대한 그의 의무를 이행했다.

b. He did his best **by** his family.
그는 그의 가족에 대한 최선을 다했다.

c. They played **by** the rules.
그들은 그 규칙들에 따라서 경기를 했다.

1.2.7. 실수, 우연

다음 X **by** Y에서 X는 실수나 우연 같은 Y의 힘에 의해 일어난다.

14

a. I came here **by** mistake.
나는 실수로 여기에 왔다.

b. She stepped on his toe **by** accident.
그녀는 그의 발가락을 우연히 밟았다.

14a에서는 내가 여기에 온 것은 실수의 힘에 의한 것이고, 14b에서 그녀가 그의 발가락을 밟은 것은 우연이라는 힘에 의한 것임을 나타내고 있다.

1.2.8. 본성, 출생, 직업

다음에서 X는 속성이나 자격을 나타내고, 이러한 속성이나 자격이 Y의 영향으로 결정됨을 **by**가 나타낸다. 다음 X **by** Y에서 X는 속성이고 이것은 본성, 출생, 직업과 같은 Y에 의해 결정된다.

15

a. Tigers are cruel **by** nature.
호랑이는 본성에 의해 잔인하다.

b. He is an Englishman **by** birth.
그는 출생에 의해 영국인이다.

c. He is a carpenter **by** trade.
그는 직업이 목수이다.

1.2.9. 점수 차

다음 X **by** Y에서 X는 승패나 비교이고 이것은 점수 차인 Y에 의해 결정된다.

16

a. Our team won **by** two goals.
우리 팀은 2점 차로 이겼다.

b. We lost the game **by** 9 points.
우리는 그 게임을 9점 차로 졌다.

c. John is taller than I am **by** two inches.
존은 2인치 차이로 나보다 크다.

16a에서 2점 차이가 승부를 결정하고, 16b에서도 9점의 차이가 승부를 결정하는 힘이 된다. 16c에서도 차이가 있어야 크고 작음이 결정된다.

1.2.10. 거래 단위

다음 X **by** Y에서 X는 거래이고 이것은 Y 단위가 되어야 일어난다.

17

a. Butter is sold **by** the pound.
버터는 파운드 단위로 팔린다.

b. They gave us apples **by** the basketful.
그들은 광주리 단위로 사과를 우리에게 주었다.

c. The cloth is sold **by** the yard.
그 천은 야드로 팔린다.

d. I get paid **by** the week.
나는 주 단위로 돈을 받는다.

17a는 버터의 무게가 파운드가 되어야 팔린다는 행위가 일어난다는 것으로 풀이될 수 있다. 17b, 17c도 마찬가지로 Y가 일정한 양이나 단위에 이르러야 어떤 과정이 일어나는 것으로 생각할 수 있다.

1.2.11. 승인

다음 X **by** Y에서 X는 승인이나 허가이고 이것은 Y인 사람에 의해 결정된다.

18

a. Shall we have lunch now?
지금 점심을 할까요?

b. It is Okay **by** me.
나는 좋아요.

a. Shall we go out now?
지금 외출할까요?

b. It is fine **by** me.
나는 좋아요.

1.3. 시간

1.3.1. 기한

다음 X **by** Y에서 X는 과정이나 상태이고, 이들은 Y 시점 앞에서 끝난다. 다음 도식에서 물결선은 과정이고, 이것은 Y 시점에서 끝난다.

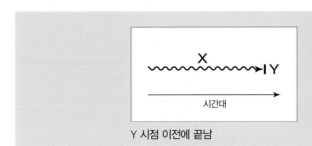

Y 시점 이전에 끝남   도식 5

19

a. Can you finish the work **by** tomorrow?
당신은 그 일을 내일까지 끝낼 수 있습니까?

b. Be here **by** 10 o'clock tomorrow.
내일 10시까지 여기에 오시오.

c. They were tired out **by** evening.
그들은 저녁때가 되어서는 지쳐 버렸다.

d. Term papers must be turned in **by** Friday.
기말 보고서들은 금요일까지 제출되어야 한다.

1.3.2. 밤낮의 영향

다음으로 X **by** Y는 day 및 night와 관련된 영향의 뜻이 강하다. 예를 들면, 낮의 밝음이나 밤의 어두움으로 인한 영향과 관련된다.

20

a. These small animals sleep **by** day and hunt **by** night.
이 작은 동물들은 (밝은) 낮에는 자고, (어두운) 밤에는 사냥을 한다.

b. The enemy attacked **by** night.
그 적은 (어두운) 밤을 이용해서 공격했다.

1.4. 이동 동사

다음 X **by** Y에서 X는 이동 과정이고 이 X는 Y의 곁을 지나간다.

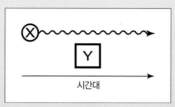

X가 Y 곁을 지나가기   도식 6

21

a. The parade marched **by** the school.
그 행렬은 그 학교 곁을 지나갔다.

b. The ship sailed **by** the Statue of Liberty.
그 배는 자유의 여신상 곁을 지나갔다.

c. The mailman went **by** our house without stopping.
그 배달부는 우리집 곁을 서지 않고 지나갔다.

2. 부사적 용법

X **by** Y에서 Y가 쓰이지 않으면 **by**는 부사이다. 다음 도식 7a는 전치사이고, 7b는 부사이다. 도식 7b의 Y는 점선으로 표시되어 있다. Y는 화맥, 문맥, 세상 지식에서 추리된다.

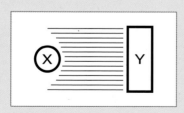

a. 전치사   b. 부사   도식 7

2.1. 화맥

다음에 암시된 Y는 대화에 참여하는 말하는 이와 듣는 이의 위치이다.

> **22**
> **a.** He walked **by** without noticing me.
> 그는 나를 보지 못하고 (내) 옆을 걸어 지나갔다.
>
> **b.** Do it when nobody is **by**.
> (네) 곁에 아무도 없을 때 그것을 해라.

다음에서도 숨은 Y는 말하는 이의 위치이다.

> **23**
> **a.** Drop **by** any time you are in town.
> 읍내에 오면 언제든지 들러라.
>
> **b.** Stop **by** for a drink tonight.
> 오늘 저녁 한잔하러 집에 들르시오.
>
> **c.** We watched the soldiers as they passed **by**.
> 우리는 그 군인들이 (우리 곁을) 지날 때 그들을 보았다.
>
> **d.** My friend came **by** just as we were talking about him.
> 내 친구는 우리가 그의 이야기를 막 하고 있을 때, 우리 곁에 왔다.

2.2. 문맥

다음에서도 숨은 Y는 we임을 알 수 있다.

> **24**
> **a.** 10 years has passed **by** since we graduated.
> 우리가 졸업한 지 10년이 (우리 곁을) 지났다.
>
> **b.** After an hour had gone **by**, we decided to go to bed.
> 1시간이 (우리 곁을) 지난 다음에, 우리는 자기로 결정했다.

24a에서 'we'라는 말이 언급되었으므로 **by**의 목적어는 us이고 24b에서도 'we'가 언급되었으므로 Y의 목적어는 us이다.

다음에서도 암시된 Y는 주어이다.

25

a. He has some money laid **by** for his old age.
그는 노년기를 위해서 약간의 돈을 비축했다.

b. I have some money put **by** to buy that.
나는 그것을 사기 위해서 약간의 돈을 비축했다.

3. 다른 전치사와의 비교

3.1. by와 on

교통수단은 **by**나 **on**으로 표현될 수 있다.

26

a. He often travels **by** train.
그는 자주 기차로 여행한다.

b. He came **on** the train.
그는 기차를 타고 왔다.

같은 기차이지만 우리가 어떤 측면에 관심을 갖느냐에 따라서 다른 전치사가 쓰인다. 이 기차를 추상적인 동력원으로 볼 때에는 **by**, 또 이것을 우리 몸이 가 닿는 장소로 볼 때에는 **on**이 쓰인다.

다음 두 문장도 살펴보자.

27

a. He has a house **by** the river.
그는 그 강 곁에 집 한 채가 있다.

b. He has a house **on** the river.
그는 그 강가에 집이 있다.

27의 두 문장 모두 그가 강가에 집 한 채를 가지고 있음을 나타낸다. 그러나 **by**가 쓰인 27a에서는 집이 강의 영향(시원한 바람, 안개 등)을 받고 있는 점이, 27b에서는 집이 강에 접해 있는 점이 부각된다.

3.2. by와 with

28

a. He was beaten **by** his father.
그는 아버지에게 맞았다.

b. He was beaten **with** a stick.
그는 막대기로 맞았다.

28a에서 **by**는 행위자를, 그리고 28b에서 **with**는 도구를 나타낸다.

DOWN

down은 전치사와 부사로 쓰인다. 먼저 전치사 용법부터 살펴보자.

1. 전치사적 용법

1.1. 높은 곳에서 낮은 곳으로 내려오기

X down Y는 X가 Y의 높은 곳에서 낮은 곳으로 움직이는 관계를 나타낸다.
도식 1은 X가 시간이 지나면서 높은 곳에서 낮은 곳으로 움직이는 관계를 나타
낸다.

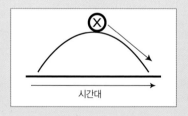

시간대

도식 1

다음에서 전치사 down을 자동사와 타동사로 나누어 살펴보자.

1.1.1. 자동사

다음 예에서 down은 자동사와 같이 쓰였다.

1

a. The ball rolled **down** the roof.
그 공은 그 지붕을 (경사를 따라) 굴러 내려왔다.

b. He fell **down** the stairs.
그는 그 계단(의 높은 곳)에서 아래쪽으로 넘어졌다.

c. Santa Claus comes **down** the chimney.
산타클로스는 굴뚝을 타고 내려온다.

d. The tears ran **down** her face.
그 눈물들이 그녀의 얼굴을 타고 흘러내렸다.

1a에서는 공이 지붕의 경사를 따라 아래쪽으로 내려오고, 1b에서는 그가 계단의 높은 쪽에서 낮은 쪽으로 넘어지고, 1c에서는 산타클로스가 굴뚝 안의 높은 곳에서 낮은 곳으로 내려오고, 1d에서는 눈물방울이 얼굴의 위에서 아래로 흘러내림을 **down**이 나타낸다.

강, 바다, 길도 Y가 될 수 있는데 이들은 산이나 계단같이 위아래가 뚜렷하게 구별되지 않는다. 그러나 강의 경우, 물줄기가 시작되는 쪽이 위이고 그 반대쪽이 아래이다. 바다의 경우 북쪽이 위이고 남쪽이 아래이다. 길의 경우도 위아래의 구별이 뚜렷하지 않다. 그래서 중심지가 있는 곳이나 말하는 이가 있는 곳이 위로, 그 반대쪽이 아래로 관습화되어 있다.

2

a. We sailed **down** the China Sea.
우리는 중국해의 남쪽으로 항해했다.

b. He drifted **down** the river.
그는 그 강의 아래쪽으로 떠내려갔다.

c. He walked **down** the road.
그는 그 길을 따라 내려갔다.

1.1.2. 타동사

다음 예에서 **down**은 타동사와 쓰였다.

3

a. We rolled the rock **down** the hill.
우리는 그 바위를 그 언덕 아래로 굴렸다.

b. They carried the wounded man **down** the mountain on a stretcher.
그들은 그 부상자를 들것에 실어서 그 산 아래로 운반했다.

3a에서는 바위가 산의 높은 곳에서 낮은 곳으로, 3b에서는 부상당한 사람이 산의 높은 곳에서 낮은 곳으로 움직임을 **down**이 나타낸다.

1.2. be 동사

다음에는 동사 be가 쓰였다. 이 동사는 장소 이동을 나타내는 이동 동사 (come, go, run, …)와는 다르다. be 동사는 X be Y에서 X의 이동은 없고, 대신 X가 이동해서 아래에 있는 위치만을 나타낸다. 이때 X의 위치는 화자의 위치와 대비되어서 매치된다. 다음 4a에서 강의 위쪽에 화자가 있고 배는 강의 아랫부분에 위치해 있음을 **down**이 나타낸다.

4

a. Our boat is **down** the river.
우리 배는 강의 아래쪽에 있다.

b. Our house is **down** the street.
우리 집은 그 길의 아래쪽에 있다.

c. The deer are **down** wind, so they will smell us in a moment.
그 사슴들이 바람이 부는 방향의 아래쪽에 있다. 그래서 그들은 곧 우리 냄새를 맡을 것이다.

4에 있는 예문들은 도식 2와 같이 나타낼 수 있다.

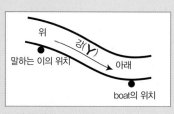

도식 2   a. 배의 위치   b. 집의 위치

4a에서 강의 위쪽에 화자가 있고, 아래쪽에 배가 있다. 4b에서 길 위쪽에 말하는 이가 있고, 아래쪽에 집이 있다. 4c에서 바람이 시작되는 쪽에 말하는 이가 있고, 아래쪽에 사슴이 있다.

전치사로 쓰인 **down**의 일반적인 의미를 요약하면, X **down** Y는 X가 Y의 높은 곳에서 낮은 곳으로 움직이거나 X가 기준선상에서 Y보다 낮은 곳에 있음을 나타낼 때 쓰인다.

2. 부사적 용법

다음에서 **down**은 부사로 쓰였다. 즉, X **down** Y에서 Y가 쓰이지 않았다. 이때 Y는 화맥, 문맥, 세상 지식 등에서 추리된다. 다음 도식은 부사 **down**을 표현한 것으로, Y가 점선으로 표시되어 있다.

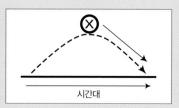

도식 3

부사 down은 '아래로'의 뜻이 아니라 다음과 같이 우리말 동사와 가깝다.

1. **낮추다.**
   목소리를 낮추세요.

2. **내리다**(자/타동사), **내려-**(접두어)
   나는 학교 앞에서 버스에서 내렸다.
   기관사가 역에서 승객을 내렸다.
   이 상자를 여기에 내려놓아라.

3. **줄다**(자동사), **줄이다**(타동사)
   강물이 줄었다.
   그 논문을 줄이세요.

2.1. 자세 낮추기

down의 뜻을 먼저 우리 몸의 자세에서부터 살펴보자.

2.1.1. 자동사

다음 문장은 X의 움직임이 사람의 자세와 관계가 있는 경우이다.

5

a. Sit **down** and have some tea.
앉아서 차를 좀 드십시오.

b. Lie **down** if you feel tired.
피곤하시면 누우십시오.

c. I thought I heard a mouse under the bed and got **down**.
나는 그 침대 밑에서 쥐 소리가 난다고 생각해서 몸을 구부렸다.

서 있던 자세에서 앉게 되면 머리의 높이가 낮아지고, 앉아 있던 자세에서 눕게 되어도 윗부분은 아래로 내려온다. 서거나 앉아 있던 자리에서 엎드려도 윗부분은 아래로 내려온다. 이러한 공통점이 있기 때문에 예문 5의 모든 경우에 **down**이 쓰인다. 예문 5에서의 X의 움직임은 도식 4에 그려져 있다.

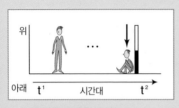 

도식 4   a. 선 자세에서 앉은 자세로   b. 선 자세에서 누운 자세로

2.1.2. 타동사

5에서는 X가 주어이다. 그러나 타동사가 쓰인 문장에서는 동사의 목적어가 X가 된다.

6

a. A bus knocked him **down**.
어느 버스가 그를 쳐서 넘어지게 했다.

b. The boxer knocked his opponent **down**.
그 권투 선수는 그의 상대를 쳐서 넘어뜨렸다.

6의 X(him, his opponent)는 모두 서 있던 자세에서 넘어져서 높이가 낮아지게 됨을 **down**이 나타낸다. 다음 문장의 **down**도 목적어 X가 높은 곳에서 아래로 내려오는 관계만을 나타낸다.

7

a. He drew the blinds **down** to cut the direct rays of the sun.
그는 태양의 직사광선을 막기 위해 그 차양막들을 내렸다.

b. I took a novel **down** and opened it at random.
나는 소설 한 권을 집어 내려서 그것을 아무 데나 폈다.

c. The hem of your dress needs to be let **down** an inch.
당신 옷의 그 단은 1인치 내려야 합니다.

d. The crowd ripped the posters **down**.
그 군중들이 그 포스터들을 찢어 내렸다.

2.2. 넘어뜨리기

다음에서는 **down**이 나타내는 관계의 몇 가지 경우를 살펴보겠다. 먼저 수직으로 서 있던 것이 잘리거나 넘어지면 윗부분은 아래로 낮아지게 된다.

> **8**
>
> **a.** The line of poplars was hewn **down**.
> 그 한 줄의 포플러 나무들이 베여 넘어져 있었다.
>
> **b.** All the apple trees were cut **down**.
> 그 모든 사과나무들이 베여 넘어졌다.

서 있던 나무가 넘어지는 것은 서 있던 사람이 넘어지는 것과 마찬가지로 그 높은 부분이 높은 데서 낮아지게 된다.

2.3. 무너뜨리기

또 서 있던 건물이나 다른 건축물이 헐리거나 불에 타면 낮아지거나 없어지는데 이러한 관계도 **down**으로 표시된다. 다음에서는 벽이나 건물 등이 무너지거나 없어진다.

> **9**
>
> **a.** Firemen had to break the wall **down** to get to the families on the ground floor.
> 소방수들은 그 지하층에 갇혀 있는 가족들에게 접근하기 위하여 그 벽을 헐어 내려야 했다.
>
> **b.** The woodshed burnt **down** in half an hour.
> 그 나무 헛간은 30분이 지나 타 내려앉았다.
>
> **c.** Why did they pull all the houses **down**?
> 왜 그들은 그 집들을 헐어 버렸나?

9에서 서 있던 벽을 헐면 그 높이가 점점 낮아지고, 서 있던 집은 불타 내려앉는다. 즉, 높이가 있던 개체가 낮아지거나 없어지게 된다.

2.4. 지면이나 수면으로 이동

지금까지 살펴본 X는 모두 지면에 닿아 있는 경우였다. 그러나 X는 지면 위의 공중에서 땅으로 내려올 수 있고, 또 지면이나 수면에서 그 밑으로 갈 수도 있다. 먼저 공중에서 지면이나 수면으로 내려오는 경우를 살펴보자.

10

a. He put the glider **down** on the cornfield.
그는 그 글라이더를 그 옥수수밭에 내려앉혔다.

b. He shot a fighter **down** with a machine gun.
그는 전투기 한 대를 기관총으로 쏘아 떨어뜨렸다.

c. We were forced to come **down** on the sea.
우리는 그 바다에 내려앉지 않을 수 없었다.

10에서 X는 비행기와 같이 공중에 있던 것이 땅으로(아래로) 내려온다. 즉, 높은 곳에서 낮은 곳으로의 움직임이 있으므로 **down**이 쓰였다.

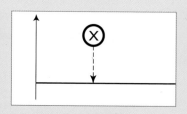

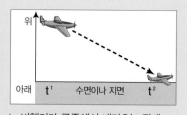

도식 5   a. 공중에서 수면·지면으로   b. 비행기가 공중에서 내려오는 관계

2.5. 지면이나 수면 아래로 이동

X가 지면이나 수면을 기준으로 그 아래로 움직이는 경우를 살펴보자.

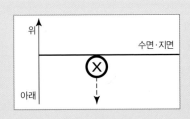

도식 6

11

a. The sun went **down**.
   해가 졌다.

b. The ship struck a hidden reef and went **down**.
   그 배는 보이지 않는 암초를 들이받고 가라앉았다.

c. Our car bogged **down** in the thick mud.
   우리 자동차가 그 진흙 수렁에 빠졌다.

11a는 해가 지평선 아래로, 11b는 배가 수면 아래로, 11c는 자동차가 지면 아래로 움직이는 경우이다.

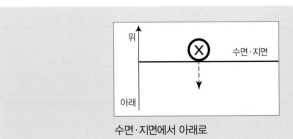

수면·지면에서 아래로　　　　　　　　　　　　도식 7

또 다음과 같이 수면이 낮아져 있는 경우에도 **down**이 적용된다.

12

a. The level of the lake is **down** several feet.
그 호수의 수면이 몇 피트 내려가 있다.

b. The tide was **down** when we got back.
조수가 우리가 돌아왔을 때 빠져 있었다.

12에서 X(수면)가 원래의 위치에서 낮은 위치로 움직여 있음을 **down**이 나타낸다.

2.6. 내려 누르기

앞에서 우리는 X가 높은 곳에서 낮은 곳으로 움직이는 관계가 **down**으로 표현됨을 살펴보았다. 그런데 다음과 같은 경우도 생각할 수 있다. 즉, X가 위로 움직이려는 잠재적인 힘이 있으나 외부에서 밑으로 당기거나 위에서 누르는 힘이 작용하여 아래에 그대로 있는 경우이다. **down**은 위로 오르려는 힘을 내리누르는 관계이다. 다음 예를 살펴보자.

13

a. We held the balloon **down** till we are ready to let it go.
우리는 그 풍선을 띄워 보낼 준비가 될 때까지 그것을 잡고 오르지 못하게 했다.

b. The government put the riot **down**.
정부는 그 폭동을 진압했다.

13a의 풍선은 바람이 있으면 위로 올라가는 잠재적인 힘이 있다. 그래서 그냥 두면 올라간다. 이렇게 올라갈 수 있는 개체를 올라가지 못하게 하는 것도 **down**으로 나타낸다. 13b에서처럼 반란이나 폭동도 오르는 것으로 인식되고 이것도 누를 수 있는 것으로 개념화된다.

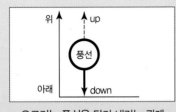 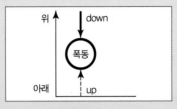

a. 오르려는 풍선을 당겨 내리는 관계   b. 오르는 폭동을 내리누르는 관계   도식 8

2.7. 북쪽에서 남쪽으로 이동

앞에서 살펴본 Y는 (이것이 실제로 문장에 쓰이든 암시되든) 상하의 구별이 분명한 기울기가 있었는데, 다음에 살펴볼 경우에는 Y가 거의 수평에 가깝다. 그러나 이때에도 위아래가 결정이 되는데, 북쪽은 위로, 남쪽은 아래로 간주된다.

14

a. I live in Seoul, but I always go **down** to Mokpo for my summer holidays.
나는 서울에 살지만 여름 휴가를 보내기 위해서 늘 목포로 내려간다.

b. John is **down** in Busan just now.
존은 지금 부산에 내려가 있다.

2.8. 수도에서 지방 도시로

다음에서 **down**은 수도권에서 지방 도시로 움직이는 관계를 나타낸다.

15

a. Smith isn't at Seoul any longer. He went **down** several months ago.
스미스는 더 이상 서울에 있지 않다. 몇 달 전에 시골로 내려갔다.

b. John is **down** at Ulsan. He went **down** from Seoul on Friday.

존은 울산에 내려가 있다. 그는 금요일에 서울에서 내려갔다.

3. 관용적 용법

앞에서 **down**은 X가 공간 속에서 위에서 아래로 움직이는 공간 관계를 나타낸다. 이러한 공간 관계는 줄임, 패배, 억압, 고정, 정지, 기록, 제거, 소화, 경멸, 시간의 흐름 등을 나타내는 데에도 쓰인다.

아래에서는 동사를 의미상으로 분류하여, **down**이 이들 동사와 쓰일 때 갖는 의미를 살펴보기로 한다.

3.1. 줄이기/낮추기

아래에 열거된 동사는 모두 어떤 물건의 전체에서 일부를 자르거나 깎거나 베어 냄을 나타낸다. 이러한 과정이 어떤 물체에 가해지면 이 물체는 부피나 크기가 줄어든다. **down**은 이러한 부피나 크기의 감소를 나타낸다.

16

chop	자르다, 잘게 다지다	cut	베다
pare	(껍질을) 벗기다	plane	(대패로) 밀다
saw	(톱으로) 자르다	shave	(면도기로) 깎다
slice	얇게 썰다	whittle	조금씩 깎다

16에 실려 있는 동사는 다음과 같이 쓰일 수 있다.

17

a. He cut **down** the trousers.
그는 그 바지를 짧게 잘랐다.

b. He sawed **down** the stick.
그는 그 막대기를 톱으로 잘라서 짧게 했다.

c. He pared **down** the potatoes.
그는 그 감자의 껍질을 깎아서 작게 했다.

d. He whittled **down** the rock.
그는 그 바위를 조금씩 깎아서 작게 했다.

17a에서는 바지의 길이가, 17b에서는 막대기의 길이가 짧아짐을 **down**이 나타낸다. 그리고 17c에서는 감자의 크기가, 17d에서는 바위의 크기가 작아짐을 **down**이 나타낸다.

3.1.1. 정도의 줄이기

다음에 실린 동사가 **down**과 같이 쓰이면 양, 수, 정도가 줄어든 관계를 나타낸다.

18

boil	끓이다	bring	가져오다
mark	표시하다	play	행동하다
pull	당기다	scale	비율에 따라 정하다
take	가져가다	tone	음조·색조를 맞추다
tune	조율하다	water	(농도를) 맞추다

18의 동사와 **down**이 함께 쓰이면 이들 동작의 결과로 인하여 어떤 개체의 양, 정도 등이 줄어들었음을 나타낸다. 다음 예를 살펴보자.

19

a. He boiled **down** the story.
그는 그 이야기를 짧게 줄였다.

b. He marked **down** the prices.
그는 그 가격들을 낮게 매겼다.

c. The teacher's salary was scaled **down**.
그 교사의 월급이 낮게 조정되었다.

d. She tried to play **down** her part in the affair.
그녀는 그 사건에 있어서 그녀의 역할을 가볍게 하려고 했다.

19a에서는 이야기의 길이가 줄어들고, 19b에서는 가격 표시가 낮아지고, 19c 에서는 월급 액수가 낮아지며, 19d에서는 어떤 사건에 누가 한 역할의 공적 등 을 낮게 함을 **down**이 나타낸다.

18에 실려 있는 동사들은 **down**뿐만 아니라 반대의 의미를 가진 up과도 쓰 일 수 있다. 그러므로 동사 자체는 중립적이어서 높은 결과를 나타내는 데에도 쓰이고 낮은 결과를 나타내는 데에도 쓰일 수 있다.

20

a. He turned **down** / up the radio.
그는 그 라디오의 소리를 낮게 / 높게 했다.

b. The price must be marked **down** / up.
그 가격은 낮게 / 높게 매겨져야 한다.

c. His salary must be scaled **down** / up.
그의 월급은 낮게 / 높게 책정되어야 한다.

3.1.2. 약함 동사

다음에 실려 있는 낱말들은 형용사나 동사로 쓰이고, 그 자체에 약함의 의미 가 내포되어 있어서 **down**과 쓰여서 약해진 결과를 나타낸다.

21

calm	진정시키다	cool	식히다
quiet	조용해지다	slim	체중을 줄이다
slow	늦추다	thin	여위다

위의 동사는 다음과 같이 쓰인다.

22

a. He slowed **down** the car.
그는 그 차의 속도를 줄였다.

b. At last the wind quieted **down**.
마침내 그 바람이 잠잠해졌다.

c. You've slimmed **down** quite a lot.
너는 체중이 굉장히 줄었구나.

d. Jane has thinned **down** a lot since last year.
제인은 작년부터 체중이 많이 줄었다.

3.1.3. quiet와 quiet down의 차이

동사만 쓰인 경우 과정만을 나타내고, **down**이 쓰이면 결과가 나타난 상태를 나타낸다. 다음 두 문장을 비교하여 보자.

23

a. The mother quieted the baby.
어머니가 아기를 진정시켰다.

b. The mother quieted the baby **down**.
어머니가 아기를 진정시켜서 아기가 진정되었다.

23a에서는 어머니가 아기를 진정시킨 과정만 표현되어 있으나, 23b에서는 **down**이 있으므로 진정시킨 동작의 결과로 아기가 진정되어 있는 상태를 나타낸다.

위에서 **down**의 수, 양 정도의 줄어드는 관계를 살펴보았다. 이 관계는 다음 과 같이 도식화할 수 있다.

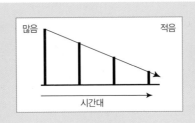

도식 9

3.2. 싸움에 지기

싸움이나 경주에는 이긴 자와 진 자가 있게 마련이다. 그런데 힘이 센 이긴 자는 위로, 힘이 약한 진 자는 아래로 간다. 여기서 **down**이 진 자를 나타내게 된다. **down**이 다음에 실린 동사와 함께 쓰이면 X가 아래에 있음을, 즉 졌음을 나타낸다.

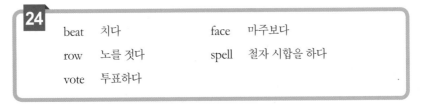

24

beat	치다	face	마주보다
row	노를 젓다	spell	철자 시합을 하다
vote	투표하다		

24의 동사는 다음 예에서와 같이 쓰인다.

25

a. The team beat our team **down**.
그 팀은 우리 팀을 쳐서 눌렀다.

b. Our team spelled them **down** in the spelling contest.
우리 팀은 그 철자 시합에서 그들을 이겼다.

c. They voted him **down**.
그들은 투표를 해서 그를 꺾었다.

3.3. 내리누르기

풍선은 바람이 있으면 오르려는 잠재적인 힘이 있다. 이것을 오르지 못하게 하는 관계도 **down**으로 표시됨은 이미 살펴보았다. 오르려는 잠재적인 힘을 갖는 것에는 추상적인 것, 즉 물가, 화, 감정 등도 있다. 이러한 추상적인 힘이 위로 올라가려고 할 때 이에 맞서는 힘을 가하여 이것이 오르지 못하게 내리누르는 관계의 경우에도 **down**이 쓰인다.

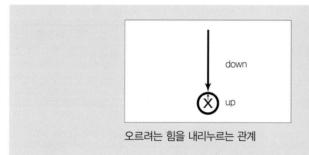

오르려는 힘을 내리누르는 관계   도식 10

다음에 실려 있는 동사는 타동사이고, 이들의 목적어는 X인데, 이 X는 위로 올라오려는 경향이 있다. 이 경향에 맞서 주어가 내리누르는 힘을 가하는 과정을 **down**이 나타낸다. 이처럼 **down**은 억압을 나타내는 데에 많이 쓰인다.

26

bring	가져오다	check	억제하다
fight	싸우다	hold	집다
keep	유지하다	live	살다
run	움직이다	put	놓다

다음 27에서는 26에 실린 동사가 어떻게 쓰이는가를 볼 수 있다.

27

a. He fought his anger **down**.
그는 그의 분노를 애써 억눌렀다.

b. The child could not keep **down** his anger.
그 아이는 그의 분노를 억누르고 있을 수가 없었다.

c. He is trying to live his past **down**.
그는 살아가면서 그의 과거를 잊으려고 노력하고 있다.

d. The army put **down** a rebellion.
그 군대는 반란을 진압했다.

27a, 27b에서 화는 치밀어 오르려는 성질이 있는 것으로 개념화된다. 27c에서와 같이 과거 생각도 떠오른다. 생각이 떠오르는 것을 막는 것도 **down**이다. 27d에서 반란은 위로 일어나는 것이고 이것을 막는 것은 **down**이다.

3.4. 고정시키기

이동체가 위에서 아래에 와 닿게 되면 이 이동체는 움직이지 않게 된다. 이 움직임이 없는 상태는 고정이나 정지의 개념과 연결된다.

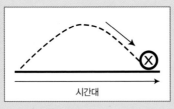

도식 11   down : 고정, 정지

28의 동사가 **down**과 함께 쓰이면 움직이거나 들떠 있던 물건이 고정됨을 나타낸다.

28			
clamp	꺽쇠로 죄다	glue	아교칠을 하다
gum	고무 풀칠하다	hammer	망치로 치다
lash	밧줄로 묶다	nail	못을 박다
paste	풀칠하다	peg	나무못을 박다
pin	핀을 꽂다	tack	압정으로 고정시키다

다음 두 문장을 비교하여 보자.

29

a. He glued the paper.
   그는 그 종이에 아교칠을 했다.

b. He glued **down** the paper.
   그는 아교칠을 해서 그 종이를 고정시켰다.

29a에는 동사 glue만이 쓰였고 29b에는 glue와 **down**이 쓰였는데 동사만 쓰인 경우 누가 아교칠을 하는 과정만을 나타내고 **down**이 쓰인 경우 the paper가 어딘가에 고정이 되었다는 뜻도 포함된다.

다음 예문도 동사는 과정만 나타내고, **down**은 고정된 상태를 나타낸다.

30

a. He nailed **down** the lid.
   그는 못을 쳐서 그 뚜껑을 고정시켰다.

b. He bolted the door **down**.
   그는 빗장을 질러 그 문이 움직이지 못하게 하였다.

c. He fastened **down** the cover.
   그는 붙들어 매어서 그 덮개가 움직이지 않게 하였다.

3.5. 멈추기

이동체가 내려와서 지면에 닿게 되면 이동이 정지된다. 이 정지는 생명의 정지나 활동의 정지를 나타내는 데에도 쓰일 수 있다. 다음과 같은 동사와 쓰이면 정지를 나타낸다.

31

break	깨다	close	닫다
gun	(총으로) 쏘다	howl	고함치다
shoot	쏘다	shut	닫다
speak	말하다	yell	고함치다

다음 예는 주어가 하는 과정의 결과로 목적어가 정지 상태에 이르게 됨을 나타낸다.

32

a. The rifleman shot **down** the eagle.
그 포수가 그 독수리를 쏘아 떨어뜨렸다.

b. The gunman gunned **down** the rascal.
그 총잡이가 그 악한을 쏘아 죽였다.

32a에서 공중에 있던 새가 아래로 떨어짐은 총알을 맞음과 동시에 정지 상태에 이르렀음을 뜻한다. 32b에서 서 있던 사람이 넘어짐은 총을 맞음과 동시에 정지 상태에 이르렀음을 암시한다. 이러한 경우 죽음을 의미할 수 있다.

정지 상태는 생명체에만 적용되는 것이 아니고 비생명체에도 적용된다. 시계, 자동차 또는 다른 기계 등은 움직이기 때문에 정지될 수 있다. 더 나아가서 사회 활동이나 행사 같은 것도 정지될 수 있다.

33

a. His car broke **down** yesterday.
그의 자동차가 어제 고장이 나서 움직이지 않는다.

b. My watch has run **down**.

내 시계가 고장이 나서 움직이지 않는다.

c. The police closed **down** the shop.

그 경찰이 그 상점을 폐업시켰다.

d. The politician began to speak, but he was yelled **down**.

그 정치가는 말을 시작했으나, 고함소리에 그의 연설은 중단되고 말았다.

down은 33a, 33b에서는 자동차와 시계가 고장 난 상태를 나타내고, 33c에서는 영업 활동이 중단됨을, 33d에서는 연사의 연설이 중단됨을 나타낸다.

3.6. 적어 놓기

다음에 실려 있는 동사는 모두 쓰는 방법을 가리키고 이것이 down과 같이 쓰이면 낱말, 생각, 느낌 등이 종이에 고정되는 것으로 개념화된다.

34

copy	복사하다	jot	간단히 적다
note	쓰다	put	쓰다
scribble	갈겨 쓰다	write	쓰다

다음에는 위에 적힌 copy, jot, write의 예가 실려 있다.

35

a. The reporter copied **down** every word the minister uttered.

그 기자는 그 장관이 한 말 한 마디 한 마디를 적어 놓았다.

b. He jotted **down** the license number.

그는 면허 번호를 갈겨 써 놓았다.

c. Write **down** my phone number before you forget it.

잊어버리기 전에 내 전화번호를 적어 두어라.

뚜껑이 상자에 고정되듯, 35에서는 말, 면허 번호, 전화번호 등이 종이 위에 고정됨을 **down**이 나타낸다.

3.7. 씻어 내리기

down은 제거의 뜻을 나타내기도 하는데, **down**이 나타내는 제거의 뜻은 높은 곳에 있는 먼지나 때를 물이나 빗자루로 쓸어내리는 방법이다. 다음에 실린 동사는 청소나 제거의 방법을 나타낸다.

36

brush	솔로 털다	clean	깨끗이 하다
clear	치우다	dust	먼지를 털다
hose	호스로 씻다	mop	걸레로 닦다
rub	비비다	scrape	벗기다
scrub	문지르다	sweep	쓸다
wash	씻다	wipe	닦다

36의 동사가 **down**과 함께 쓰이면 다음에서와 같이 동사는 청소 방법을, **down**은 결과를 나타낸다.

37

a. Peter was coated in cement and we picked him up and dusted him **down**.

피터가 시멘트를 덮어쓰고 있어서 우리는 그를 세워서 시멘트를 모두 털어 내렸다(him은 환유적으로 먼지를 가리킨다).

b. Mother always cleans the whole house **down** at least once a month.

어머니는 적어도 한 달에 한 번은 그 집 전체를 철저하게 씻어 내린다.

c. When you've washed the car, wipe it **down** well.

그 차를 다 씻었으면, 물기를 잘 닦아 내려라.

down은 37a에서는 피터에게 묻은 시멘트 가루를 털어 내고, 37b에서는 집 전체의 먼지를 닦아 내고, 37c에서는 차의 물기를 닦아 내어 먼지나 때를 제거함을 나타낸다.

3.8. 음식 내려가기

사람의 표준 자세는 수직이므로 입으로 들어간 음식은 식도를 거쳐 아래로 내려간다. 이렇게 음식이 내려가는 과정이나 내려가 있는 것도 down으로 표현된다. 그래서 down은 먹거나 마시는 방법을 나타내는 다음 동사와 잘 쓰인다.

38

bolt	통째로 삼키다	chow	먹다(비형식적)
drink	마시다	get	먹다
gulp	들이키다	wolf	게걸스럽게 먹다

다음 예에서 동사는 방법을, down은 먹은 음식이 아래로 내려가는 과정이나 내려가 있는 결과를 나타낸다.

39

a. Don't bolt **down** your food like that.
음식을 그렇게 통째로 삼키지 말아라.

b. He gulped **down** a cup of hot soup.
그는 뜨거운 국 한 컵을 들이켰다.

c. He went into the kitchen and wolfed **down** a pie.
그는 부엌에 가서 파이 하나를 게걸스럽게 먹어 치웠다.

3.9. 내려보거나 깔보기

down은 어떤 개체가 높은 곳에서 낮은 곳으로 움직이는 관계를 나타낸다. X는 사람의 말이나 시선이 높은 사람에게서 낮은 사람으로 전달되는 관계도 나타낸다. 우리말 '낮추다'도 비슷하게 쓰인다.

> **40**
>
> **a.** 그는 자기 집 담을 낮추었다.
>
> **b.** 그는 말을 낮추었다.

40a에서는 구체적인 물건의 높이를 낮게 하는 것이고, 40b에서는 말하는 이가 듣는 이보다 높은 자리에서, 낮추어 말을 한다는 뜻이다.

영어에서도 다음 동사가 **down**과 함께 쓰이면 경멸, 멸시, 꾸중 등의 의미를 나타낸다.

> **41**
>
> | | | | |
> |---|---|---|---|
> | call | 부르다 | dress | 꾸짖다 |
> | look | 보다 | talk | 말하다 |

다음 예에서 위의 동사들이 쓰였다.

> **42**
>
> **a.** The teacher called him **down** for coming late.
> 그 선생님은 그를 지각했다고 꾸짖었다.
>
> **b.** He gets along well with his men because he never talks **down** to them.
> 그는 그 부하들에게 말을 낮추지 않기 때문에 그들과 잘 지낸다.
>
> **c.** They always look **down** upon us because we are poor.
> 그들은 우리가 가난하기 때문에 늘 우리를 깔본다.

3.10. 시간 : 과거에서 내려오기

물이 높은 곳에서 낮은 곳으로 흐르듯, 시간도 높은 곳에서 낮은 곳으로 움직이는 것으로 개념화된다. 이때 높은 곳은 시간이 시작되는 과거이고, 낮은 곳은 이어지는 부분이다. 즉, 여기서 시간은 과거에서 현재로 또 현재에서 미래로 흘러가는 것으로 개념화된다.

43

a. **Down** to the beginning of this year, Bill lived in Korea.
금년 초까지 빌은 한국에서 살았다.

b. He lived **down** from 1925 to 1998.
그는 1925년에서 1998년까지 살아왔다.

c. Many of his poems have come **down** to us.
그의 많은 시들이 우리 시대에까지 전해져 오고 있다.

3.11. be 동사와 down

다음에서 be 동사가 **down**과 같이 쓰였다. be 동사는 과정이 아니라 어떤 과정의 결과로 나타나는 상태를 표현한다. 즉, **down**이 나타내는 과정의 마지막 부분만을 부각한다.

44

a. The beer is 20 bottles **down**.
그 맥주는 20병 줄었다.

b. Our team was **down** by 3 points.
우리 팀은 3점차로 졌다.

c. The date is **down** in my notebook.
그 날짜는 내 노트북에 적혀 있다.

d. The computer is **down**.
그 컴퓨터는 고장이 나 있다.

e. The critics are **down** on him.
그 비평가들이 그를 비난하고 있다.

다음에서 주어는 환유적으로 몸과 가진 돈을 가리킨다.

45

a. He is **down** with flu.
그는 감기로 몸져누워 있다.

b. He is **down** to the last one dollar.
그는 돈이 마지막 1달러 남아 있다.

DURING

during은 전치사로만 쓰인다.

1. 전치사적 용법

X during Y에서 X는 Y가 지속되는 동안 계속되거나 일어난다. X는 상태나 과정이고, Y는 기간이나 과정이다. 이것을 도식화하면 다음과 같다. 기간이나 과정이 계속되는 동안(Y), 도식 1a는 상태가 지속되고, 도식 1b는 과정이 지속된다.

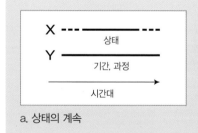
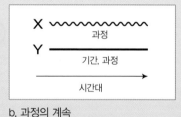

a. 상태의 계속   b. 과정의 계속   도식 1

다음 X는 Y가 지속되는 동안 상태가 계속된다.

1

    a. The animal remains hidden **during** the night.
      그 동물은 밤이 계속되는 동안 숨어 있다.

b. In Korea, it is very cold **during** the winter months.
한국에서는 겨울이 계속되는 몇 달 동안은 매우 춥다.

c. They were in poverty **during** the depression.
그들은 경기 침체가 지속되는 동안 가난 속에 살았다.

다음 X **during** Y에서 과정 X가 Y가 지속되는 동안 일어난다.

2

a. He slept **during** the lecture.
그는 그 강의가 계속되는 동안 쭉 잤다.

b. **During** the summer vacation, he worked as a waiter.
그 여름 방학이 계속되는 동안 그는 웨이터로 일했다.

c. They lived in a remote village **during** the war.
그들은 그 전쟁이 지속되는 동안 오지 마을에서 살았다.

다음에서 X는 Y가 지속되는 동안 어느 시점에서 일어난다.

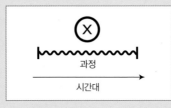

도식 2

3

a. The team scored three points **during** the first half of the game.
그 팀은 그 경기 전반전에 3점을 올렸다.

b. **During** the lecture, he nodded off.
강의 시간 동안 그는 깜빡 졸았다.

EXCEPT

except는 전치사로만 쓰인다.

1. 전치사적 용법

X except Y에서 except는 전체 X에서 Y가 빠지는 관계를 나타낸다. 이것을 도식화하면 다음과 같다. 다음 도식 1에서 Y가 전체에서 제외된다.

전체에서 Y가 빠짐

도식 1

a. I work everyday **except** Sunday.
나는 일요일만 빼고 매일 일한다.

b. Everybody **except** Mary was present.
메리만 빼고 모두 참석했다.

EXCEPT FOR

except for는 전치사로만 쓰인다.

1. 전치사적 용법

X **except for** Y에서 X는 Y만 고려하지 않으면 사실이 된다. 이것을 도식화하면 다음과 같다.

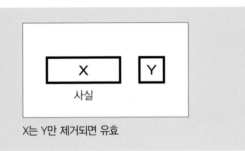

도식 1   X는 Y만 제거되면 유효

다음 1a에서 그는 믿음직한 사람이다. 단, 그가 게으르다는 사실은 고려하지 않는다.

1

a. He is a reliable person **except for** his laziness.
그의 게으른 점만 제외하면 그는 믿음직한 사람이다.

b. It was a great holiday **except for** the weather.
날씨만 고려하지 않으면 그날은 매우 좋은 휴일이었다.

c. I like her **except for** the fact that she is over nice.
너무 친절한 것을 제외하면 나는 그녀를 좋아한다.

FOR

for는 전치사로만 쓰인다.

1. 전치사적 용법

1.1. X와 Y가 자리바꿈을 하는 관계

X for Y는 어떤 영역 안에 있는 X와 Y가 바뀌는 관계이다. 이것은 도식 1과 같이 나타낼 수 있다. 도식 1에서 네모로 표시된 A는 어느 사람의 소유 영역이고, B는 다른 사람의 소유 영역이다. **for**는 X가 B의 영역으로 가고, Y가 A영역으로 가는 교환 관계를 나타낸다.

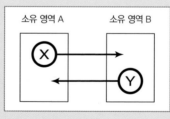

소유 영역 A   소유 영역 B

도식 1   X와 Y가 교환되는 관계

1.1.1. 교환

다음 X **for** Y에서는 X가 Y와 교환된다. 1a에서는 2달러와 책이 교환된다. 1b

에서는 우비와 우산이 교환된다.

> **1**
>
> **a.** I gave 2 dollars **for** this book.
> 나는 2달러 주고 이 책을 샀다.
>
> **b.** He exchanged a rain coat **for** an umbrella.
> 그는 비옷을 주고 우산을 받았다.
>
> **c.** May I exchange the soap **for** another kind?
> 그 비누를 다른 종류로 바꿀 수 있습니까?

1a가 표현하는 관계는 도식 2와 같이 나타낼 수 있다. A가 2달러를 주면 그대신 책이 A에게 들어온다.

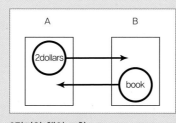

2달러와 책의 교환   도식 2

1.1.2. 이유

다음 X for Y에서 X는 감사, 기쁨 등의 감정이고 Y는 이러한 감정의 원인이된다. 이 경우 Y가 먼저 발생한 후 그다음 X가 온다.

> **2**
>
> **a.** She thanked her uncle **for** his letter.
> 그녀는 아저씨가 편지를 주신 데 대해 감사를 드렸다.
>
> **b.** I am very grateful **for** your help.
> 나는 당신이 도와주신 것에 대해 매우 고맙게 생각합니다.

c. Everyone shouted **for** joy.
모든 사람들은 기뻐서 환호성을 질렀다.

다음 표현에서도 **for**는 이유를 나타낸다.

3

a. We could hardly see **for** the thick fog.
우리는 짙은 안개 때문에 거의 볼 수가 없었다.

b. **For** several reasons, I would not see him.
몇 가지의 이유로 해서 나는 그를 보지 않으려고 했다.

다음 도식 3에서 1과 2는 순서를 나타낸다. 편지가 먼저 가고 감사가 뒤따른다.

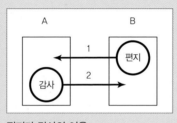

도식 3   편지가 감사의 이유

다음 X **for** Y에서 X는 Y라는 생각 때문에 버리거나 포기한다.

4

a. He was left **for** dead on the battlefield.
그는 죽은 것으로 생각되어 전쟁터에 내버려두어졌다.

b. After a long search, we gave him up **for** lost.
오랜 수색 끝에 우리는 그를 죽은 것으로 생각하고 단념했다.

4a에서 **for**는 그가 죽었다는 생각을 하고 대신 그를 버려두게 했음을 나타낸다. 4b도 그가 실종되었다는 생각을 하고 수색을 그만둔 상황이다. 여기서 **for**는 어떤 판단이 들어가고 이에 따른 행동이 취해지는 관계를 나타낸다.

1.1.3. 목적

다음 X for Y에서 X는 Y를 얻기 위해서 하는 과정이다. 그래서 **for**는 목적을 나타낸다. 다음 5a에서 그가 우는 것은 물을 얻기 위함이다.

5

a. He is crying **for** water.
그는 물을 달라고 울고 있다.

b. He is fighting **for** freedom.
그는 자유를 얻기 위해 싸우고 있다.

c. He is asking **for** money.
그는 돈을 (얻기 위해) 구걸하고 있다.

다음 도식에서 싸움이 먼저 있고 그다음 자유가 주어진다.

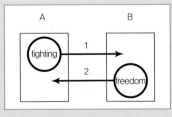

싸움의 목적은 자유를 얻는 것   도식 4

다음에서도 X는 Y를 얻기 위한 과정이다.

6

a. He asked **for** another pen.
그는 펜을 하나 더 달라고 요청했다.

b. He went out **for** a walk.
그는 산보하러 나갔다.

c. He ran **for** his life.
그는 살기 위해서 달아났다.

d. We watched **for** a chance to see her alone.
우리는 그녀를 혼자 만날 수 있는 기회를 얻기 위해 주시했다.

e. She worked hard **for** her living.
그녀는 생계를 위해서 열심히 일했다.

1.1.4. 대리·대신

다음 X **for** Y의 교환 관계는 X가 Y를 대신하는 관계도 나타낸다.

7

a. He spoke **for** her.
그는 그녀 대신 이야기했다.

b. He acted **for** the chairman in the negotiation.
그는 그 회담에서 그 의장을 대행했다.

c. VOA stands **for** Voice of America.
VOA는 '미국의 소리'의 약어이다.

d. The plus sign is **for** adding.
더하기 기호(+)는 더함을 나타낸다.

위 7a는 다음 도식으로 표현될 수 있다. 어느 자리에 한 사람(her)이 나가고, 그 자리에 다른 사람(he)이 들어온다.

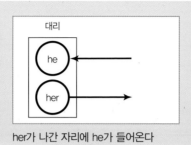

her가 나간 자리에 he가 들어온다   도식 5

다음에서는 어느 물건을 다른 물건의 대용으로 쓰는 관계를 나타낸다. 도식 6에서 어느 용도에 한 개체(table)가 나가고 다른 한 개체(desk)가 들어온다.

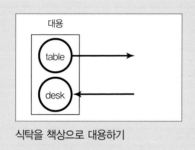

식탁을 책상으로 대용하기   도식 6

8

a. I use a table **for** a desk.
나는 식탁을 책상 대용으로 쓴다.

b. The farmer used a piece of plastic **for** a raincoat.
그 농부는 플라스틱 조각을 비옷으로 썼다.

c. She used sheets **for** curtains.
그녀는 침대보를 커튼으로 썼다.

1.1.5. 착각

인식 면에서 X를 Y로 잘못 볼 때에도 **for**가 쓰인다. 이것은 마음속에 Y가 차지할 자리를 X가 차지하는 관계이다. 다음 도식에서 you의 자리에 Smith가 들어온다.

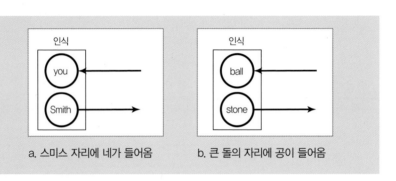

도식 7   a. 스미스 자리에 네가 들어옴   b. 큰 돌의 자리에 공이 들어옴

9

a. I took Smith **for** you.
나는 스미스를 당신으로 생각했다.

b. He took a big stone **for** a ball.
그는 큰 돌을 공으로 착각했다.

1.1.6. 확실성

다음 X for Y에서 X는 지식이나 인식이고, Y는 확실성이나 사실이다. 이때 for는 지식·인식과 확실성·사실 간의 상관관계를 나타낸다.

10

a. I know **for** certain that it did snow last night.
나는 어젯밤에 눈이 왔음을 확실히 안다.

b. He says he knows **for** a fact that you have passed your examinations.

당신이 시험들에 합격한 것을 사실로 안다고 그는 말한다.

c. I dropped my glasses this morning, but **for** a wonder they did not break.

나는 오늘 아침에 내 안경을 떨어뜨렸으나 신기하게도 깨지지 않았다.

1.1.7. 비교

다음 X **for** Y는 X가 있는 자리로 Y를 넣어 보는 비례 관계이다. 아래 11a에서 우리가 비행기 1대를 가지고 있는 자리에 적군은 10대를 가지고 있다는 뜻이다.

11

a. **For** one airplane that we have, the enemy had ten.

우리가 가진 비행기 1대당 적군은 10대를 가졌다.

b. The enemy had 30 ships **for** one that we had.

우리가 가진 배 1척당 적군은 30척을 가졌다.

c. Man **for** man, we were better than the enemy, but they had many more soldiers than we did.

일대일로 비교하면 우리가 적보다 나았지만, 그들은 우리보다 병력 수가 많았다.

d. He repeated what I said word **for** word.

그는 내가 말한 것을 한 마디 한 마디 반복했다.

다음 도식에서 적군이 10대의 비행기를 가지고 있는 반면에 우리는 1대를 가지고 있다.

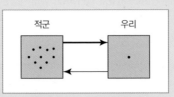

도식 8   비례 : 하나가 있을 자리에 열 개가 있다

1.1.8. 목적지

다음 X **for** Y에서 X는 출발지를 떠나는 개체이고 Y는 목적지이다. 이때 for 는 이동체 X가 목적지 Y로 향하는 관계를 나타낸다.

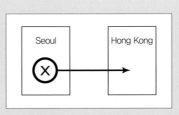

도식 9   목적지인 홍콩을 가기 위해 서울을 떠나기

12

a. We left Seoul **for** Hong Kong.
   우리는 서울을 떠나 홍콩으로 갔다.

b. They started out **for** Seoul.
   그들은 서울로 가기 위해 출발했다.

c. The plane took off **for** Boston.
   그 비행기는 보스턴으로 가기 위해 떠났다.

d. Sue swam **for** shore.
   수는 해안으로 가기 위해 헤엄쳤다.

e. The balloon is headed **for** England.
그 풍선은 영국으로 향하고 있다.

1.1.9. 거리

다음 X **for** Y에서 X는 움직이고, Y는 이 움직임의 정도를 거리로 나타낸다. 동사 walk 자체에는 한계가 없다. 이 동사가 **for**와 쓰이면 걷는 움직임의 거리적 한계가 주어진다.

13

a. We walked **for** miles in the woods.
우리는 그 숲 속에서 몇 마일을 걸었다.

b. We ran **for** half a mile.
우리는 반 마일을 뛰었다.

다음 X **for** Y에서 X는 뻗침이고, Y는 뻗침의 정도를 나타낸다.

14

a. The lake stretches **for** miles.
그 호수는 수 마일 뻗어 있다.

b. The forest extended **for** miles around us.
그 숲은 우리 주위에 수 마일 펼쳐져 있었다.

1.1.10. 시간

다음 X **for** Y에서 X는 과정이고, Y는 활동 기간을 나타낸다. 다음 15a에서 stay 자체에는 한계가 없다. 이 동사가 **for**와 쓰이면 stay의 한계가 정해진다.

15

a. We stayed there **for** three days.
우리는 3일간 그곳에 머물렀다.

b. The Christmas holidays last **for** a month.
크리스마스 휴일은 한 달간 계속된다.

c. He was sentenced **for** life.
그는 종신형을 선고받았다.

d. They left the country **for** good.
그들은 그 나라를 영원히 떠났다.

1.1.11. 도구

다음 X **for** Y에서 X는 도구이고 이것은 Y의 과정에 쓰인다.

16

a. The knife is **for** cutting meat.
그 칼은 고기를 자르는 데 적합하다.

b. The cooker is **for** boiling rice.
그 조리기는 밥을 짓는 데 쓰인다.

c. These glasses are **for** reading.
이 안경들은 독서용이다.

1.1.12. 판단의 근거

다음 X **for** Y에서 X는 판단이고, 이 판단은 기준이 되는 Y에 넣어서 생긴다.

17

a. He is tall **for** his age.
그는 그의 나이에 비해 키가 크다.

b. It is cold **for** spring.
봄치고는 날씨가 차다.

c. That's a good composition **for** a young girl.
그것은 어린 소녀가 쓴 것으로는 훌륭한 작품이다.

1.2. X가 Y를 받아들이는 관계

지금까지 우리가 살펴본 X for Y의 관계는 어떤 주어진 영역에서 X와 Y가 자리바꿈을 하는 관계였다(도식 10a 참조). 이러한 관계가 for가 나타내는 전형적인 관계라면, for의 용법 가운데에는 이 전형에서 어느 정도 벗어나는 것도 있다.

다음에 살펴볼 경우에서는 X가 단순히 교환되는 개체가 아니라 Y를 받아들이는 영역 구실을 한다. 전형적인 경우, X의 영역과 Y의 영역은 분명히 구별되지만 여기에서는 X가 교환되는 개체와 영역이 구별되지 않는다. 도식 10a는 전형적인 for의 관계로, X의 영역과 Y의 영역이 구분되어 있다. 그러나 도식 10b는 전형에서 조금 벗어난 관계로 X가 영역의 구실을 해서 Y를 받아들인다.

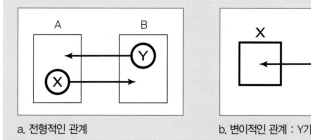 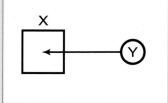

a. 전형적인 관계　　　　　　　　　b. 변이적인 관계 : Y가 X에 들어가는 관계　도식 10

1.2.1. 찬성

다음 X for Y에서 X는 Y를 받아들인다.

18

a. Are you **for** or against shorter hours of work?
당신은 더 짧은 근무 시간을 찬성합니까 반대합니까?

b. Ten of us were **for** the decision.
우리들 10명은 그 결정을 받아들였다.

1.2.2. responsible, good

다음 X **for** Y에서 X는 Y를 받아들이는 관계이다.

19
 a. He is responsible **for** the work.
  그는 그 일에 책임이 있다.

 b. The ticket is good **for** a lunch.
  그 표는 점심 한 끼에 유효하다.

19a에서 responsible은 그가 그 일을 받아들여야 하는 관계가 책임 관계임을 나타내고, 19b에서 good은 그 표가 점심을 받는 관계와 유효한 관계임을 나타낸다.

1.2.3. 장소 X가 Y를 받아들임

다음 X **for** Y에서 X는 장소이고, Y를 받아들인다.

20
 a. Cornwall is the warmest place **for** a holiday.
  콘월은 휴일을 즐기기에 가장 따뜻한 곳이다.

 b. There is room **for** two people in the car.
  차에는 두 사람이 들어갈 여유가 있다.

1.3. Y가 X를 받아들이는 관계

1.3.1. X가 Y에 들어감

다음 X **for** Y에서 X는 Y에 들어간다. 이것은 X가 Y를 위한 관계이다.

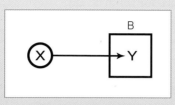

X가 B에 들어가는 관계   도식 11

21

a. This is a book **for** you.
이것은 네가 가질 책이다.

b. I bought a present **for** him.
나는 그가 가질 선물을 하나 샀다.

c. I work **for** him.
나는 그를 위해 일한다.

d. He has done a lot **for** us.
그는 우리를 위해 많은 일을 했다.

e. He sacrificed himself **for** his country.
그는 조국을 위해 몸을 바쳤다.

1.3.2. 의미상 행위자

다음 X **for** Y에서 X는 과제이고, Y는 이것을 행하는 사람이다.

22

a. The problem is difficult **for** him.
그 문제는 그에게 어렵다.

b. It is not easy **for** him to do the work alone.
그가 그 일을 혼자서 하기가 쉽지 않다.

c. It is unusual **for** her to be sad.
그녀가 슬픔을 느끼는 것은 혼한 일이 아니다.

to 부정사와 같이 쓰이면 전치사 **for**의 목적어는 과정의 행위자나 상태의 주체를 나타낸다. 이때 전치사 **for**의 목적어는 과정이나 상태를 받아들이는 관계이다.

1.3.3. X는 Y에 쓰임

다음 X **for** Y에서 X는 Y에 쓰인다.

23

a. The turkey is **for** Thanksgiving dinner.
그 칠면조는 추수감사절 저녁에 쓰일 것이다.

b. Those lemons are **for** lemonade.
저 레몬들은 레몬주스용이다.

c. We bought shoes **for** hiking.
우리는 하이킹용 신을 샀다.

1.3.4. X가 Y의 의미상 목적어

다음 X **for** Y에서 X는 물건이고, Y의 팔거나 빌려주는 대상이다.

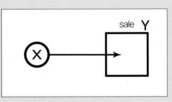

X가 sale의 대상

24

a. The house is **for** sale.
그 집은 팔려고 내놓은 집이다.

b. The horse is **for** hire.
그 말은 빌려 쓸 수 있다.

1.3.5. 차례

다음 X **for** Y에서 X는 과정이고, Y는 이것이 일어나는 시간상의 순서이다.

25

a. I saw her **for** the first time on Monday.
나는 그녀를 월요일날 처음 보았다.

b. She came **for** the second time last week.
그녀는 지난주에 두 번째로 왔다.

25a에서 내가 그녀를 월요일날 본 것은 도식 13a의 첫째 칸에 들어가는 것으로 도식화할 수 있고, 25b에서 그녀가 지난주에 온 것은 도식 13b의 둘째 칸에 들어가는 것으로 도식화할 수 있다.

a. 첫 번째 옴 b. 두 번째 옴 도식 13

2. 다른 전치사와의 비교

2.1. for와 to

다음 26a의 **to**는 감사하는 마음이 가는 곳이고, 26b의 **for**는 감사의 원인이다.

26
a. I am grateful **to** him.
나는 그에게 감사한다.

b. I am grateful **for** him.
나는 그로 인해 감사한다.

다음 27a의 **for**는 목적을 나타내고, 27b의 **to**는 결과를 나타낸다.

27
a. She came home **for** dinner.
그녀는 저녁을 먹으러 집에 왔다.

b. She came home **to** dinner.
그녀는 집에 와서 저녁을 먹었다.

다음에서 **for**와 **to**도 구별된다.

28
a. They sailed **for** New York.
그들은 뉴욕을 향하여 출발했다.

b. They sailed **to** New York.
그들은 뉴욕까지 항해했다.

28a는 그들이 뉴욕을 목적지 삼아 출발했다는 뜻이고, 28b는 뉴욕 방향으로 항해를 했다는 뜻이다.

다음 29a에 쓰인 **to**는 내가 관찰자나 판단자이고 29b에 쓰인 **for**는 내가 충격을 받아들이는 사람이다.

29

   a. It was a shock **to** me.
      그것은 내게 충격으로 생각되었다.

   b. It was a shock **for** me.
      그것은 나에게는 충격이었다.

FROM

from은 전치사로만 쓰인다.

1. 전치사적 용법

1.1. 이동의 출발지

다음 문장에 쓰인 동사는 이동 동사이고 이동의 출발점이 from으로 표현되어 있다.

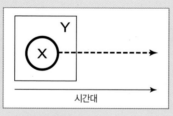

도식 1   X가 Y에서 출발

1

a. He came here **from** Malaysia yesterday.
그는 어제 말레이시아에서 여기로 왔다.

b. He went away **from** Seoul last year.
그는 작년에 서울을 떠나 어디론가 갔다.

c. He stepped aside **from** the road and looked at the flowers.
그는 그 길에서 벗어나서 그 꽃들을 보았다.

1.2. 거리 측정 출발지

두 물체 사이의 거리를 나타내는 데에도 전치사 **from**이 쓰인다. 어떤 개체 X가 Y에서 멀어져 가면 이 두 개체 사이에는 거리가 생기게 된다. 두 물체 사이의 거리를 표현하는 데 Y는 기준점이 된다.

2

a. The island lies far **from** the land.
그 섬은 그 육지에서 멀리 떨어져 있다.

b. The school is 5km **from** his house.
그 학교는 그의 집에서 5킬로미터 떨어져 있다.

c. The mountains are a long way **from** here.
그 산들은 여기로부터 멀리 떨어져 있다.

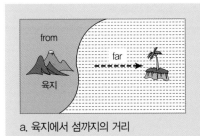

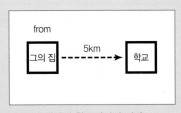

a. 육지에서 섬까지의 거리   b. 그의 집에서 학교까지의 거리   도식 2

1.3. 시선의 출발지

다음에서 **from**은 시선의 출발지로 표현한다.

3

a. His house is across the park **from** us.
그의 집은 우리가 있는 데서 보면 공원 건너편에 있다.

b. The view **from** our house was beautiful.
우리 집에서 본 경치는 아름다웠다.

c. We watched the men **from** our window.
우리는 우리 집 창문에서 그 사람들을 주시했다.

d. **From** the top of the hill, you can see the sea.
그 언덕 위에서, 그 바다를 볼 수 있다.

3a가 나타내는 관계는 도식 3a로, 3b는 도식 3b로 표현될 수 있다.

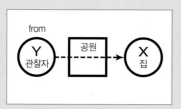 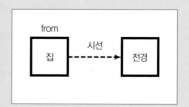

도식 3   a. X는 Y의 관점에서 공원 건너편에 있다   b. 집에서 본 전경

1.4. 매달림이나 튀어나옴의 출발지

다음 X **from** Y에서 X는 Y에서 매달리거나 튀어나와 있다.

4

a. A lamp is hanging **from** the ceiling.
램프가 그 천장에서부터 매달려 있다.

b. Big rings hang **from** her ears.
큰 귀걸이들이 그녀의 귀에 걸려 있다.

c. A nail projected **from** the wall.
못 하나가 그 벽에서 튀어나와 있다.

d. A large rock rose **from** the sea.
한 개의 큰 바위가 그 바다에서 솟아 있다.

4a는 다음 도식과 같이 나타낼 수 있다. 램프가 공중에 매달려 있고, 매달림이 시작되는 부분이 천장임을 **from**이 나타낸다.

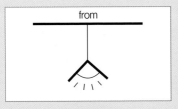

a. 공중이나 천장에 매달림

b. 바위가 바다에서 솟아남

도식 4

1.5. 소리나 소식의 출발지

다음 X **from** Y에서 X는 소리이고, 이것은 Y에서 시작된다.

5

a. Have you heard **from** your father this week?
이번 주에 당신 아버지로부터 소식이 있었습니까?

b. He shouted to us **from** the other side of the room.
그는 그 방의 다른 쪽에서부터 우리에게 고함을 쳤다.

c. Sweet music was flowing **from** the kitchen.
아름다운 음악이 그 부엌에서 흘러나오고 있었다.

5의 세 가지 관계는 도식 5와 같이 나타낼 수 있다.

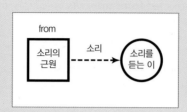

도식 5

1.6. 만들어진 재료

다음 X **from** Y에서 X는 Y에서부터 만들어진다. 어떤 물건을 한 장소에서 다른 장소로 옮기는 표현은 한 물건이 어느 한 상태에서 다른 상태로 변화의 형판이 된다. 다음 예를 살펴보자.

6

a. The jam is made **from** oranges and sugar.
그 잼은 오렌지들과 설탕으로부터 만들어졌다.

b. Cider is made **from** apples.
사이다는 사과들로부터 만들어진다.

c. Bread is made **from** flour and yeast.
빵은 밀가루와 이스트로부터 만들어진다.

d. These bowls are made **from** clay.
이 그릇들은 진흙으로부터 만들어진다.

1.7. 변화의 시작

X **from** Y에서 X는 Y에서 변화가 시작된다.

7

a. The sky slowly changed **from** blue to red.
하늘이 파란색에서 붉은색으로 서서히 바뀌었다.

b. Things went **from** bad to worse.
모든 일이 나쁜 상태에서 더 나빠졌다.

c. **From** boys, they became men.
소년에서 그들은 성인이 되었다.

d. He rose **from** office boy to director.
그는 사환에서 지배인이 되었다.

위 예에서 살펴본 상태 변화에 쓰인 **from**은 도식 6b와 같이 나타낼 수 있다.
도식 6a는 장소 이동에 쓰인 **from**이다.

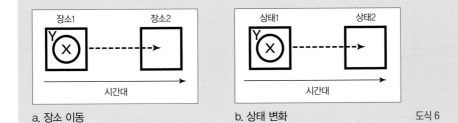

a. 장소 이동　　　　　　　b. 상태 변화　　　　　　　도식 6

1.8. 출처

X **from** Y에서 X는 Y에서 따온 것이나 유래된 것이다. 8a에서 '축배의 노래'
는 '라 트라비아타'에서 따온 것이다.

8

a. The 'Drinking Song' is **from** 'La Traviata'.
그 '축배의 노래'는 '라 트라비아타'에서 나온 것이다.

b. Many English words are derived **from** Latin.
많은 영어 낱말은 라틴어에서 유래했다.

c. The play is an adaptation **from** a novel.
그 연극은 어느 소설의 각색이다.

1.9. 원인

다음 X **from** Y에서 X는 Y로부터 결과된 것이다. 그래서 X는 결과, Y는 원인
이다.

> **9**
>
> **a.** His failure in the exam resulted **from** laziness.
> 그 시험에서의 그의 실패는 게으름의 결과였다.
>
> **b.** In the winter, people suffer a lot **from** cold.
> 겨울에 사람들은 감기로 많은 고생을 한다.
>
> **c.** **From** no fault of his own, he became a homeless.
> 자신은 잘못한 것이 없는데 그는 노숙자가 되었다.
>
> **d.** The children are tired **from** playing.
> 그 아이들은 놀아서 지쳤다.

다음 도식에서 실패는 게으름에서 온다.

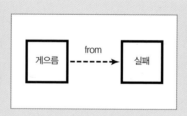

도식 7

1.10. 행동의 동기

다음 X **from** Y에서 X는 Y가 동기가 되어 행동한다.

> **10**
>
> **a.** They helped him **from** kindness.
> 그들은 친절한 마음에서 그를 도왔다.

b. He hurt it **from** spite.

그는 악의에서 그것에 해를 입혔다.

c. He acts **from** a sense of duty.

그는 의무감에서 행동한다.

10a에서 그들이 누구를 도왔는데, 이 도움은 친절에서 나왔음을 **from**이 나타낸다. 그래서 이때 친절은 돕는 일의 출발점, 즉 동기가 된다. 10b의 spite도 그가 무엇에 해를 입히는 출발점, 즉 동기가 된다.

1.11. 추리의 바탕

다음 X **from** Y에서 X는 Y를 기준 삼아 추리를 한다.

11

a. **From** his looks, you might think him stupid.

그의 용모를 보면, 당신은 그를 바보라고 생각할지 모르겠습니다.

b. **From** what I heard, the driver was to blame.

내가 들은 것으로 보면, 그 운전수에게 잘못이 있습니다.

c. **From** the way he dressed, you would think he was rich.

그가 옷 입는 것을 보면, 당신은 그가 부자라고 생각할 것이다.

d. **From** the child's point of view, this book isn't very interesting.

아이의 관점에서 보면, 이 책은 매우 흥미롭지 않다.

위 11a에서 당신의 생각이나 판단은 Y에서 비롯된다.

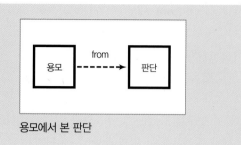

도식 8   용모에서 본 판단

위 도식에서 판단이나 생각은 Y에서 시작된다.

1.12. 구분

X **from** Y에서 X는 Y에서 떨어져 있고, 떨어져 있으면 구분이 가능하다.

12

a. He doesn't know his left hand **from** his right hand.
그는 오른손과 왼손을 구분하지 못한다.

b. This soap is quite different **from** that one.
이 비누는 저 비누와 아주 다르다.

1.13. 동작이나 과정에서 떨어지기

다음 예문에서 X는 행위자를, 그리고 Y는 동작을 나타낸다.

13

a. He is **to** go.
그는 갈 예정이다.

b. He is **on** the go.
그는 끊임없이 활동을 한다.

c. They kept him **from** going.
그들은 그를 가지 못하게 했다.

13a에서 **to**는 행위자가 동작을 바라보는 관계를 나타내므로 예정을 나타내고, 13b에서 **on**은 행위자가 행동에 붙어 있으므로 행동이 일어나고 있음을 나타낸다. 13c에서 **from**은 행위자가 동작에서 떨어져 있음을 나타낸다. 행위자가 과정에서 떨어져 있으면 행동이 일어나지 않는다. 이것을 보호와 방지로 나누어 살펴보자.

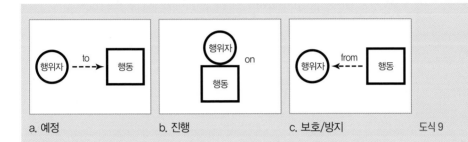

a. 예정   b. 진행   c. 보호/방지   도식 9

1.14. 보호

다음 문장에는 타동사가 쓰였고, 이들의 목적어가 **from**의 목적어 Y에서 떨어져 있다. **from**은 행동주가 과정에서 떨어져 있으면 과정이 이루어지지 않음을 나타낸다.

14

a. Umbrellas protect us **from** the rain.
우산들은 우리를 비에서 보호해 준다.

b. The screen shields us **from** ultraviolet rays.
그 스크린은 우리를 자외선들에서 보호해 준다.

c. He saved the child **from** drowning.
그는 그 아이를 익사에서 구했다.

d. We kept the bad news **from** her.
우리는 그 나쁜 소식을 그 여자에게 알리지 않았다.

위 14a에서 **from**은 우리가 비에서 차단됨을 나타낸다.

1.15. 방지

다음에서는 타동사의 목적어가 동명사로 표현된 과정에서 떨어져 있다.

15
a. He stopped us **from** taking photographs of the ship.
그는 우리가 그 배의 사진들을 찍지 못하게 막았다.

b. He kept me **from** going there.
그는 나를 그곳에 가지 못하게 했다.

c. Bad weather prevented them **from** sailing.
날씨가 나빠서 그들은 항해를 못했다.

1.16. 빼기

X **from** Y에서 X는 뺄셈에서 떼어 내는 부분을, 그리고 Y는 전체를 가리킬 수 있다.

16
a. Three **from** sixteen is thirteen.
16에서 3을 빼면 13이 된다.

b. Thirty subtracted **from** forty is ten.
40에서 30을 빼면 10이 된다.

1.17. 상태

다음에서 Y는 상태이고, 상태는 장소로 간주된다. **from**은 X가 이 상태(장소)에서 떨어져 있음을 나타낸다.

17

> **a.** John is far **from** being stupid.
> 존은 전혀 어리석지 않다.
>
> **b.** Mary is feeling far **from** glad to be home again.
> 메리는 집에 다시 온 것을 전혀 기쁘게 생각하지 않는다.

17에서 Y는 상태인데, 어느 사람이 주어진 어느 상태에서 멀리 떨어져 있다는 것은 이러한 상태를 갖지 않는다는 의미로 풀이된다. 17a에서 X가 Y(어리석음)로부터 멀리 떨어져 있다는 것은 X가 어리석지 않다는 뜻이다. 이것은 도식 10과 같이 나타낼 수 있다.

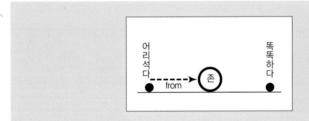

도식 10

1.18. 시간 관계

동작이나 상태는 언제나 시간 속에서 일어난다. Y가 시간을 나타내는 경우 **from** Y는 동작이나 상태가 시작된 시점을 나타낸다.

18

> **a.** They work **from** morning till night.
> 그들은 아침부터 밤까지 일한다.
>
> **b.** He lived **from** 1756 to 1830.
> 그는 1756년부터 1830년까지 살았다.
>
> **c.** It lasted **from** the 17th century to the 18th century.
> 그것은 17세기부터 18세기까지 계속되었다.

2. 다른 전치사와의 비교

2.1. from과 of

물건의 재료를 나타내는 데에 **from**과 **of**가 쓰인다.

> **19**
>
> **a.** Butter is made **from** cream.
> 버터는 크림에서 만들어진다.
>
> **b.** The desk is made **of** wood.
> 그 책상은 나무로 만들어졌다.

19a에서 cream은 버터가 되는 원료이고, 또 이 원료는 버터가 되고 나면 완전히 달라진다. 이와 같은 변화가 있는 경우에 **from**이 쓰인다. 19b에서 wood로 책상을 만들고 나서도 나무는 여전히 나무로 남아 있다. 이러한 재료를 표시할 때 전치사 **of**가 쓰인다.

원인을 나타내는 데에도 **from**과 **of**가 쓰이는데, 이때에도 두 전치사의 뜻은 다르다.

> **20**
>
> **a.** He died **from** the wound.
> 그는 그 상처를 입고서 죽었다.
>
> **b.** He died **of** fever.
> 그는 열병으로 죽었다.

20a에서 X는 죽음이고, Y는 상처인데, X **from** Y는 X와 Y 사이에 거리가 있음을 뜻하므로, 이것은 상처가 있고 나서 합병증 등이 생겨서 그가 죽었다는 뜻으로 풀이될 수 있다. 그러므로 **from**은 원인을 나타낼 때 원인이 되는 Y가 간접적이고 또 부수적인 것으로 생각될 때 쓰인다. 한편 전치사 **of**는 좀 더 직접

적인 원인을 나타낼 때 쓰인다.

21

a. He was relieved **from** fear.
   그는 두려움에서 해방되었다.

b. He was relieved **of** the responsibility.
   그는 그 책임이 면제되었다.

21a에서 **from**은 '그'가 두려움에서 벗어났다는 것, 즉 떨어졌음을 나타내고, 21b에서 **of**의 목적어는 주어에서 제거되는 개체이다.

2.2. from과 with

다음에 쓰인 **from**과 **with**는 모두 어떤 원인을 나타내는 것으로 보인다.

22

a. The walls have become black **from** smoke.
   그 벽은 연기로 까맣게 되었다.

b. They roared like bulls **with** pain.
   그들은 고통으로 황소같이 소리를 질렀다.

22a에서 굴뚝은 검은 상태에 있는데 이것은 굴뚝이 연기에 오랫동안 영향을 받아 온 결과이다. 22b에서 with는 소리 지름과 고통이 함께 있음을 뜻한다. 다음 두 문장도 비교하여 보자.

23

a. His hands were red **from** the night air.
   그의 손은 밤공기 때문에 빨갛게 되어 있었다.

b. My hands were blue **with** cold.
   내 손은 시려서 파랗게 되었다.

23a에서 **from**은 밤공기의 영향으로 따뜻한 곳에 들어왔어도 여전히 손이 빨 갛게 되어 있음을 나타낸다. 23b에서 **with**는 추위가 그대로 진행되고 있는 상 태에서 손이 파랗게 됨을 나타낸다.

IN

in은 전치사와 부사로 쓰인다. 먼저 전치사 용법부터 살펴보자.

1. 전치사적 용법

전치사 용법은 동적인 관계와 정적인 관계가 있다.

1.1. 동적 관계

동적 관계에서 이동체 X는 어떤 영역으로 들어가는 관계이다. 이것을 도식화하면 다음과 같다. 다음 도식에서 X는 Y로 들어간다.

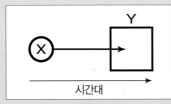

in의 동적 관계 : X가 Y에 들어가는 관계   도식 1

다음 예문을 살펴보자. X in Y에서 Y는 문이나 창문 같은 통로나 영역이 될 수 있다.

1

a. A stray dog ran **in** the gate.
어느 떠돌이 개가 그 대문을 통해 들어왔다.

b. He looked **in** the window.
그는 그 창문을 통해 안을 들여다보았다.

다음에서 Y는 영역이다.

2

a. He got **in** the taxi.
그는 그 택시 안으로 들어갔다(즉, 탔다).

b. He got **in** a long line.
그는 긴 줄에 들어섰다.

c. She put some salt **in** the soup.
그녀는 약간의 소금을 그 국에 넣었다.

1.2. 정적 관계

정적 관계에서 X **in** Y는 X가 Y의 영역 안에 있는 관계를 나타낸다. 이것을 도식화하면 다음과 같다.

도식 2   in의 정적 관계

도식 2의 Y는 입체적일 수도, 평면적일 수도 있다. Y가 입체적일 때에는 X가 Y의 안이나 속에 있는 것으로 풀이될 수 있다. 그러나 정적인 관계에서 **in** Y는 X의 범위를 한정해 준다.

다음에서 Y를 몇 가지 경우로 나누어 살펴보자.

1.2.1. Y가 입체적일 경우

1.2.1.a. 영역

다음에서 Y는 입체적인 것을 가리킨다. 다음 3a에서 **in** an office는 그녀가 일하는 영역을 가리킨다. 그러나 **in** an office라고 해서 '사무실 안'이나 속을 가리키지는 않는다.

3

a. She works **in** an office.
그녀는 사무실에서 일한다.

b. They study **in** the library.
그들은 그 도서관에서 공부한다.

c. He is **in** the school.
그는 그 학교에 있다.

3에서 **in**의 목적어(Y)는 모두 입체적인 개체를 가리킨다. 그러나 입체적이라고 해서 '안'이나 '속'을 가리키는 것이 아니다. **in**은 과정이나 행동이 일어나는 영역만 가리킨다.

다음 문장들도 X가 입체적인 Y에 있는 것으로 개념화되는 예이다. 다음 4a의 'in her hand'에서 **in**은 책이 있는 영역을 가리킨다.

4

a. She had a book **in** her hand.
그녀는 손에 책을 가지고 있었다.

b. I keep files **in** the bottom drawer.
나는 서류들을 맨 밑 서랍에 보관한다.

> c. The car is **in** the garage.
> 그 차는 그 차고에 있다.

1.2.1.b. 탈것

다음에서 Y는 탈것인데, 자동차, 배, 비행기, 마차와 같이 안에 들어가면 잘 움직일 수 없는 것은 전치사 **in**이 쓰인다.

5

> a. They arrived **in** a limousine.
> 그들은 리무진을 타고 도착했다.
>
> b. They crossed the lake **in** a canoe.
> 그들은 카누를 타고 그 호수를 건넜다.
>
> c. He was brought here **in** a helicopter.
> 그는 헬리콥터로 여기에 이송되었다.
>
> d. They travelled **in** covered wagons.
> 그들은 포장마차를 타고 여행했다.

1.2.1.c. 옷, 신발 등의 착용

우리가 옷을 입으면 우리의 몸은 옷 안에 들어간다. 이때 X는 우리 몸이고 옷은 Y이다. 그래서 X in Y의 표현은 옷을 입고 있는 상태를 나타내는 데에도 쓰인다. 신발의 경우 옷과는 다르다. 신발 안에 들어가는 부분은 우리 몸의 한 부분에 지나지 않는다. 그러나 이 경우도 전치사 **in**으로 표현된다.

6

> a. I don't like walking around **in** shoes when I am at home.
> 나는 집에 있을 때에는 신을 신고 다니고 싶지 않다.
>
> b. The players are **in** uniform.
> 그 선수들은 유니폼을 입고 있다.
>
> c. She was **in** a green dress when I saw her.
> 그녀는 내가 봤을 때, 녹색 옷을 입고 있었다.

> **d.** She is **in** silk today.
> 그녀는 오늘 비단옷을 입고 있다.
>
> **e.** When it is hot, one usually finds him **in** white.
> 날씨가 더우면 그가 보통 흰옷을 입고 있는 것을 볼 수 있다.

6d에서 silk는 옷감이 아니라 환유적으로 비단으로 만든 옷을 가리킨다. 6e에서도 white는 환유적으로 흰색의 옷을 가리킨다.

1.2.2. Y가 평면

다음 X in Y에서 Y는 평면적이다. 다음 7a에서 **in** the street는 자동차가 있는 영역을 가리킨다.

7

> **a.** Several cars are standing **in** the street.
> 몇 대의 차가 우리 동네 길에 서 있다.
>
> **b.** We were walking **in** the park.
> 우리는 그 공원에서 걷고 있었다.
>
> **c.** There is a fork **in** the road about a half mile from here.
> 여기로부터 반 마일 떨어진 곳에서 길이 갈라진다.

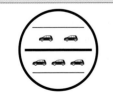

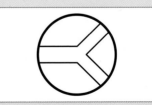

a. 길에 있는 차들   b. 길에 있는 갈림길   도식 3

1.2.3. 범위 한정

전치사 in은 큰 개체의 일부분을 가리키는 데에도 쓰인다. 8a에서 **in** the hand는 솔에 금이 간 부분을 가리킨다. 8b에서도 **in** the stomach는 돌에 맞는 부분을 가리킨다. 이때에도 '속'이나 '안'의 뜻은 아니다.

8

a. The brush has a break **in** the hand.
그 솔은 손잡이에 금이 가 있다.

b. One of the stones hit John **in** the stomach.
그 돌들 중 하나가 존의 배를 쳤다.

c. She looked me straight **in** the face.
그녀는 똑바로 내 얼굴을 보았다.

1.2.4. 상태

상태는 추상적이므로 구체적인 공간으로 이해된다. 그래서 상태를 나타내는 데에도 공간 관계를 나타내는 전치사가 쓰인다.

먼저 Y에 정관사가 쓰인 경우와 그렇지 않은 경우를 비교해 보자.

9

a. He is **in** the school. / **in** school.
그는 그 학교 구역 안에 있다. / 그는 재학 중이다.

b. She is **in** the hospital. / **in** hospital.
그녀는 그 병원 구내에 있다. / 그녀는 입원 중이다.

c. He is **in** the prison. / **in** prison.
그는 그 교도소 구내에 있다. / 그는 수감 중이다.

d. She is **in** the bed. / **in** bed.
그녀는 그 침대에 있다. / 그녀는 자고 있다.

9a에서 the school이 쓰이면 그가 학교의 구내에 있다는 뜻이다. 그러나 정

관사가 쓰이지 않으면 school이 가리키는 기능의 영역 속에 있다는 뜻이 된다. 그래서 학부형이 학교에 가 있을 때에는 **in** the school이라고 할 수 있으나 **in** school이라고 할 수 없다. 대신 학생은 학교에 있지 않더라도 **in** school이라고 할 수 있다. 9b에서 환자를 방문한 사람이 병원 구내에 있을 때 **in** the hospital 이라고는 할 수 있어도 **in** hospital이라고는 할 수 없다. 나머지 prison과 bed도 마찬가지로 풀이될 수 있다.

위에서 살펴본 바와 같이 정관사가 명사와 같이 쓰이면 구체적인 건물이나 개체를 나타내고 정관사가 안 쓰이면 구체적인 건물이나 개체의 기능을 가리킨다. 기능도 일종의 상태이다.

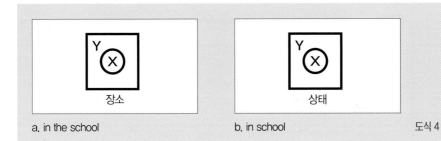

a. in the school b. in school 도식 4

도식 4a는 X가 Y가 명시하는 어떤 장소 안에, 도식 4b는 X가 Y가 명시하는 장소의 기능 상태에 있음을 나타낸다.

1.2.5. 정신 상태

정신 상태도 **in**으로 표현된다.

10

a. She is **in** a bad temper today.
그녀는 오늘 기분이 언짢다.

b. She is **in** love with Mr. Jones.
그녀는 존스 씨를 사랑한다.

c. We are **in** fear of more snow.
우리는 더 많은 눈이 올까 봐 두려워한다.

d. Are you **in** favor of stopping now?
당신은 이제 그만두는 것에 찬성합니까?

1.2.6. 재료

우리가 하는 활동도 여러 가지의 영역으로 분류할 수가 있다. 이것을 재료나 도구의 영역으로 분류할 수도 있고, 또 그 동작을 할 때의 마음 상태에 따라서 분류할 수도 있다. 아래에 실린 예문은 행동이나 활동의 영역을 재료나 도구의 영역으로 나누어서 살펴보고 있다.

11

a. Write **in** ink.
잉크로 쓰시오.

b. She models **in** clay.
그녀는 진흙으로 모형을 만든다.

c. They sent messages **in** code.
그들은 전언을 암호로 보냈다.

글씨를 쓰는 방법은 여러 가지가 있을 수 있다. 그런데 이 여러 가지 방법의 하나하나를 영역이라고 생각한다면, 어떤 도구를 쓴다는 것은 쓰는 활동이 어떤 특정한 영역 속에서 일어나는 것으로 생각할 수 있다. 11a는 활동이 잉크를 써서 하는 영역에서 일어남을 가리킨다. 11b도 마찬가지로 생각할 수 있다. 11b는 모형을 만드는 일이 찰흙의 영역에서 이루어짐을 나타낸다.

1.2.7. 예술, 작문 등의 영역

다음에는 음악, 문학과 같은 분야나 언어학과 같은 학문도 영역으로 개념화된다.

12

a. He plans to make his career **in** music.
그는 음악계에 종사할 계획을 세운다.

b. She's an expert **in** literature.
그녀는 문학 영역에서 전문가이다.

c. He's been **in** politics for 30 years.
그는 30년 동안 정치계에 몸담아 오고 있다.

d. His father made a lot of money **in** business.
그의 아버지는 사업계에서 많은 돈을 벌었다.

e. I am taking a course **in** history.
나는 역사학의 한 강좌를 듣고 있다.

f. She has a Ph. D. **in** linguistics.
그녀는 언어학에 박사 학위를 가지고 있다.

1.2.8. 자연환경

우리 주위의 환경도 경계를 가지고 있는 영역으로 풀이되어 **in**으로 표현된다.

13

a. I like sitting **in** the dark.
나는 어두운 곳에 앉기를 좋아한다.

b. The flag was waving **in** the wind.
그 깃발은 바람에 날리고 있었다.

c. He stayed out **in** the rain and caught a cold.
그는 비가 오는 데 나가 있다가 감기에 걸렸다.

d. He was soon swallowed **in** the mist.
그는 곧 안개 속으로 사라져 버렸다.

다음에 몇 개의 예가 더 제시되어 있다.

14

a. He worked **in** the blizzard.
그는 눈보라 속에서 일을 했다.

b. The lions are resting **in** the shadow.
그 사자들이 그늘에서 쉬고 있다.

c. He is out sunbathing **in** the sun.
그는 밖에서 햇빛을 받으면서 일광욕을 하고 있다.

1.2.9. 창작품

소설, 드라마, 편지 등도 시작과 끝이 있는 영역으로 간주된다. 그래서 전치사 **in**이 쓰인다. 다음에 실린 예문이 그러한 경우이다.

15

a. There were some interesting stories **in** this book.
이 책에는 몇 개의 재미있는 이야기들이 있었다.

b. **In** his letter, the president said that he was going to retire the following year.
그의 편지에서 대통령은 다음 해에 은퇴하겠다고 말했다.

c. I am acting **in** our next school play.
다음번 학교 연극에서 나는 연기를 할 예정이다.

책이나 연설도 범위가 있고, 그 범위 안에 무엇이 들어갈 수 있다.

1.2.10. 복수의 개체가 이루는 영역

여러 개체가 모이면 하나의 영역이 된다.

16

a. They came **in** dozens to see the animals.
그들은 그 동물들을 보기 위해 12명씩 왔다.

b. Tea is not bad for you if you drink **in** small quantities.
차는 조금씩 마시면 해롭지 않다.

c. The rain came down **in** buckets.
비가 양동이로 퍼붓듯 엄청나게 내렸다.

d. He cut the apple **in** halves.
그는 그 사과를 반으로 잘랐다.

12명이 모이면 하나의 영역이 된다. 그래서 전치사 **in**이 쓰인다. 위 16a에서 사람들이 12명씩 온다.

1.2.11. 형태

여러 사람이 일렬로 서면 선형이 생기고, 한자리에 모이면 집단이 된다. 선형이나 집단은 영역이 된다.

17

a. He carried a damp cloth rolled **in** a ball.
그는 공 모양으로 말린 축축한 천을 가지고 있었다.

b. They were threatening to resign **in** a body.
그들은 집단으로 사직하려고 위협했다.

c. He waited **in** a long line.
그는 긴 줄에서 기다렸다.

d. The children sat **in** a row.
그 아이들이 한 줄로 앉았다.

1.2.12. 시간 영역

시간은 추상적이다. 그래서 공간 개념을 빌어서 표현된다. 전치사 **in**은 시간을 나타내는데, 시간은 두 시점 사이의 시간상의 공간이다. 이것을 도식화하면 다음과 같다.

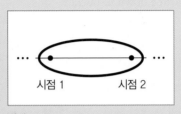

도식 5   기간

기간은 과거, 연도, 시대, 날, 아침 등이 될 수 있다.

18

a. **In** the past, people traveled in carriages or on horseback.
과거에는 사람들이 마차들이나 말을 타고 여행했다.

b. I went there **in** 1928.
나는 그곳에 1928년에 갔다.

c. **In** the days of Queen Elizabeth I, men wore bright clothes.
엘리자베스 1세 시대에는, 남자들이 화려한 색깔의 옷들을 입었다.

d. She was born **in** January.
그녀는 1월에 태어났다.

e. **In** the morning, I listened to the news on the radio.
아침에, 나는 라디오로 뉴스를 들었다.

1.2.13. 빈도

in이 나타내는 기간은 일정 기간 안에 일어나는 사건의 빈도를 나타내는 데에도 쓰인다.

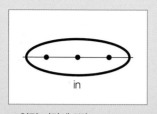

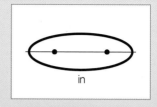

a. 일정 기간에 3번   b. 일정 기간에 2번   도식 6

다음 19a에서 번개가 1시간 사이에 200번 터진다.

19

a. There were 200 lightning bursts **in** one hour.
1시간에 번개가 200번이나 있었다.

b. India had three cyclones **in** a season.
인도는 한 계절에 3번의 사이클론을 맞았다.

c. He comes here once **in** a year.
그는 일 년에 한 번 여기에 온다.

d. I have not seen him **in** a decade.
나는 10년 기간에 그를 한 번도 본 적이 없다.

e. I have not had a decent meal **in** a long time.
나는 오랜 시간 식사다운 식사를 해 보지 못했다.

1.2.14. 순간

짧은 시간 instant(순간), minute(분)도 기간이 있는 것으로 간주되어 매우 짧은 기간을 나타낸다. 우리의 인지 능력은 점을 기간으로 바꾸고, 또 기간을 점으로 바꾸어 생각하는 능력이 있다.

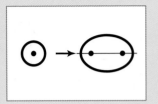 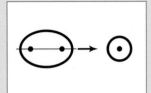

도식 7   a. 점을 기간으로   b. 기간을 점으로

20

a. The elephant died **in** an instant.
그 코끼리는 순식간에 죽었다.

b. Things changed **in** a minute.
모든 일이 1분 사이에, 즉 짧은 시간에 변했다.

c. He saved a person **in** the nick of time.
그는 아슬아슬하게 한 생명을 구했다.

d. He returned **in** a short moment of time.
그는 짧은 순간에 돌아왔다.

1.2.15. in과 미래 시제

전치사 **in**이 미래 시제와 쓰이면 기간의 끝쯤을 가리킨다.

21

a. The topic will be discussed **in** two weeks.
그 주제는 2주 지날 즈음 논의될 것이다.

b. The talk will resume **in** an hour.
그 토의는 1시간이 지날 즈음 다시 열립니다.

c. He will be back **in** a minute.
그는 1분 지나 돌아올 것이다.

d. I will see you **in** two weeks.
저는 2주 지날 즈음 뵙겠습니다.

다음은 X가 정해진 시간 영역 안에 있는 경우이다.

22

a. Am I **in** time or have I come too late?
제가 시간 안에 왔나요, 아니면 너무 늦었나요?

b. We arrived **in** time for the beginning of the film.
우리는 그 영화의 첫 부분을 볼 수 있도록 시간 안에 도착했다.

22a에서 Y(time)는 정해진 시간 범위이다. 9시에 어떤 모임이 시작된다면 이 시각이 경계선이 되고 9시 이전은 안쪽, 9시가 넘으면 바깥쪽이 된다. 22의 두 경우는 다음 도식과 같이 나타낼 수 있다.

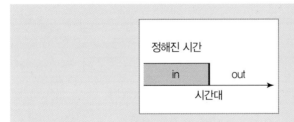

도식 8

1.2.16. 과정

과정은 시간 속에 일어나고, 또 시작과 끝이 있으므로 과정도 영역이 된다. 그래서 전치사 **in**이 쓰인다.

1.2.16.a. 명사로 표현된 과정

과정에도 시작과 끝이 있어 이 범위 안에 무엇이 존재하거나 일어날 수 있다.

23

a. How many goals did you score **in** the last game?
지난번 경기에서는 당신은 몇 점을 땄습니까?

b. Did you see any elephants **in** your journey through India?
인도 여행 중에 당신은 코끼리를 보셨습니까?

c. He is **in** a meeting.
그는 회의 중이다.

d. If you are **in** an accident, call 911.
만일 당신이 사고에 들게 되면, 119를 부르세요.

e. He got three medals **in** the swimming event.
그는 수영 경기에서 메달 세 개를 땄다.

운동 경기란 처음과 끝을 가진 영역이다. 23a에서 **in**이 쓰인 것은 이러한 영역을 가리킨다. 23b의 여행도 마찬가지이다. 여행에는 시작이 있고 끝이 있는데 시작과 끝을 이으면 하나의 영역이 이루어진다.

도식 9   a. 과정 : 경기   b. 과정 : 여행

1.2.16.b. 동명사로 표현된 과정

위에서 **in** 과정이 명사로 표현되었다. 다음 X **in** Y는 과정이고, 이 과정이 동명사로 표현되어 있다. X **in** Y에서 Y는 행동을 나타낼 수 있고, 행동에는 시작과 끝이 있다. 그러므로 행동이나 과정도 영역으로 개념화되고, 영역이므로 이 속에 다른 사건이나 개체가 들어올 수 있다.

24

a. My purpose **in** writing to you was to see whether you could come.
당신에게 편지를 쓴 목적은 당신이 올 수 있는지 알아보기 위해서였습니다.

b. He cut his finger **in** opening a can.

그는 통을 열다가 손가락을 베었다.

c. He has succeeded **in** passing the examination.

그는 그 시험에 합격하는 데 성공했다.

d. Some young people delight **in** disagreeing with everything anyone says.

어떤 젊은이들은 다른 사람들이 말하는 것을 반대하는 데 즐거움을 느낀다.

24a에 쓰인 **in**+동명사는 편지를 쓰는 과정의 영역을 나타낸다. 이 속에 목적이 들어오는 관계를 **in**이 나타낸다. 24b에서도 in opening a can은 한계를 가진 과정이고 이 과정 속에 다른 동작이나 과정이 들어올 수 있는 관계를 **in**이 나타낸다. 24c, 24d에서 **in** passing…과 **in** disagreeing…도 누군가 성공하거나 기쁨을 찾는 영역을 나타낸다.

2. 부사적 용법

X **in** Y에서 Y가 쓰이지 않으면 부사이다. 도식 10a는 전치사, 그리고 도식 10b는 부사이다. 부사의 경우 Y는 점선으로 표시되어 있다.

in의 부사적 용법은 정적인 관계와 동적인 관계가 있다. 정적인 관계에서 X는 암시된 Y 안에 있고, 동적인 관계에서 X는 암시된 Y 안으로 들어가는 관계에 있다. 그리고 부사 **in**은 '안으로'의 뜻이 아니다. 이 뜻은 inward로 표현된다. 실제 부사 **in**은 다음 우리말 동사의 뜻에 가깝다.

들다(자동사) 들어-(접두어)

들이다(타동사) 들여-(접두어)

넣다(타동사)

위의 동사는 다음과 같이 쓰인다.

> **25**
>
> **a.** 이 집에는 햇빛이 잘 **든다**.
>
> **b.** 역에 기차가 **들어**오고 있다.
>
> **c.** 집에 세를 **들였다**.
>
> **d.** 집에 가구를 **들여**놓았다.
>
> **e.** 타이어에 바람을 **넣었다**.

다음 예문을 살펴보자. in을 '안으로'라고 번역하면 이상하다. '안으로'는 **inward**로 표현된다.

> **26**
>
> **a.** He came **in** late last night.
> 그는 어제저녁 늦게 **들어**왔다.
>
> **b.** He came **inward** late last night.
> 그는 어제저녁 늦게 **안으로** 왔다.

위 26a에 쓰인 **in**은 '안으로'라고 번역하면 이상하고, '들어'로 번역하면 이상하지 않다. 이들 예문이 보여 주듯 부사 **in**은 '안으로'의 뜻보다는 우리말 동사 '들어-'에 가깝다.

2.1. 정적 관계

다음 도식 10a는 정적 전치사 **in**의 도식이고, 도식 10b는 정적 부사 **in**의 도식이다.

a. 정적 전치사　　　　　b. 정적 부사　　　　　도식 10

부사 **in**의 Y가 표현은 되지 않았지만, 화맥에서 추리가 가능하다. 다음 문장을 살펴보자.

27

　a. Is she **in**?
　　그녀가 (어디에) 들어가 있느냐?

　b. I stayed **in** all day long.
　　나는 온종일 나가지 않고 집 안에 있었다.

위 문장에 쓰인 부사 **in**의 목적어는 화맥에 따라 달라질 수 있다. 방, 집, 사무실, 한국 등이 될 수 있다.

다음 28a, 28b, 28c에서 **in**의 암시된 목적어는 집이고, 28d, 28e에서 **in**의 암시된 목적어는 침대이다.

28

　a. Are we eating **in** tonight?
　　오늘 저녁 집에서 먹습니까?

　b. Mother used to have a female servant who slept **in**.
　　어머니는 입주 여자 하인을 거느렸다.

　c. I have been waiting **in** all day for the telephone repairman.
　　나는 그 전화 수리공을 기다리느라 온종일 집에서 기다렸다.

d. On Sunday mornings we always lie **in**.

일요일 아침에는 우리는 늘 늦잠을 잔다.

e. I have to get up early tomorrow morning, so I'm going to turn **in** now.

내일 아침 일찍 일어나야 한다. 그래서 지금 잠자리에 들 생각이다.

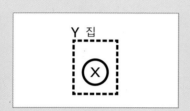

도식 11   a. 숨은 Y : 집   b. 숨은 Y : 침대

2.2. 동적 관계

전치사 **in**의 또 한 가지 용법은 이동체가 어떤 영역으로 들어가는 동적 관계이다. 이 뜻이 부사 용법에도 있다. 다음 도식 12a는 전치사, 그리고 도식 12b는 부사이다. 부사의 경우 이동체가 들어가는 곳이 명시되지 않았다. 부사의 암시된 Y는 화맥, 문맥, 세상 지식으로 추리가 가능하다.

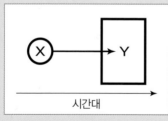
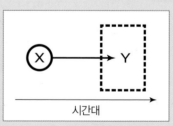

도식 12   a. 동적 전치사 : 들어가는 곳이 명시   b. 동적 부사 : 들어가는 곳이 암시

2.2.1. 화맥에서 추리(상황)

다음 예문을 살펴보자. 다음에서는 Y를 대화의 맥락에서 찾을 수 있다.

> **29**
>
> Has she come **in** yet?
> 그녀가 들어왔느냐?

위 29에서 들어온 곳이 명시되어 있지 않지만, 이것은 대화의 상황으로 볼 때 she가 들어온 장소를 듣는 이가 추리할 수 있다고 생각해서 부사형을 쓴 것이다.

2.2.2. 맥락에서 Y 추리(문맥)

다음에서 Y는 문맥으로부터 추리될 수 있다. 다음 예문을 살펴보자.

> **30**
>
> a. If you agree to pay me 1,000 dallars, I will throw a set of four tires **in**.
> 만약 당신이 내가 그 차에 1,000달러를 주는 것을 동의하면, 내가 타이어 네 개를 (거래에) 던져 넣겠소(즉, 끼워 주겠소).
>
> b. When I settle **in**, you must come and see our new house.
> 우리가 (새집에) 안착을 하면, 당신은 와서 우리의 새집을 보셔야 합니다.

위 30a에서 **in**의 목적어는 거래이고, 30b에서 **in**의 목적어는 새집이다.

2.2.3. 세상 지식으로 추리

다음과 같은 경우에 **in**의 생략된 Y는 세상일의 지식에서 찾아볼 수 있다. 설탕을 사들이는 곳은 그녀의 집이고, 차 생산자가 차를 불러들이는 곳은 그 회사이고, 그리고 학생을 들이는 곳은 주어의 집이다.

31

a. She bought sugar **in** before the price rose again.
그녀는 다시 값이 오르기 전에 설탕을 사들였다.

b. The maker called some cars with dangerous faults **in**.
그 제조 회사는 위험한 결함들이 있는 차를 불러들였다.

c. Some of the people take students **in** to add to their income.
그 사람들 가운데 몇몇은 그들의 수입에 보태기 위해서 학생들을 하숙생으로 받아들인다.

다음에서는 부사 in이 쓰이는 구체적인 예들을 살펴보겠다.

2.3. 넣거나 꽂기

다음에서 X는 어디에 들어가는데 들어가는 곳은 예측이 가능하다. 이를 해 넣으면 이는 잇몸에 들어가고, 열쇠를 넣는 곳은 자물쇠 구멍이다.

32

a. Mr. Smith went to his dentist and got his new teeth **in**.
스미스 씨는 그의 치과 의사에게 가서 그의 새 이들을 해 넣었다.

b. Put the key **in** first, and then push the button.
먼저 (자물쇠에) 그 열쇠를 넣고 나서 그 단추를 누르시오.

c. We had our cupboard built **in**.
우리는 우리의 찬장을 붙박이로 했다.

2.4. 겉에서 안으로 들어가기

다음에서 in은 겉에서 속으로, 밖에서 안으로 들어가는 관계를 나타낸다.

33

a. Rub the oil well **in,** and the pain will go.
그 기름을 잘 문질러 넣어라. 그러면 그 아픔이 가실 것이다.

b. If you drive the nail **in** here, you can hang a picture on it.
여기에 그 못을 박아 넣으면, 그 못에 그림을 걸 수 있다.

c. The toe nail is growing **in.**
그 발가락 발톱이 안으로 자라고 있다.

d. The rebels blew the wall of the government building **in.**
그 반군들이 그 정부 건물의 벽을 푹 파이게 해서 안으로 들어갔다.

기름은 바르면 기름이 피부 밑으로 들어가고, 못도 박으면 못이 벽이나 나무 안으로 들어간다.

2.5. 영역 안으로 들기

다음에서 X는 공간이나 시간의 경계 안으로 들어간다. 다음에서 **in**의 목적어 는 말하는 이가 있는 곳과 사는 곳과 같은 영역이다.

34

a. Winter set **in.**
겨울이 (우리 사는 곳에) 접어들었다.

b. A storm is rolling **in.**
폭풍이 굴러 들어오고 있다.

c. John was the first **in,** so he won the race.
존이 맨 먼저 들어왔다. 그래서 그 경주에서 우승했다.

d. Troops arrived **in** and put down the riot.
부대들이 들어와서 그 폭동을 진압했다.

2.6. 대화에 끼어들기

다음에서 X가 들어가는 곳은 대화이다.

35

a. May I break **in** to say that lunch is ready?
점심이 준비되었음을 (대화 중에 끼어들어) 말씀드려도 될까요?

b. She cut **in** and said that she was not coming.
그녀는 대화에 끼어들어서 오지 않겠다고 말했다.

35a에서 두 사람이 대화를 나누고 있다면 이 둘은 대화의 영역에 있는 것으로 생각할 수 있다. 그래서 이 두 사람 외의 어떤 사람이 말을 한다는 것은 끼어드는 것으로 풀이된다.

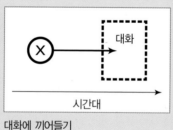

도식 13   대화에 끼어들기

2.7. 들어맞기

다음에서 X는 with의 목적어와 잘 들어맞는다.

36

a. Your dates fit **in** very well with our plan.
당신의 날짜는 우리의 계획과 잘 들어맞습니다.

b. We at once fell **in** with his suggestion.
우리는 당장 그의 제안에 동의했다.

c. The color of the paint blends **in** with the curtain very nicely.
그 페인트의 색이 그 커튼과 아주 잘 어울려 든다.

d. She finds it difficult to mix **in** with others.
그녀는 다른 사람들과 어울리는 것을 어렵게 여긴다.

e. We must fit our plans **in** with yours.
우리는 우리 계획을 당신의 계획에 맞추어야 합니다.

2.8. 길에 끼어들기

다음에서 X가 끼어드는 곳은 길이다.

37

a. The car overtook us on a corner and then had to cut **in** sharply to avoid a truck coming from the opposite direction.
그 차는 모퉁이에서 우리를 앞질렀는데, 마주 오는 트럭을 피하기 위해서 우리 앞에 급하게 끼어들어야만 했다.

b. After 3/4 of a mile, Jim managed to run **in** ahead of his rival in the race.
3/4마일을 뛴 다음 짐은 그의 경주 상대를 앞질러 들어갔다.

37a에서 **in**의 영역은 우리가 운전하는 영역(길)이다. 이 영역에 들어왔다는 것은 우리가 가는 길에 끼어들었다는 뜻이다. 37b에서도 **in**의 영역은 상대방 선수가 뛰어가는 길의 영역이다.

2.9. 활동 영역에 들기

다음에서 **in**이 가리키는 영역은 for의 목적어를 얻거나 추가할 수 있는 활동 영역이다.

38

a. We go **in** for a lot of tennis here.
우리는 여기에서 정구를 많이 친다.

b. When I go to university, I intend to go **in** for law.
나는 대학에 가면 법률을 전공할 생각이다.

c. By inviting us to the party, he let us **in** for a very noisy and uncomfortable evening.
그는 우리를 그 모임에 초대하여 우리를 시끄럽고 불편한 저녁을 보내는 분위기 속에 들어가게 했다.

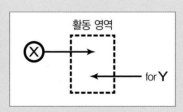

도식 14   X는 Y에 들어가서 Y를 얻는다

위 도식에서 점선 네모는 어떤 활동 영역이고, 이곳에서 for의 목적어를 얻을 수 있다.

2.10. 꺼지거나 쭈그러들기

in은 어느 개체의 일부나 전체가 바깥쪽에서 안쪽으로 쭈그러들거나 오그라

드는 관계를 나타낸다. 아래 도식 15의 시점 1에서는 4면이 모두 온전하다가 시점 2에서는 한 면이 들어가 있다.

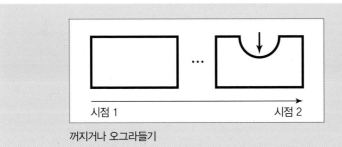

시점 1   시점 2

꺼지거나 오그라들기   도식 15

다음 예를 살펴보자.

39

a. My hat is squashed **in.**
   내 모자가 찌그러졌다.

b. The roof gave **in.**
   그 지붕이 안으로 꺼졌다.

c. The earth beneath the house gave **in.**
   그 집 밑에 있는 땅이 꺼졌다.

2.11. 길이 줄어들기

in은 길이가 짧아지는 관계를 나타낸다. 다음 도식 16에서 a는 원래 길이이고, b는 줄어든 길이이다.

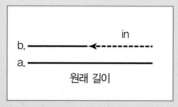

길이 줄어들기

다음 예를 살펴보자.

40

a. It's October and the days are drawing **in** now.
10월이어서 낮이 점점 짧아지고 있다.

b. She took the waist of her dress **in**.
그녀는 그녀 드레스의 허리 부분을 줄였다.

c. The shirt shrank **in** with water.
그 셔츠가 그 물속에서 쭈그러들었다.

2.12. 안으로 당기기

다음에서 **in**은 안으로 당기는 관계를 나타낸다. **in**의 밖으로 나가려는 힘에 반대 힘을 가하는 관계를 나타낸다. 다음 41a에서 말이 앞으로 나아가는 데 반대로 힘을 가하는 관계를 **in**이 나타낸다.

41

a. You must hold your horses **in** while they are going.
말이 움직일 때에는 고삐를 안으로 당기고 있어야 한다.

b. The dictator must be reined **in**.
그 독재자는 반드시 고삐가 안으로 당겨져야만 한다(즉, 제어를 받아야 한다).

다음 도식 17에서 말은 앞으로 나아가려는데, 말을 안쪽으로 당기는 관계를 나타낸다.

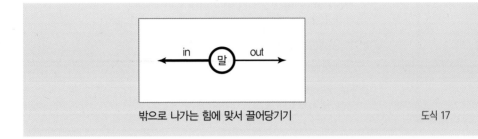

밖으로 나가는 힘에 맞서 끌어당기기 　　　　　　　　　도식 17

2.13. 범위 좁혀 들기

다음에서 **in**은 이동체가 목표를 향해 조금씩 범위를 좁혀 들어가는 관계를 그린다.

다음 도식 18에서 **in**은 이동체가 범위를 좁혀 목표에 가 닿는 관계를 나타낸다. 이 목표는 on의 목적어로 표현된다. 위와 같은 관계는 범죄 수사에 있어서 수사망을 좁히는 것과 같은 관계를 표시하는 데에도 쓰인다.

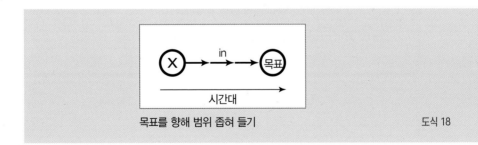

목표를 향해 범위 좁혀 들기 　　　　　　　　　　　도식 18

다음 예를 살펴보자.

42

a. The police slowly closed **in** on the man.
경찰이 천천히 수사망을 좁혀 그 사람에게 들이닥쳤다.

b. The police are moving **in** on the gamblers.
경찰이 범위를 좁혀 들어가서 그 노름꾼들을 잡았다.

c. The plane zeroed **in** on the factory.
그 비행기는 그 공장을 정조준해 들어갔다.

d. He zoomed **in** on the car.
그는 그 자동차에 초점을 맞추어 들어갔다.

2.14. 사방으로 둘러쌓이기

다음 문장에 쓰인 동사 box, fence, wall은 명사에서 파생된 것이다. 다음에서 X는 상자, 울타리, 벽 등으로 둘러쌓인다.

43

a. The whole army was boxed **in** by the enemy.
그 군대 전체가 그 적들에게 포위되었다.

b. The dangerous animals were fenced **in**.
그 위험한 동물들은 우리 안에 갇혔다.

c. The garden was walled **in** in the 17th century.
그 정원은 17세기에 벽으로 둘러쌓였다.

3. 다른 전치사와의 비교

3.1. in과 at

다음에서 at은 위치만을 말하고, in은 영역을 가리킨다.

44

a. Some children are playing **at** the park.
몇몇 아이들이 그 공원에서 놀고 있다.

b. Some children are playing **in** the park.
몇몇 아이들이 그 공원 안에서 놀고 있다.

3.2. in과 on

다음에는 명사 bed가 **in** 또는 **on**과 같이 쓰였다.

45

a. The man was **in** the bed.
그는 잠자리에 들어 있었다.

b. The man sat **on** the bed.
그는 침대에 앉아 있었다.

45a에 쓰인 **in**은 the man이 침대 안, 즉 침구 안에 있음을 나타내고, 45b에 쓰인 **on**은 the man이 침대 위에 닿아 있음을 나타낸다.

다음에는 명사 list가 **in** 또는 **on**과 같이 쓰였다.

46

a. The earliest **in** the list were Mark, John, Tom, and Bill.
그 명단의 맨 처음에는 마크, 존, 톰, 그리고 빌이 있었다.

b. I put my name **on** the list.
나는 내 이름을 그 명단에 적었다.

46a의 **in**은 the list를 하나의 영역으로 보게 하고, 46b의 **on**은 the list를 하나의 평면으로 보게 한다.

다음에는 명사 face가 **in** 또는 **on**과 같이 쓰였다.

47

a. He was wounded **in** the face.
그는 얼굴에 상처를 입었다.

b. **On** her face was a happy smile.
그녀의 얼굴에는 행복한 미소가 있었다.

47a의 **in**은 얼굴을 상처가 발견될 수 있는 영역으로, 47b의 **on**은 얼굴을 미소가 닿아 있는 평면으로 보게 한다.

IN BETWEEN

in between은 전치사와 부사로 쓰인다. 먼저 전치사 용법부터 살펴보자.

1. 전치사적 용법

in between은 전치사 in과 between이 합쳐서 생긴 표현이다. 이 두 요소의 결합은 다음과 같이 이루어진다. 아래 도식에서 전치사 in은 X가 Y 영역 안에 있는 관계를 나타내고 between은 X between Y and Z에서 X가 두 개체 사이에 있음을 나타낸다.

in between이 합성되는 과정을 살펴보자. 먼저, in의 X와 between의 X가 대응된다. 이어서 in의 Y가 between의 Y와 Z에 대응된다. 점선이 대응을 표시한다. 이 요소 가운데 between이 전체의 모습을 결정한다. 그래서 in의 도식이 between의 도식에 겹쳐지면 **in between**의 도식이 나온다.

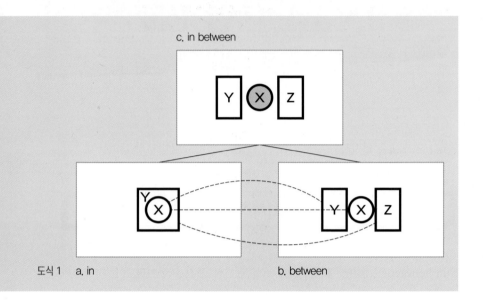

c. in between

도식 1   a. in   b. between

위 도식 1c는 X가 Y와 Z 사이에 있음을 나타낸다. 아래에서는 **in between**에 쓰이는 예를 살펴보자.

1.1. 장소와 장소 사이

다음에서 X는 Y와 Z 사이에 있다.

a. He dropped his wallet **in between** the driver seat and the passenger seat.
  그는 자신의 지갑을 운전석과 조수석 사이에 떨어뜨렸다.

b. Food particles got stuck **in between** my teeth.
  음식 찌꺼기들이 내 이들 사이에 끼었다.

c. The hospital is situated **in between** the train station and the university.
  그 병원은 그 기차역과 그 대학 사이에 위치해 있다.

d. Wash **in between** your fingers.
손가락 사이를 씻으세요.

1.2. 사건과 사건 사이

다음에서 X는 시간상 Y와 Z 사이에 있다.

2

a. He would relax in the countryside **in between** performances.
그는 연주와 연주 사이에 시골에서 쉬곤 했다.

b. The hair stylist goes outside and stretches **in between** clients.
그 미용사는 손님과 손님 사이에 밖에 나가 스트레칭을 한다.

c. She is **in between** childhood and womanhood.
그녀는 유년기와 성숙한 여성의 사이에 있다.

2. 부사적 용법

X **in between** Y and Z에서 Y and Z가 화맥이나 문맥에 의해서 예측이 가능하면 쓰이지 않는다. 이때 **in between**은 부사이다.

3

a. There are sets of apartments with stairs **in between**.
사이사이에 층계가 있는 아파트 단지들이 있다.

b. I have breakfast at 7 and lunch at 12, and some snacks **in between**.
나는 아침은 7시에, 점심은 12시에 먹고, 그 사이에 간식을 먹는다.

INTO

into는 전치사로만 쓰인다.

1. 전치사적 용법

X into Y에서 into는 X가 Y 영역에 들어가는 관계를 나타낸다. 다음 도식에서 X가 Y의 영역으로 들어간다.

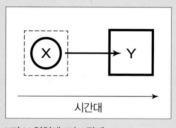

도식 1   X가 Y 영역에 드는 관계

1.1. 영역으로 들어가기

다음에서 X는 Y 영역으로 들어간다.

      a. He came **into** the house.
         그는 그 집에 들어왔다.

b. The river ran **into** the sea.
그 강은 그 바다로 흘러들었다.

c. The swimmer dived **into** the river.
그 헤엄치는 이는 그 강물 속으로 뛰어들었다.

d. He traveled **into** the next state.
그는 그다음 주로 이동해 들어갔다.

e. She poured the water **into** a bucket.
그녀는 그 물을 양동이에 부었다.

다음 두 문장을 비교하여 보자. 다음 2a에서 to의 목적어는 집의 위치가 되고 2b에서 **into**의 목적어는 집 안이다.

2

a. He went to the house.
그는 그 집에 갔다.

b. He went **into** the house.
그는 그 집 안으로 들어갔다.

1.2. 상태의 변화

다음에서 X는 상태 Y로 들어간다. 상태의 변화도 두 가지로 생각할 수 있다. 한 가지는 상태의 변화가 한 영역 안에서 일어나는 경우이다. 이것의 예로는 교통 신호를 들 수 있다. 신호등이 파랑에서 빨강으로 바뀌지만 빛 자체가 변하지는 않는다. 또 한 가지는 어느 개체의 상태가 한 영역(상태)에서 다른 영역(상태)으로 바뀌는 경우이다. 이에 대한 예로, 물이 액체 상태에서 고체 상태(얼음)로 되는 변화를 들 수가 있다.

3

a. The traffic light turned **to** red.
교통 신호가 빨강이 되었다.

b. The water turned **into** ice.
물이 얼음이 되었다.

다음은 영역이 바뀌는 상태의 변화를 나타낸다. 도식 2a는 신호등이 자리를 바꾸는 것이고, 도식 2b는 물의 상태가 변하는 것이다.

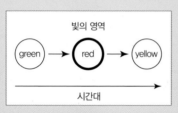

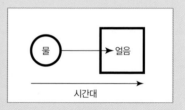

도식 2   a. turn to : 자리 바뀜   b. turn into : 상태 변화

다음에서 X는 Y 상태로 바뀐다.

4

a. The factory makes water **into** ice.
그 공장은 물을 얼음으로 만든다.

b. The heat of the sun melted the candles **into** shapeless masses.
그 태양열이 그 초를 녹여서 형체 없는 덩어리들이 되게 했다.

c. He divided the cake **into** five parts.
그는 그 케이크를 다섯 조각으로 갈랐다.

d. He folded the paper **into** four.
그는 그 종이를 네 겹으로 접었다.

e. Susan broke the chocolate **into** pieces.
수잔은 그 초콜릿을 조각으로 깨었다.

4a에서는 공장이 액체 상태의 물을 고체인 얼음으로, 4b에서는 태양열이 형체가 있는 초를 형체가 없는 것으로 바꿔 놓은 것을 **into**가 나타낸다. 4c에서는 하나의 덩어리가 다섯으로 되었고, 4d도 한 장의 종이가 네 겹으로 접혀서 형태가 달라진 것이다. 상태 가운데는 다음과 같이 추상적인 것도 있다.

5

a. He always gets **into** trouble because he does not work hard.
그는 일을 열심히 하지 않기 때문에 언제나 어려움에 빠진다.

b. He often gets **into** a temper.
그는 가끔 화를 낸다.

c. The computer came **into** use then.
그때 컴퓨터가 사용되었다.

5a에서는 누가 어렵지 않은 상태에서 어려운 상태로, 5b에서는 정상 상태에서 화난 상태로, 5c에서는 안 쓰이는 상태에서 쓰이는 상태로 영역이 바뀜을 **into**가 나타낸다.

1.3. 예상 밖

X **into** Y에서 Y가 암시하는 영역은 의식하지 못하거나 예상하지 못한 영역이 될 수 있다. 보통의 경우, 우리가 행동을 할 때에는 의식과 의도를 가지고 한다. 따라서 이에 따라 알맞은 어떤 예상을 할 수 있다. 이 영역에 속하는 것을 예상 영역이라고 한다면 그 밖의 영역은 예상 외의 영역이 된다. 다음 두 문장을 비교하여 보자.

6

a. He ran to her.
그는 그녀에게 뛰어갔다.

b. He ran **into** her.
ⅰ) 그는 그녀를 들이박았다.
ⅱ) 그는 우연히 그녀와 마주쳤다.

6a의 경우, 그는 보이는 곳에 있는 그녀에게 뛰어갔다는 뜻이다. 즉, 그녀가 그의 의식 속에 있었다. 그러나 6b의 경우, 마주칠 때까지 그녀는 그의 의식 속에 없었던 것으로 생각할 수 있다. 그래서 '우연히'라는 뜻이 나온다. 6b의 또 한 가지 뜻은 들이박다가 된다. 다음 도식에서 X는 의식 밖에 있던 곳으로 들어간다.

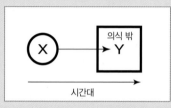

도식 3   Y : 의식 밖

도식 3에서 X는 의식 밖에 있는 Y와 만난다. 이러한 이유로 run into는 '우연히 만났다'의 뜻을 갖게 된다.

다음도 6b와 마찬가지로 모두 '우연히', '모르고'의 뜻을 갖는다.

7

a. The bus ran **into** a tree.
그 버스가 나무를 들이박았다.

b. The boy fell **into** the fence.
그 소년은 그 울타리에 떨어졌다.

c. He backed **into** a parked car.
그는 차를 뒤로 빼다가 주차된 차를 들이박았다.

d. The two planes crashed **into** each other.
그 두 비행기가 충돌했다.

e. The ship ran **into** a storm.
그 배는 폭풍을 만났다.

1.4. 시간 속으로

다음 X **into** Y에서 X는 과정이고 Y는 시간 영역이다. 과정인 X가 시간 영역 Y 안으로 들어간다. 다음 도식에서 X가 시간 Y 속으로 들어간다.

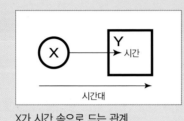

X가 시간 속으로 드는 관계   도식 4

다음에서 X는 과정이고, 이 과정이 Y의 시간 속으로 들어간다.

8

a. We have now advanced far **into** summer.
우리는 이제 한여름에 접어들었다.

b. We sat up far **into** the night.
우리는 밤 늦게까지 앉아 있었다.

c. We sang far **into** the next morning.
우리는 다음 날 아침까지 노래를 불렀다.

d. It was well **into** autumn before John returned.
존이 돌아오기 전에 이미 가을이 깊었다.

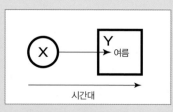

도식 5   X가 여름에 드는 관계

1.5. 조직체 속으로

가족, 사회 단체, 군대와 같은 조직체도 영역을 가진 것으로 생각된다. 그래서 X **into** Y에서 X는 Y의 영역 속에 들어간다.

9

a. She had married **into** a rich family.
   그녀는 부잣집에 결혼하여 들어갔다.

b. John has got **into** the army.
   존은 육군에 입대했다.

c. They are trying to get **into** local society.
   그들은 그 지역의 사교계에 들어가려고 노력하고 있다.

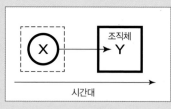

도식 6   X가 조직체 Y에 드는 관계

1.6. 과정 속으로

다음에 쓰인 Y의 negotiation, laughter, argument는 과정 명사이다. 과정은 시작과 끝이 있는 그릇으로 개념화될 수 있다. 그러므로 이 속에 들어갈 수 있다.

10
a. They entered **into** negotiations.
그들은 협상에 들어갔다.

b. They broke **into** laughter.
그들은 갑자기 웃기 시작했다.

c. Don't plunge **into** argument with him.
그와의 논쟁에 갑자기 뛰어들지 말아라.

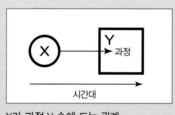

X가 과정 Y 속에 드는 관계 　　　　　　　　도식 7

다음에서는 과정이 동명사로 표현되어 있다. 아래 11a에서 주어가 나를 강제로 그 음반을 사는 일에 들어가게 했다. 즉, 그 음반을 사게 했다. 타동사 과정은 다음과 같이 나타낼 수 있다. 다음 도식에서 주어가 X에 힘을 가해 X가 과정에 들어가게 한다.

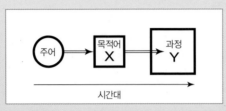

도식 8   Y : 타동사

다음에서 쓰인 동사는 타동사이다.

> **11**
>
> **a.** He forced me **into** buying the record.
>   그는 억지로 나에게 그 음반을 사게 했다.
>
> **b.** He coaxed me **into** going with him.
>   그는 나를 꾀어 그와 같이 가게 했다.
>
> **c.** He frightened the child **into** running away.
>   그는 그 아이를 놀라 도망가게 했다.
>
> **d.** He persuaded her **into** giving up smoking.
>   그는 그 여자를 설득시켜서 담배를 끊게 했다.

1.7. 조사

다음 X **into** Y에서 X는 Y를 들여다보는 관계이다.

> **12**
>
> **a.** The investigation team is looking **into** the cause of the accident.
>   그 조사팀은 그 사고의 원인을 조사하고 있다.

b. The special counsel is probing **into** the president's scandal.
그 특검은 대통령 추문을 조사하고 있다.

1.8. 빠지기, 좋아하기

다음 X **into** Y에서 X는 사람이고, 이들은 Y에 빠져 있다.

13

a. The teenagers are deep **into** BTS.
그 십 대들은 BTS에 깊게 빠져 있다(즉, 많이 좋아한다).

b. He got **into** Korean culture.
그는 한국 문화를 좋아하게 되었다.

c. The child is **into** video games.
그 아이는 비디오 게임에 빠져 있다.

2. into와 in

전치사 **into**는 전치사 **in**, 부사 **in**과 각각 대조가 된다.

2.1. into와 전치사 in

다음 두 문장을 비교하여 보자.

14

a. Police put him **into** jail.
경찰이 그를 투옥시켰다.

b. He is **in** jail.
그는 감옥에 있다.

위 14a의 **into**는 투옥되는 과정이, 14b의 **in**은 투옥된 결과를 가리킨다. 이 두 관계는 다음과 같이 도식화할 수 있다.

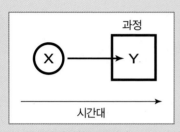
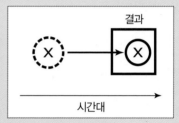

도식 9   a. X가 Y의 과정에 드는 관계   b. X가 Y에 들어가 있는 관계

다음 예문을 더 살펴보자. **into**는 과정, **in**은 결과로 나타낸다.

15

a. He was put **into** hospital and he is still **in** hospital.
그는 입원되었고 지금도 입원 중이다.

b. He got **into** trouble and he is **in** trouble.
그는 문제에 빠져 들어가서 그는 문제 속에 있다.

2.2. into와 부사 in

into는 부사 **in**과도 다음 예에서와 같이 대조가 된다.

16

a. We got **into** a taxi.
우리는 한 대의 택시에 들어갔다(즉, 탔다).

b. The taxi arrived and we got **in**.
그 택시가 도착하자 우리는 탔다.

위 16a에서는 **into**가 쓰여서 a taxi가 언급되었다. 그러나 16b에서는 **in**이 쓰여서 a taxi가 언급되지 않았다. 언급은 안 되었지만, 문맥에서 우리가 들어가는 곳이 택시임을 알 수 있다. 두 표현의 차이는 다음과 같이 나타낼 수 있다. 도식 10a에서는 Y가 명시되어 있으나, 도식 10b에서는 Y가 암시되어 있다.

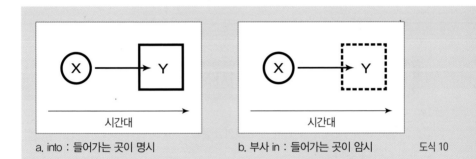

| a. into : 들어가는 곳이 명시 | b. 부사 in : 들어가는 곳이 암시 | 도식 10 |

부사 **in**이 들어가는 곳은 명시가 안 되어 있으나 문맥, 화맥에서 추리가 가능하다.

LIKE

like는 전치사로만 쓰인다.

1. 전치사적 용법

X like Y에서 like는 X가 어떤 면에서 Y와 비슷함을 나타낸다. 이것을 도식화하면 다음과 같다.

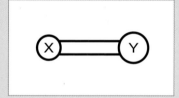

도식 1   전치사

like의 용법을 아래에서 살펴보자.

1.1. 감각 동사

like는 감각 동사와 쓰여서 X가 Y와 같은 느낌을 갖게 하는 관계를 그린다.

1

a. Tigers look **like** cats except for their size.
호랑이는 그들의 크기만 빼놓고 고양이처럼 보인다.

b. This artificial meat tastes **like** pork.
이 인조 고기는 돼지고기 같은 맛이 난다.

c. What does the food smell **like**?
이 음식은 무엇과 같은 냄새가 나는가?

d. Now you sound **like** yourself.
이제야 너답게 들린다.

like는 다른 전치사와는 달리 문장을 목적어로 갖는다.

2

a. It looks **like** they are fighting.
그들은 싸우고 있는 것처럼 보인다.

b. It feels **like** I am floating in space.
내가 우주에 떠 있는 것이 느껴진다.

c. It seems **like** we are already in autumn.
우리가 벌써 가을에 들어와 있는 것처럼 생각된다.

d. It sounds **like** he is well again.
그가 다시 건강해진 것같이 들린다.

e. He eats/drinks **like** there is no tomorrow.
그는 내일이 없는 것처럼 먹는다/마신다.

다음에서 **like**의 목적어는 명사, 동명사가 쓰일 수 있다.

3

a. What's the weather **like** in Seoul?
서울의 날씨는 어떠한가요?

b. It looks **like** rain/snow.
비가/눈이 올 것 같다.

c. This story seems **like** a fable.
이 이야기는 우화처럼 생각된다.

d. I felt **like** crying.
나는 울고 싶다.

1.2. 기타 동사

동사를 자동사와 타동사로 나누어 살펴보자.

1.2.1. 자동사

4

a. She is **like** her mother in many ways.
그녀는 많은 면에서 그녀의 어머니와 비슷하다.

b. She obeyed **like** a little child.
그녀는 어린애처럼 순종했다.

c. Her complexion is **like** peaches.
그녀의 안색이 복숭아 같다.

1.2.2. 타동사

5

a. He treated me **like** a 2-year-old child.
그는 나를 2살짜리 아기처럼 취급했다.

b. He managed the crisis **like** a professional.
그는 위기를 전문가처럼 처리했다.

c. She spends money **like** water.
그녀는 돈을 물과 같이 쓴다.

1.3. 실례 제시

다음에서와 같이 like는 실례를 들 때 쓰인다.

6

a. They grow vegetables, **like** napa cabbage, lettuce, and tomatoes.
그들은 배추, 상추, 토마토와 같은 채소를 기른다.

b. The boy likes animals, **like** dogs, cats, and hamsters.
그 소년은 개, 고양이, 햄스터와 같은 동물을 좋아한다.

1.4. 다움 보여주기

다음 X **like** Y에서 X는 과정이고, 이것은 Y다움을 보여 주는 관계이다.

7

a. It is just **like** him to step up to help.
도우려고 나서는 것은 그다운 일이다.

b. It is not **like** him to refuse the help.
그 도움을 거절하는 것은 그답지 않다.

OF

of는 전치사로만 쓰인다.

1. 전치사적 용법

X of Y에서 X는 Y 없이는 존재할 수 없는 관계에 있다. 다음 도식에서 X는 Y와 내재적 관계가 있다. 이 내재성은 이중선(=)으로 표시되어 있다.

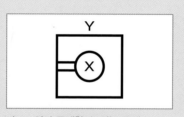

도식 1   X는 Y 없이 존재할 수 없는 존재

1.1. 부분 of 전체

다음 X of Y에서 X는 Y의 내재적 일부이다. 다시 말하면 X는 Y 없이 존재할 수 없다.

1
     a. The door **of** the car is broken.
       그 자동차의 그 문은 부수어져 있다.

b. One leg **of** the table is short.
그 식탁의 다리 하나가 짧다.

c. The collar **of** the shirt is worn out.
그 셔츠의 옷깃은 색깔이 바랬다.

다음에서도 X와 Y는 전체와 부분의 관계이다. 2a, 2b에서 사람의 무리가 전체가 되고 그중의 일부가 부분이 된다.

2

a. Some **of** you have to stay in.
여러분 가운데 몇 명은 남아 있어야 한다.

b. He wants to see all **of** us.
그는 우리 모두를 보고 싶어 한다.

c. I have read part **of** the report.
나는 그 보고서의 일부를 읽었다.

다음에서도 X는 Y와 떼려야 뗄 수 없는 일부이다.

3

a. At the corner **of** the street there is a lamp.
그 길 모퉁이에 램프 하나가 있다.

b. On the top **of** the hill stood a hotel.
그 언덕 꼭대기에 호텔이 있다.

c. There was an old car in the middle **of** the road.
그 길 가운데에 낡은 자동차 한 대가 있었다.

3a의 경우, 길이 있어야 모퉁이가 있다. 다시 말하면, 모퉁이는 길을 떼어 놓고 따로 생각할 수 없다. 3b에서 꼭대기는 언덕과 같은 개체가 있어야 존재할 수 있기 때문에 꼭대기와 언덕은 떼려 해도 뗄 수 없는 관계에 있다. 3c에서도 중간 부분이라는 것은 이것을 포함하는 좀 더 큰 전체가 있어야 한다. 도식 2는 이러한 관계를 나타내 준다.

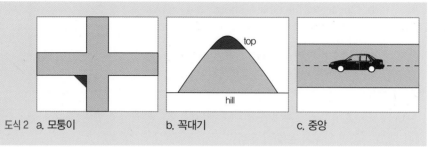

도식 2 a. 모퉁이   b. 꼭대기   c. 중앙

1.2. 물체 of 재료

다음 X **of** Y에서 X는 Y로 이루어져 있다. 양털 뭉치는 양털로 되어 있다. 그래서 양털 뭉치와 양털은 분리할 수 없다.

4

a. The baby is playing with a ball **of** wool.
그 아기는 양털 뭉치를 가지고 놀고 있다.

b. I have found some lumps **of** wet mud in the garden.
나는 그 정원에서 몇 개의 젖은 진흙 덩어리들을 발견했다.

c. I bought a small bag **of** groceries.
나는 한 부대의 식료품들을 샀다.

d. The wind blew a grain **of** sand in her eye.
그 바람이 그녀의 눈에 모래알을 불어 넣었다.

e. I felt a drop **of** rain a few minutes ago.
나는 몇 분 전 빗방울 하나가 떨어짐을 느꼈다.

다음 X **of** Y에서 X는 Y로 차 있다.

5

a. He fell into a pool **of** water.
그는 물웅덩이에 빠졌다.

b. He had a cup **of** coffee.
그는 오늘 아침 커피 한잔을 마셨다.

1.3. 사람 of 속성

어떤 물건이 특정한 물질로 이루어지듯이 사람도 특정한 특성이나 인품으로 이루어지는 것으로 개념화된다.

다음 X **of** Y에서 X는 사람이고, 사람은 Y로 이루어져 있다.

6

He is a man **of** (good sense / wealth / character / honor).
그는 (분별력 있는/돈이 많은/인격이 높은/명예를 존중하는) 사람이다.

1.4. 역사, 날짜, 원인, 목적 of

다음 X **of** Y에서 X는 Y와 떼어 놓고 생각할 수 없다. 어느 마을과 역사, 시험과 날짜 등 이들은 떼어 놓고 생각할 수 없다.

7

a. What is the history **of** the village?
그 마을의 역사는 무엇입니까?

b. The date **of** the examination is March 20.
그 시험 날짜는 3월 20일이다.

c. We don't yet know the cause **of** the accident.
우리는 아직도 그 사고의 원인을 모른다.

d. The purpose **of** his coming was to warn us.
그가 오는 목적은 우리에게 경고를 하기 위함이었다.

1.5. 냄새, 질감, 맛

다음 X **of** Y에서 X는 냄새, 질감, 맛 등이고, 이들은 Y가 없이는 존재할 수 없다.

8

a. The smell **of** the fish is strong.
그 생선 냄새가 독하다.

b. The texture **of** the cloth is coarse.
그 천의 질감이 거칠다.

c. The taste **of** lemon is refreshing.
레몬 맛은 시원하다.

1.6. 기관장 of 기관

다음 X **of** Y에서 X는 조직체의 장이고 Y는 조직체이다. 조직체의 장은 조직이 있어야 존재할 수 있다.

9

a. He is the headmaster **of** our school.
그는 우리 학교의 교장이다.

b. Who is the captain **of** your ship?
당신 배의 선장은 누구입니까?

c. The minister **of** education is going to come here next week.
그 교육부 장관이 다음 주에 여기에 온다.

d. He is a head **of** the big business.
그는 큰 기업체의 사장이다.

e. She is the Queen **of** England.
그녀는 영국의 여왕이다.

1.7. 자식 of 부모

다음 X of Y에서 X는 자식이고 Y는 부모이다. 이 둘 관계도 내재적이다.

10

a. John is the son **of** Thomas Williams.
존은 토머스 윌리엄스의 아들이다.

b. The boy was a grandson **of** the mayor.
그 소년은 그 시장의 손자였다.

c. They were the children **of** the king.
그들은 그 왕의 자식들이었다.

1.8. 시민, 국민과 나라

다음 X of Y에서 X는 시민이나 국민이고 Y는 나라이다. 나라 없이 국민이 존재할 수 없다.

11

a. The citizens **of** Rome rose against the King.
로마의 시민들이 그 왕에 대항하여 일어났다.

b. The peoples **of** Europe have many traditions in common.
유럽의 여러 국민들은 공통되는 많은 전통들을 가지고 있다.

c. He is a native **of** Somerset.
그는 서머셋의 토박이이다.

d. The maple **of** Canada is a beautiful tree.
캐나다산 단풍나무는 아름다운 나무이다.

1.9. 스타일, 방법, 과정

다음 X of Y에서 X는 방법이나 방식이고, 이것은 Y와 떼어 놓을 수 없다.

12

a. That style **of** dressing is very old-fashioned.
옷 입는 그러한 스타일은 매우 구식이다.

b. His manner **of** speaking is very gentle.
그의 말하는 태도는 매우 점잖다.

c. Her way **of** dealing with difficulties is amazing.
그녀의 어려운 문제를 다루는 방법은 놀랄 만하다.

d. His method **of** teaching is very good.
그의 교수 방법은 매우 좋다.

1.10. 표현과 내용

다음 X **of** Y에서 X는 Y로 이루어져 있다. 말은 명령을, 한숨은 안도를 담고 있다.

13

a. At the word **of** command, take a pace forward with the left foot.
명령을 내리면 왼발을 앞으로 한 발짝 내딛어라.

b. He sighed a sigh **of** relief.
그는 안도의 한숨을 쉬었다.

c. An expression **of** anger crossed his face.
분노의 표정이 그의 얼굴을 스쳐 지났다.

d. They issued a warning **of** danger.
그들은 위험의 경고를 내렸다.

1.11. 시간의 부분 of 전체

다음 X **of** Y에서 X는 시간의 작은 단위이고, Y는 이것을 포함하는 큰 단위이다.

14

a. He came on Monday **of** that week.
그는 그 주의 월요일에 왔다.

b. At this time **of** the year, we don't get much snow.
일 년 중 이때에는 눈이 많이 안 온다.

c. He went back in the first week **of** October.
그는 10월의 첫 주에 돌아갔다.

14a에서 월요일은 한 주의 떼어 낼 수 없는 한 부분임을, 14b에서 일 년 가운데 어느 특정한 시간은 일 년에서 떼어 낼 수 없는 부분임을, 14c에서 한 주도 한 달의 떼어 낼 수 없는 부분임을 **of**가 나타낸다.

1.12. 행위 of 행위자

15에서 X(억압, 제안, 지도)는 과정(행위)이고 Y(독재자, 동업자, 전문가)는 행위자이다. 과정(행위)과 행위자는 뗄 수 없다.

15

a. At the suggestion **of** his partner, he sold his stocks.
그의 동료의 제안에 따라 그는 자기의 주식을 팔았다.

b. He is learning the skill under the guide **of** a specialist.
그는 그 기술을 전문가의 지도하에 배우고 있다.

1.13. 작품 of 저자

다음 X **of** Y에서 X는 작품이고, Y는 이것을 만든 저자, 화가 등이다. 저자나 화가 없이 작품이 존재할 수 없다.

16

a. Do you like the works **of** Shakespeare?
당신은 셰익스피어의 작품을 좋아합니까?

b. Have you got the poems **of** Wordsworth?
당신은 워즈워스의 시집을 가지고 있습니까?

c. The paintings **of** Michelangelo are wonderful.
미켈란젤로의 그림들은 훌륭하다.

d. Can you play the sonatas **of** Beethoven?
당신은 베토벤의 그 소나타들을 연주할 수 있습니까?

1.14. 거리 of 기준

다음 X **of** Y에서 X는 거리이고, Y는 이 거리의 기준점이 된다.

17

a. The supermarket is within 200m **of** my house.
그 슈퍼마켓은 내 집에서 200미터 이내에 있다.

b. The post office is with in 100m **of** this drug store.
그 우체국은 이 약국에서 100미터 이내에 있다.

1.15. 타동사의 파생 명사 of 목적어(1)

X **of** Y에서 X로는 다음과 같은 동사에서 파생된 명사가 쓰일 수 있다.

18

동사		명사	
hate	미워하다	hatred	증오
possess	소유하다	possession	소유

위에 열거된 possess와 hate는 타동사로서 목적어를 갖는다.

19

a. He **possesses** a large house. → **possession** of a large house
　그는 큰 집을 소유하고 있다. → 큰 집의 소유

b. He **hates** cats. → **hatred** of cats
　그는 고양이를 싫어한다. → 고양이에 대한 혐오

　hate와 possess가 명사화되면 타동사의 목적어는 전치사 **of**의 목적어로 표현
된다.

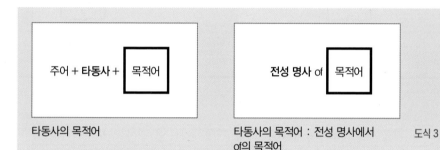

주어 + **타동사** + │목적어│　　　　　　전성 명사 of │목적어│

타동사의 목적어　　　　　　　타동사의 목적어 : 전성 명사에서　　도식 3
　　　　　　　　　　　　　　　of의 목적어

1.16. 타동사의 파생 명사 of 목적어(2)

　다음에서는 command, hold, use 등이 명사로서 동사의 목적어로 쓰였고, 이
들의 목적어는 전치사 **of**의 목적어로 표현된다.

20

a. He has a good command **of** English.
　그는 영어를 잘 구사한다.

b. He took hold **of** the rope.
　그는 그 로프를 잡았다.

c. He makes use **of** strange words.
　그는 이상한 낱말들을 사용한다.

1.17. 자동사의 주어

다음 X of Y에서 X는 자동사에서 온 명사이다. 자동사는 다음 구조에 쓰인다. '주어-동사' 구조에서 자동사가 명사로 되면 동사의 주어는 전치사 of의 목적어가 된다.

도식 4   자동사   자동사의 주어 : 전성 명사에서
                                       of의 목적어

다음에서 laughter, howl, crash는 자동사에서 온 명사들이고, 동사일 때 이들의 주어는 전치사 of로 표현된다.

21

a. The laughter **of** the children brightened the day.
그 아이들의 웃음소리가 그 하루를 밝게 했다.

b. We heard the howl **of** coyotes in the distance.
우리는 멀리서 코요테들이 우는 소리를 들었다.

c. The crash **of** thunder frightened us.
그 천둥소리가 우리를 무섭게 했다.

1.18. 크기, 모양, 가치

다음 X of Y에서 X는 크기, 모양 등이고, 이들은 Y와 떼어 놓고 생각할 수 없다.

22

a. What is the size **of** your waist?
당신 허리의 크기는 얼마입니까?

b. What's the shape **of** his nose?
그의 코는 어떤 모양입니까?

c. What is the value **of** this thing?
이 물건의 가치는 무엇입니까?

d. What is the good **of** his coming tomorrow?
그가 내일 와야 무슨 소용이 있습니까?

1.19. 제거 동사

제거 동사는 다음 구조를 갖는다.

주어 – 제거 동사 – 목적어 – of – 목적어

다음 예들이 위의 구조를 예시한다.

23

a. He cleared the street **of** snow.
그는 그 길에서 눈을 치웠다.

b. The Boxing Society stripped the boxer **of** his title.
그 권투 협회는 그 선수에게서 그의 타이틀을 박탈했다.

위 23a에서 주어는 어느 거리 전체를 치우는 것이 아니라 그 길에 있는 것을 치우는 것이다. 전치사 **of**는 그 길에서 치워지는 것이 무엇인가를 명시한다. 23b에서 주어가 어느 선수 전체를 벗기는 것이 아니라 그가 가지고 있는 무엇을 빼앗는 과정이다. 이때도 **of** + 목적어는 그것이 무엇인가를 명시한다.

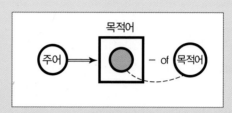

도식 5   제거 동사 : of+목적어가 제거될 부분

1.20. 정보 동사

정보 동사도 제거 동사와 마찬가지로 다음 구조에 쓰인다.

주어 – 정보 동사 – 목적어 – of – 목적어

24

a. He informed me **of** the news.
그는 내게 그 정보를 알려 주었다.

b. The weather bureau advised us **of** a typhoon.
기상청이 우리들에게 태풍을 통고해 주었다.

위 24a에서 주어가 목적어에 정보를 줌을 inform이 전달하지만 정보 자체
는 **of** 명사구에 의해서 명시가 된다. 정보 동사도 다음과 같이 도식화할 수
있다.

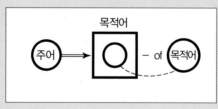

도식 6   정보 동사

1.21. 비움 동사

제거 동사나 정보 동사와 같은 구조로 쓰이는 것에는 다음 표현이 있다. 다음 25a에서 뛰어나가는 것은 주어 'we'가 아니다. 나가는 것은 우리에게서 설탕이 나가는 것이다.

25

a. We are running out **of** sugar.
우리는 설탕이 떨어지고 있다.

b. The battery is running out **of** energy.
그 배터리는 전기가 없어지고 있다.

c. The company is blowing out **of** steam.
그 회사는 증기가 다 빠지고 있다.

d. He is out **of** his mind.
그는 마음이 나가고 있다(즉, 미쳤다).

위의 예문 구조를 살펴보기 전에 다음 두 문장을 비교해 보자.

26

a. He ran out **of** the hall.
그는 그 강당에서 뛰어나왔다.

b. He is running out **of** sugar.
그는 설탕이 떨어지고 있다.

위 두 문장에 out **of**가 쓰였다. out **of**가 쓰였으나 그 구조가 다름을 보여 주는 예이다. 강당에서 뛰어나오는 경우에서 out **of**는 다음과 같은 구조를 갖는다.

[out **of** the hall]

한편 설탕이 떨어지다의 경우는 다음과 같은 구조를 갖는다.

[out] [**of** sugar]

위의 26b를 다시 살펴보자.

> **27**
>
> **a.** Sugar is running out.
> 설탕이 떨어지고 있다.
>
> **b.** He is running out **[of** sugar**]**.
> 그는 떨어지고 있다, 설탕이.

27a의 경우 설탕이 떨어지고 있는 경우이고, 27b의 경우 그에게서 무엇이 떨어지고 있다는 뜻으로, of sugar는 떨어지는 것이 무엇인지 명시해 준다. 이것은 다음과 같이 도식화할 수 있다.

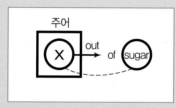

도식 7   주어에서 나가는 것은 설탕이다

다음 우리말을 살펴보자.

> **28**
>
> **a.** 나 돈 떨어졌어.
> **b.** 나도 떨어졌어.

위 28b의 대답에서 돈이라는 말이 명시되지 않았지만 28b에서 떨어진 것은 자신이 아니라 돈임을 알 수 있다.

2. 형용사와 of

2.1. 속성 형용사

다음 X of Y에서 X는 형용사이고, 이 형용사는 사람인 Y의 영구적 속성과 관계가 있다.

29

a. It was very kind **of** you to help us.
우리를 도와준 것은 당신의 친절한 행동이었습니다.

b. It was stupid **of** her to go out alone.
혼자 나간 것은 그녀의 멍청한 짓이었다.

c. It was rude **of** them not to answer.
대답을 안 하는 것은 그들의 무례함을 보여 주는 것이었다.

29a에서 kind는 it(행동)과 you를 동시에 수식한다. 즉, 사람도 친절하고 행동도 친절함을 나타낸다. 29b, 29c에 쓰인 각각의 형용사는 it과 동시에 of의 목적어를 수식한다. it의 내용은 to 부정사로 명시된다. 이 밖에 wise, good, cruel 등과 같이 어떤 사람의 영구적 속성을 나타내는 형용사는 29의 구조에 쓰인다.

2.2. 감정 형용사

다음으로 정신이나 육체의 상태를 나타내는 형용사가 전치사 of와 쓰이면 of 목적어는 내재적 원인을 나타낸다.

30

a. The small boy is afraid **of** dogs.
그 작은 소년은 개들을 무서워한다.

b. I am ashamed **of** myself.
나는 내 자신이 부끄럽다.

> **c.** I am tired **of** playing tennis every day.
> 나는 매일 정구 치는 데 지쳤다.

30a에서 the small boy는 afraid 상태에 놓여 있고, **of**는 이 afraid가 dogs와 뗄 수 없는 관계임을 나타낸다. 30b에서도 ashamed는 myself와, 그리고 30c에 서도 tired는 playing tennis와 뗄 수 없는 관계임을 **of**가 나타낸다.

2.3. 채움과 비움의 형용사

어떤 그릇이 차거나 빈 상태는 이것을 차거나 비게 만드는 물질이나 물체와 불가분의 관계에 있다. 이 관계가 다음에서와 같이 **of**로 표현된다.

31

> **a.** The bucket is full **of** water.
> 그 양동이는 물로 가득 차 있다.
>
> **b.** He is possessed **of** great wealth.
> 그는 재산이 많다.
>
> **c.** We are short **of** money.
> 우리는 돈이 부족하다.
>
> **d.** The word is void **of** meaning.
> 그 낱말에는 뜻이 없다.

2.4. 파생 형용사 of 목적어

다음에 쓰인 형용사는 타동사에서 파생되었다.

32

타동사		형용사	
doubt	의심하다	doubtful	의심하는
forget	잊다	forgetful	잊기를 잘하는
mind	마음에 두다	mindful	마음에 두는

think	생각하다	toughtful	생각을 많이 하는

타동사의 목적어는 파생 형용사에서는 전치사 **of**로 표현된다.

33

a. I am doubtful **of** his story.
나는 그의 얘기를 의심한다.

b. I am forgetful **of** her name.
나는 그 여자의 이름을 잘 잊어버린다.

c. You should be mindful **of** your duty.
당신은 당신의 임무를 명심해야 합니다.

d. You should be thoughtful **of** others.
당신은 다른 사람들을 생각해야 한다.

e. The boy grew reckless **of** danger.
그 소년은 위험을 개의치 않게 되었다.

타동사에서 파생된 형용사를 몇 개 더 살펴보자.

34

동사		형용사	
desire	욕망하다	desirous	욕심이 나는
ignore	무시하다	ignorant	모르는
observe	관찰하다	obserant	준수하는

타동사의 목적어는 파생 형용사에서는 **of**의 목적어로 표현된다.

35

a. He is desirous **of** the new car.
그는 그 새 차를 원한다.

b. He is ignorant **of** the simple fact.
그는 그 간단한 사실을 모른다.

c. He is observant **of** details.
그는 세부사항에 주의한다.

35a의 the new car는 동사 desire의 목적어, 35b의 the simple fact는 동사 ignore의 목적어, 35c의 details는 동사 observe의 목적어에 해당한다.

OFF

off는 전치사와 부사로 쓰인다. 먼저 전치사 용법부터 살펴보자.

1. 전치사적 용법

X off Y에서 off는 X가 Y에서 떨어지는 관계를 나타낸다. 이것을 도식화하면 다음과 같다.

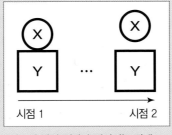

X가 Y에 닿아 있다가 떨어지는 관계

도식 1

위 도식에서 시점 1의 X는 Y에 붙어 있다. 그러나 시간이 지난 시점 2에서 X 는 Y에서 떨어진다. off는 이러한 떨어져 있는 관계를 나타낸다.

1.1. 접촉에서 비접촉으로

어느 시점에서 X는 Y에 닿아 있다. 그러나 어떤 과정에 의해 X가 Y에서 떨어진다. 이것을 전치사 **off**가 나타낸다. 다음에서 전치사 **on**과 **off**를 대조해 보자. 전치사 **on**은 접촉을, 전치사 **off**는 접촉에서 떨어짐을 나타낸다.

1

a. He got **on** the bus.
그는 그 버스에 탔다.

b. He got **off** the bus.
그는 그 버스에서 내렸다.

a. He drove **on** Highway 8.
그는 8번 고속도로를 타고 운전했다.

b. He turned **off** the Highway at Exit 7.
그는 7번 출구에서 그 고속도로를 벗어났다.

다음 2a와 2b를 비교하여 보자.

2

a. A strange object appeared **on** the radar.
이상한 물체가 레이더에 나타났다.

b. Soon it disappeared **off** the radar.
곧 그것은 레이더에서 사라졌다.

a. The village is still **on** the map.
그 마을은 아직도 지도상에 있다.

b. The village was wiped **off** the map.
그 마을은 (홍수 등에 휩쓸려) 지도상에서 없어졌다.

다음에서는 전치사 **off**를 자동사와 타동사로 나누어 살펴본다.

1.1.1. 자동사

3

a. He fell **off** the chair.
그는 그 의자에서 떨어졌다.

b. He jumped **off** the cliff.
그는 그 벼랑에서 뛰어내렸다.

c. The plane slid **off** the runway.
그 비행기는 미끄러져서 활주로를 벗어났다.

d. The train went **off** the rail.
그 기차가 그 선로를 벗어났다.

e. Rainwater runs **off** the roof into the gutters.
빗물이 그 지붕에서 흘러내려 그 홈통으로 들어간다.

위 문장들에서 주어는 **off**의 목적어에서 벗어난다.

1.1.2. 타동사

아래 문장들에서 타동사의 목적어가 **off** 목적어에서 떨어진다.

4

a. He cut a slice **off** the bread.
그는 빵 한 조각을 그 빵에서 잘라 내었다.

b. He pushed the car **off** the cliff.
그는 그 차를 그 벼랑에서 밀어 떨어뜨렸다.

c. He took the cover **off** the box.
그는 그 덮개를 그 상자에서 벗겼다.

d. He picked an apple **off** the tree.
그는 사과 하나를 그 나무에서 땄다.

e. The angry farmer ran us **off** his land.
그 성난 농부가 우리를 그의 땅에서 쫓아내었다.

다음에 추가적인 예가 제시되어 있다.

5

a. He threw the dog **off** the scent.
그가 그 개를 그 냄새에서 떨어지게 했다.

b. The judge let him **off** punishment.
그 판사가 그를 죄에서 떨어지게 했다(즉, 벌을 안 받게 했다).

c. The officer let the private **off** duty.
그 장교가 그 사병을 근무에서 떨어지게 했다(즉, 근무를 면해 주었다).

1.2. 환유적 용법

6

a. The smell put me **off** my food.
그 냄새가 나를 그 음식에서 떨어지게 했다.

b. His teaching method put me **off** mathematics.
그의 교수법이 나를 수학에서 떨어지게 했다.

위 두 문장에서 me는 몸이 아니라 나의 식욕이나 나의 취미를 가리킨다. 이렇게 지시 대상이 바뀌는 것이 환유이다.

다음에서도 **off**의 목적어는 환유적으로 쓰였다. 다음 7a에서 섬사람들이 먹는 것은 바나나 잎 자체가 아니라 바나나 잎에 담긴 것이다. 7c에서 그는 누이에게 빌붙어 산다는 뜻이다.

7

a. The islanders eat **off** banana leaves.
그 섬사람들은 바나나 잎들에 담긴 것을 먹는다.

b. The rich man ate **off** gold plates.
그 부자는 금 쟁반에 담긴 음식을 먹었다.

c. He is living **off** his sister.
그는 그의 누이가 주는 것을 받아먹고 산다(즉, 그는 누이에게 기생한다).

d. The farmer lives **off** his land.
그 농부는 땅에서 나오는 것을 먹고 산다.

1.3. off 결과

지금까지 우리는 **off**가 접촉에서 떨어지는 관계를 살펴보았다. 그러나 **off**의 전치사 용법 가운데 하나는 떨어져 있는 결과를 나타낸다. 다음 도식을 비교하여 보자.

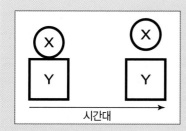
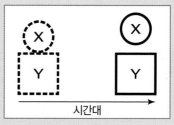

a. X가 Y에서 떨어지는 관계   b. X가 Y에서 떨어져 있는 관계   도식 2

위 도식 2a에서는 **off**의 이동체 X가 Y에서 떨어지는 과정을, 도식 2b에서는 이동체 X가 Y에서 떨어져 있는 결과를 나타낸다.

8

a. He is **off** his drug.
그는 그 약을 끊고 있다.

b. He has been **off** gambling.
그는 도박을 끊어 오고 있다.

c. He is **off** his guard.
그는 자신의 경계를 놓고 있다.

1.4. off와 거리 표시

X off Y에서 off는 X가 Y에서 떨어져 있는 관계를 나타낸다. 그래서 다음과 같이 떨어진 거리도 표현될 수 있다.

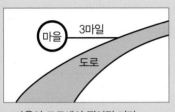

도식 3   a. 마을이 도로에서 떨어진 거리   b. 우리가 도시에서 떨어진 거리

9

a. The village is 3 miles **off** the road.
그 마을은 그 도로에서 3마일 떨어져 있다.

b. We are 10 miles **off** the city now.
우리는 지금 그 시에서 10마일 떨어진 곳에 있다.

c. He is a long way **off** understanding that.
그는 그것을 이해하는 데서 멀리 떨어져 있다(즉, 전혀 이해하지 못했다).

d. She is way **off** the point.
그녀는 이 핵심에서 멀리 벗어나 있다.

9c에서 이해도 추상적인 지점이 되어서 기준이 될 수 있다. 이해에서 멀리 떨어져 있음은 이해를 못한다는 뜻이다.

2. 부사적 용법

X **off** Y에서 Y가 쓰이지 않으면 **off**는 부사이다. 다음 도식에서 부사의 경우

Y가 점선으로 되어 있다. 이것은 Y가 전혀 없는 것이 아니라, 화맥, 문맥 등에 서 이것이 추리될 수 있음을 말한다.

a. 전치사 off : Y가 명시   b. 부사 off : Y가 암시   도식 4

표현이 안 된 Y는 화맥, 문맥, 또는 세상 지식에서 추리된다. 다음을 비교하여 보자. 다음 10b에서는 부사 off가 쓰였다. 말하는 이가 생각할 때 일부러 Y를 언급하지 않아도 듣는 이가 화맥에서 Y를 추리할 수 있다.

10

a. The lid is **off** the jar.
그 뚜껑이 그 항아리에서 벗겨져 있다.

b. The lid is **off**.
그 뚜껑이 (어디에서) 벗겨져 있다.

a. The tire is **off** the car.
그 타이어는 그 차에서 떨어져 있다.

b. The tire is **off**.
그 타이어가 (어디에서) 떨어져 있다.

위 10a에서는 **off**가 전치사로 쓰여서 목적어가 명시되어 있다. 그러나 10b에서는 **off**가 부사로 쓰여서 목적어가 쓰이지 않았다. 이때 말하는 이는 목적어가 쓰이지 않아도 듣는 이가 목적어가 무엇인지를 추리할 수 있다고 생각해서 Y를 쓰지 않는다.

다음 짝 지어진 문장들도 살펴보자.

11

a. The village is 2 miles **off** the road.
그 마을은 그 길에서 2마일 떨어져 있다.

b. The village is 2 miles **off.**
그 마을은 (어디에서) 2마일 떨어져 있다.

위 11a에서 **off**는 전치사로 쓰여서 **off**의 목적어가 명시되어 있다. 그러나 11b에서는 **off**가 부사로 쓰여서 목적어가 없다. 그러면 **off**의 암시된 목적어는 무엇인가? 한 가지 가능성은 말하는 이의 위치가 Y일 수 있다. 즉, 말하는 이의 현재 있는 위치에서 마을이 2마일 떨어져 있다는 의미이다.

위에서 X **off** Y의 X와 Y 사이의 거리가 떨어져 있다. 그러나 이 공간 거리는 시간 거리에도 적용된다. 다음에서 **off**의 암시된 목적어인 말하는 이의 시간은 말하는 이나 듣는 이가 다 알고 있는 시간이 될 수 있다.

12

a. The meeting is 2 hours off.
그 회의는 2시간 떨어져 있다(즉, 회의가 2시간 후에 있다).

b. The final exam is a week **off.**
그 기말 시험은 (현시점에서) 일주일 떨어져 있다.

다음에서는 동사 **keep**과 **hold**는 어떤 상태가 유지되거나 상태를 유지시키는 과정을 그린다. 다음 문장을 살펴보자.

13

a. The rain kept **off** a few days.
그 비는 (우리가 있는 장소로부터) 며칠 떨어져 있었다(즉, 비가 오지 않았다).

b. The storm held **off** a few hours.

그 폭풍은 몇 시간 동안 (우리가 있는 곳에서) 떨어져 있다(즉, 몇 시간 폭풍이 오지 않았다).

c. The fire kept the wild animals **off**.

그 불이 그 야생동물들을 떨어져 있게 했다(즉, 접근을 못하게 했다).

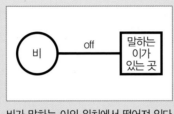

비가 말하는 이의 위치에서 떨어져 있다   도식 5

3. 관용적 용법

3.1. off와 동사

다음에서 동사를 중심으로 **off**의 의미를 살펴보자. 부사 **off**의 분리의 개념은 생소하게 생각될지 모르나 이 개념은 우리말 다음 동사에서 찾아볼 수 있다.

따다, 떼다, 뜨다, 뜯다

이들 동사의 특징은 이들 동사가 나타내는 과정이 끝나면 한 개체가 다른 개체에서 떨어져 나온다는 것이다.

14

a. 그는 사과를 땄다.

b. 그는 혹을 뗐다.

c. 그는 자리를 떴다.

d. 그는 벽보를 벽에서 뗐다.

3.2. 자리 뜨기

우리말 **뜨다**는 '자리를 뜨다'와 같은 표현에 쓰인다. 자리를 뜨면, 자리에서 벗어난다. 영어 **off**도 자리를 뜨는 의미로 쓰인다.

15

a. He started **off**.
그는 출발에서 자리를 떴다.

b. The bus pulled **off**.
그 버스가 (역에서) 나갔다.

c. The plane took **off**.
그 비행기가 (땅에서) 떴다(즉, 이륙했다).

d. Someone made **off** with my smartphone.
누군가가 내 스마트폰을 가지고 자리를 떴다(즉, 도망갔다).

3.3. 떨치거나 털어 내기

감기 등은 우리 몸에 붙어 있는 것으로 생각된다. 그래서 감기는 우리 몸에서 떨어질 수 있다. 다음 예를 살펴보자.

16

a. I cannot shake **off** my cold.
나는 내 감기를 떨쳐 버리지 못한다.

b. He worked **off** his cold.
그는 일을 해서 감기가 떨어지게 했다.

c. He slept **off** his hangover.
그는 그의 숙취를 잠을 자서 떨쳐 버렸다.

d. He laughed **off** his mistake.
그는 웃으면서 그의 실수를 떨쳐 버렸다.

3.4. 따기, 뜯기

나무에서 사과를 따면 사과는 나무에서 떨어진다. **off**는 이러한 관계를 나타낸다.

He picked **off** apples.
그는 사과들을 땄다.

3.5. 끊기, 자르기

줄을 자르면 줄은 두 부분으로 분리된다. **off**는 이러한 관계를 나타낸다.

a. He was cut **off** during the conversation.
그는 그 대화 중에 (그의 말이) 잘렸다.

b. They broke **off** their relation.
그들은 그들의 관계를 끊었다.

c. I must hang **off** now.
나는 이제 전화를 끊어야겠습니다.

위 18a에서 he는 환유적으로 그의 말을 가리킨다.

3.6. 공격을 물리치기

X off Y에서 X가 Y를 공격하고 있거나 공격하려는 것을 못하게 하는 관계도 off로 나타낸다.

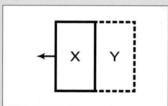
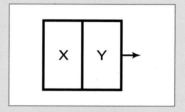

도식 6   a. X가 Y로부터 떨어짐(19a)   b. X가 Y를 떨어지게 함(19b~e)

다음 예를 살펴보자. 다음 19a에서 주어는 상대에서 떨어지고 나머지는 off 의 목적어가 물러난다.

19

a. The bear backed **off**.
그 곰이 (공격에서) 떨어져 물러섰다.

b. He beat **off** the attack.
그는 그 공격을 쳐서 물리쳤다.

c. The owner called **off** the dog.
그 주인이 그 개를 불러서 공격에서 떨어지게 했다.

d. The dog chased **off** the wild pigs.
그 개가 그 산돼지를 쫓아 떨어지게 했다.

e. The strange sound scared **off** the children.
그 이상한 소리가 그 아이들을 겁을 주어 도망가게 했다.

3.7. 벗기, 뜯기, 떼기

옷을 벗으면 옷이 몸에서 떨어진다. 단추를 옷에서 떼면 단추가 옷에서 분리된다. **off**는 이러한 관계를 나타낸다.

20

a. He took **off** his shirt.
그는 그의 셔츠를 벗었다.

b. He tore the button **off**.
그는 그 단추들을 (옷에서) 떼었다.

c. She took the lid **off**.
그녀는 그 뚜껑을 벗겨 냈다.

3.8. 구획 짓기

어떤 지역의 한 부분을 전체에서 분리시키면, 이 부분은 전체에서 떨어져서 접근을 못하게 된다.

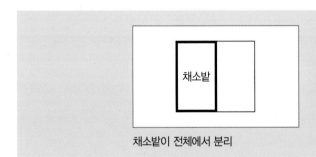

채소밭이 전체에서 분리   도식 7

다음 예문을 살펴보자.

21

a. The farmer roped **off** his garden.
그 농부는 로프를 둘러쳐서 그의 채소밭을 분리했다.

b. The police cordoned **off** the accident area.
그 경찰이 그 사고 지역을 분리시켰다.

c. The bridge is blocked **off**.
그 다리가 차단되어 출입이 안 된다.

3.9. 연기, 취소

일이나 행사 등은 어느 날에 예정되거나 일어난다. 어느 날에 예정된 행사를 떼어 내면 연기나 취소가 된다.

22

a. They put **off** their marriage until next month.
그들은 그들의 결혼을 다음 달까지 연기했다.

b. They called **off** the game.
그들은 그 경기를 취소했다.

위 문장에서 **off**는 결혼이나 경기가 예전 날짜에서 떨어진다는 뜻이다.

3.10. 부담 벗기

빚은 우리가 지는(on) 것으로 개념화된다. 빚을 갚으면 빚이 우리에게서 떨어져 나간다. 이 관계를 **off**가 그린다.

23

a. I paid **off** all my debts.
나는 나의 모든 빚을 갚았다(즉, 빚이 내게서 떨어져 나갔다).

> **b.** This payment tears **off** my debt to the bank.
> 이 지불이 은행에 대한 나의 빚을 다 갚는다.

3.11. 해고

사람이 일을 하거나 직장에서 일하는 것은 사람이 일이나 직장에 붙어 있는 것으로 개념화된다. 그래서 하던 일이나 다니던 직장을 그만두는 것은 일이나 직장에서 떨어지는 것으로 간주된다. 이 관계를 전치사 **off**가 나타낸다.

24

> **a.** The factory laid **off** some of its workers.
> 그 공장은 노동자 몇 명을 해고했다.
>
> **b.** The company paid the employees **off**.
> 그 회사는 그 고용인을 돈을 주고 해고했다.
>
> **c.** They bought **off** the detective.
> 그들은 (돈을 주고) 그 탐정을 그가 하는 일에서 떨어지게 했다.

3.12. 동점 풀고 결승 짓기

경기나 선거에서 동점이 되면 묶인다고(tie) 한다. 이 묶인 것을 떨어지게 하는 것도 **off**로 표현된다.

25

> **a.** The two teams will play **off** (their ties).
> 그 두 팀은 경기를 해서 동점을 풀 것이다.
>
> **b.** When will the election be run **off**?
> 언제 최고 득점자를 가릴 재선이 있을 것입니까?

<blockquote>

c. The two candidaters who received the highest votes in the election will be running **off** in a TV debate.

그 선거에서 최고 득표를 받은 두 후보자들이 TV 토론에서 대결할 예정이다.

</blockquote>

3.13. 하나하나 제거하기

여러 가지 일이 있을 때, 이미 한 일을 'V'표로 표시해서 제거하는 것도 **off** 로 표현된다.

<blockquote>

26

a. He checked **off** the item he had received.

그는 이미 받은 품목을 V표를 하여 제거했다.

b. The teacher told **off** the names of three students to clean the room.

그 교사는 그 방을 청소할 3명의 학생들의 이름을 불러서 떼어 내었다.

c. He counted **off** the passengers when they got on the bus.

그는 그 승객들이 그 버스를 탈 때 그 수를 세어 나갔다.

</blockquote>

3.14. 작동 시작

정지 상태에 있다가 작동 상태에 들어가는 관계도 **off**로 표현된다.

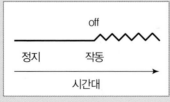

도식 8   정지에서 작동 상태로

다음에서 off의 목적어가 시작됨을 의미한다.

27

 a. Let's start **off** the day with a song.
 이 날을 노래로 시작해 보자.

 b. They kicked **off** the tour last week.
 그들은 지난주에 그 여행을 시작했다.

 c. The hostess led **off** the dance.
 그 주인이 그 무도회를 시작했다.

다음에서도 **off**는 정지 상태에서 작동 상태로 들어가는 관계를 나타낸다.

28

 a. The alarm goes **off** at 7.
 그 알람은 7시에 울린다.

 b. The bomb went **off** in the middle of the night.
 그 폭탄은 그날 밤 한밤중에 터졌다.

 c. His remark triggered **off** a riot.
 그의 말이 폭동을 야기했다.

3.15. 과정의 끝남

하던 일을 끝내는 관계는 **off**로 표현된다. 즉, 작동 상태에서 일이 끝나는 관계도 **off**로 표현된다.

도식 9

다음에서 **off**는 목적어가 끝남을 뜻한다.

> **29**
> **a.** She brought **off** the seemingly hopeless project.
> 그녀는 그 희망이 없는 일을 완수해 냈다.
>
> **b.** They carried **off** the dangerous task.
> 그들은 그 위험한 일을 해냈다.
>
> **c.** He pulled **off** the impossible stunt.
> 그는 그 불가능한 묘기를 해냈다.
>
> **d.** The poet ran **off** a poem in a taxi.
> 그 시인은 택시 안에서 시 한 편을 뚝딱 썼다.

계획된 일이 실천에 옮겨지는 것도 **off**로 표현된다.

> **30**
> **a.** The festival went **off** successfully.
> 그 축제가 성공적으로 펼쳐졌다.
>
> **b.** The debate came **off** well.
> 그 계획된 토론은 잘 실행되었다.

위에서 동사 go와 come이 쓰였다. 동사 go는 중립적인 뜻이고, 동사 come 은 말하는 이와 관계가 있음을 나타낸다.

3.16. 복사

복사기에서 여러 장을 복사하면, 복사물이 복사기에서 차례로 한 장씩 떨어 져 나온다. 이러한 관계가 **off**로 표현된다.

> **31**
> **a.** I ran **off** one hundred handouts on the copier/on the laser printer.
> 나는 그 복사기에서/그 레이저 프린터에서 유인물 100장을 복사했다.

b. He printed **off** invitation cards.
그는 초청장들을 프린터에서 찍었다.

3.17. 정상 이탈

다음 X **off** Y에서 숨은 Y는 정상이나 표준이고, **off**는 X가 정상이나 표준에서 벗어남을 나타낸다.

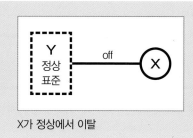

X가 정상에서 이탈   도식 10

다음 예를 살펴보자.

32

a. The milk went **off**.
그 우유가 정상에서 벗어났다(즉, 상했다).

b. I think she is a bit **off**.
나는 그녀가 (정상에서) 좀 벗어났다고 생각한다(즉, 그녀가 이상하다).

c. He was **off** at least 100 dollars in his estimate.
그는 그의 견적에서 적어도 100달러가 틀렸다.

d. The demand for the article falls **off** in summer.
그 상품에 대한 수요는 여름에는 떨어진다.

3.18. 떨어져 나오기

X **off** Y에서 암시된 Y는 주어이고, X는 주어 자신에서 나온다.

> **33**
>
> **a.** The fish gives a terrible smell **off**.
> 그 생선이 지독한 냄새를 풍긴다.
>
> **b.** His hard work paid **off**.
> 그의 열심히 한 일은 효과가 발생했다.
>
> **c.** His enthusiasm rubbed **off** on us.
> 그의 열성이 우리에게 전달되었다.

3.19. 돋보이기

X **off** Y에서 X는 배경이고, **off**는 Y가 배경에서 떨어져 돋보이는 관계를 나타낸다.

> **34**
>
> **a.** The hat sets **off** her face.
> 그 모자가 그녀의 얼굴을 돋보이게 한다.
>
> **b.** The gold frame sets **off** his oil painting.
> 그 금으로 된 틀은 그의 유화를 돋보이게 한다.
>
> **c.** The two brothers played **off** each other.
> 그 두 형제는 서로를 돋보이게 했다.

다음에서 X **off** Y는 X가 실제에서 떨어져, 다시 말하면 실제와 다르게 행동이나 처신을 한다.

> **35**
>
> He passed **off** as a Korean.
> 그는 한국인으로 처신했다.

3.20. 격리

다음 X **off** Y에서 X는 동물이고, 이들은 상자나 우리 등에 의해서 외부와 차단된다.

36

a. He boxed the wild dog **off**.
그는 그 사나운 개를 상자에 넣어서 외부로부터 차단했다.

b. The lion was caged **off** and is no longer in danger.
그 사자는 장에 넣어져 차단되어 더 이상 위험이 되지 않는다.

c. The chickens are cooped **off**.
그 닭들은 닭장에 넣어져 외부와 차단되어 있다.

3.21. 대치, 대결

다음 **off**는 두 팀이나 두 경쟁자가 거리를 두고 대치하거나 경쟁하는 관계를 나타낸다. 다음 예를 살펴보자.

37

a. The incumbent will face **off** against the challenger for mayorship.
그 재임자는 시장직을 위해서 그 도전자와 대결할 것이다.

b. The organizer faced the two finalists **off** against each other.
그 주최자는 두 최종 출전자들을 서로 대결시켰다.

c. Hong Kong police are squaring **off** against the protesters.
홍콩 경찰은 그 시위자들과 대치하고 있다.

ON

on은 전치사와 부사로 쓰인다. 먼저 전치사 용법부터 살펴보자.

1. 전치사적 용법

on의 전치사적 용법은 정적 관계와 동적 관계로 나누어 볼 수 있다.

1.1. 정적 관계

정적 관계에서 전치사 on은 X가 Y에 닿아 있거나 붙어 있는 관계를 나타낸다. 이 관계에서 X는 Y의 위, 아래, 옆에 닿아 있을 수 있다. 그러나 여기서는 X가 Y 위에 닿아 있는 관계를 대표적인 것으로 삼겠다. 이 관계를 다음과 같이 도식화했다.

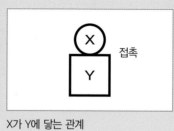

도식 1   X가 Y에 닿는 관계

전치사 on이 나타나는 접촉 관계는 우리의 생활과 밀접한 관련이 있다. 우리

가 무중력 상태에 있지 않으면 어디엔가 닿아 있다. 앉아 있거나, 누워 있거나, 서 있을 때 우리 몸이 어디에든 접촉이 된다.

다음을 살펴보자.

1.1.1. 여러 가지 면과의 접촉

우리가 눕거나 앉거나 설 때 접촉 부분이 있다.

1

a. He is lying **on** the floor.
그는 그 마루에 누워 있다.

b. He is sitting **on** a chair.
그는 의자에 앉아 있다.

c. He stood **on** the balcony.
그는 그 발코니에 서 있었다.

1a에서 그가 마루에, 1b에서 그가 의자에, 1c에서 그가 발코니에 닿아 있다.

이 밖에 사람이 움직이거나 서 있을 때 몸이 닿는 곳은 땅, 물, 얼음, 눈 등이 될 수 있다.

2

a. The spaceman walked **on** Mars.
그 우주인은 화성 표면에서 걸었다.

b. She enjoys water sports **on** the water.
그녀는 그 물에서 하는 수상 스포츠를 즐긴다.

c. The player lost balance **on** the ice.
그 선수는 그 빙판에서 균형을 잃었다.

d. The race was **on** the snow.
그 경기는 눈 위에서 있었다.

우리의 발이 무대나 승강장 등에 닿지 않고 서 있을 수 없다.

3

a. The candidates debated **on** the stage.
그 후보자들은 그 무대 위에서 토론을 했다.

b. Hundreds of people are waiting **on** the platform.
수백 명의 사람들이 그 승강장에서 기다리고 있다.

c. Children are playing **on** the playground.
아이들이 그 운동장에서 놀고 있다.

d. The soccer players lined up **on** the soccer field.
그 축구선수들이 그 축구장에서 줄을 서 있었다.

사람이 길을 걷거나 차량이 길을 갈 때 사람이나 차량이 길과 접촉된다. 그래서 이 경우에도 전치사 **on**이 쓰인다.

4

a. He is **on** his way home.
그는 집에 가는 도중에 있다.

b. We drove down to Gwangju **on** the highway.
우리는 그 고속도로를 타고 광주에 내려갔다.

c. Don't drive **on** bike-only lanes.
자전거 전용 도로에서 운전하지 마세요.

d. Success is **on** course/track.
성공은 궤도에 있다.

1.1.2. 탈것

차를 타면, 우리는 차에 닿게 된다. 그래서 타고 있는 관계도 전치사 **on**으로 표현된다.

5

a. He came in **on** a plane.
그는 비행기를 타고 들어왔다.

b. She commutes **on** the subway.
그녀는 지하철을 타고 통근한다.

c. We went to Jeju Island **on** a ferry.
우리는 여객선을 타고 제주도에 갔다.

1.1.3. 전체와 부분

엄밀하게 말하면, 분리될 수 없는 두 개체도 분리되는 것으로 본다. 얼굴과 미소, 이 두 개는 분리될 수 없으나 미소가 얼굴에 닿아 있는 것으로 본다.

6

a. a smile **on** her face
그녀의 얼굴에 있는 미소

b. hair **on** his head
그의 머리털

c. scars **on** his hand
그의 손에 있는 상처들

d. a cyst **on** his arm
그의 팔에 있는 물혹

e. meat **on** the bone
그 뼈에 붙어 있는 살

f. a mole **on** her neck
그녀의 목에 있는 점

어떤 물건의 부품도 물건에 닿아 있거나 붙어 있는 것으로 본다. 그래서 전치사 **on**이 쓰인다. 다음은 자동차와 부품 사이의 관계가 **on**으로 표현되어 있다.

7

a. the engine			엔진
b. the trunk			트렁크
c. the doors	on the car	그 차의	문들
d. the tires			타이어들
e. the steering wheel			운전대

1.1.4. 종이, 필름, 화면 등

글이나 그림 등이 종이에 나타난 것도 글이나 그림이 종이에 붙어 있는 것으로 본다. 그래서 전치사 **on**이 쓰인다.

8

a. We put the contract **on** paper.
우리는 그 계약을 종이에 적었다.

b. He read the nutritional information **on** the menu.
그는 그 식단표에 적힌 영양 정보를 읽었다.

c. The explanation is **on** page 23.
그 설명은 23페이지에 있다.

d. The shutdown is the longest **on** record.
그 파업은 기록상 최장이다.

영상이나 소리가 필름이나 테이프에 기록되는 것도 영상이나 소리가 필름에 붙은 것으로 개념화된다. 그래서 전치사 **on**이 쓰인다.

9

a. He put the landscape **on** camera.
그는 그 풍경을 카메라에 담았다.

b. He captured the scene **on** film.
그는 그 장면을 필름에 포착했다.

c. He stored the information **on** CD.
그는 그 정보를 CD에 저장했다.

d. The movie is now available **on** video and DVD.
그 영화는 이제 비디오와 DVD로 볼 수 있다.

스크린, 모니터나 레이더에 나타나는 정보나 영상도 이들에 닿거나 붙어 있는 것으로 개념화된다.

10

a. The man **on** the screen is a scientist.
그 스크린에 나타나 있는 사람은 과학자이다.

b. He called up the data **on** the monitor.
그는 그 자료를 그 모니터에 나타나게 했다.

c. Suddenly a plane appeared **on** the radar.
갑자기, 비행기 한 대가 레이더에 나타났다.

1.1.5. 도구, 악기

도구나 악기 등은 손과 쓰일 때는 손과 접촉이 된다. 그래서 이 경우에도 전치사 **on**이 쓰인다.

11

a. He received the message **on** the phone.
그는 그 메시지를 전화로 받았다.

b. He is working **on** the computer.
그는 컴퓨터를 쓰고 있다.

c. He played the tune **on** the violin.
그는 그 곡을 바이올린으로 연주하고 있다.

d. We can listen to music **on** Bluetooth.
우리는 블루투스로 음악을 들을 수 있다.

1.1.6. 사회 매체

사회 매체는 승강장으로 간주된다. 승강장은 사람이 서는 곳이므로 이에 나타나는 정보도 승강장에 닿아 있는 것으로 취급된다.

12

a. The information is available **on** every platform.
그 정보는 모든 플랫폼에서 이용이 가능하다.

b. Check the fact **on** the portal site.
그 사실을 그 포털 사이트에서 확인하세요.

다음 매체들도 전치사 **on**과 같이 쓰인다(Facebook, Instagram, Youtube). 이 매체로 전달되는 정보는 모두 화면에 나타난다. 그래서 이 정보는 화면에 닿아 있는 것으로 개념화된다.

13

a. Please follow us **on** Facebook.
우리 페이스북으로 따라오세요.

b. She put up the pictures **on** Instagram.
그녀는 그 사진들을 인스타그램에 올렸다.

c. He watched the news **on** YouTube.
그는 그 뉴스를 유튜브에서 보았다.

방송 매체도 다른 매체와 마찬가지로 전치사 **on**과 쓰인다.

14

a. He watched the football game **on** TV.
그는 그 축구 경기를 TV로 보았다.

b. He watches movies **on** cable.
그는 영화들을 케이블 TV로 본다.

c. He listens to news **on** the radio every hour on the hour.
그는 매시 정각에 라디오로 뉴스를 듣는다.

d. We invited him **on** our show.
우리는 그를 우리 방송에 초대했다.

e. He is **on** live broadcast.
그는 생방송 중이다.

1.1.7. 여행, 방문

여행이나 방문을 하는 것도 여행자나 방문자가 여행이나 방문과 붙어 있는 것으로 개념화된다.

15

a. He is **on** a three-day visit to India.
그는 3일간의 인도 여행을 하고 있다.

b. They are **on** a tour to the island.
그들은 그 섬으로 관광 여행 중이다.

c. He went **on** vacation in Canada.
그는 캐나다에서 보낼 휴가에 들어갔다.

d. He is **on** a pilgrimage to the Holy City.
그는 그 성지를 순례 중이다.

1.1.8. 단체, 조직

이사진의 임원, 팀의 구성원이나 단체의 구성원은 단체나 조직에 붙어 있는 것으로 개념화된다. 그래서 전치사 **on**이 쓰인다.

16

a. He is a member **on** the board of directors.
그는 그 이사회의 이사이다.

b. He played **on** the national football team.
그는 축구 국가 대표팀에서 경기를 했다.

c. He has a seat **on** the council.
그는 그 위원회에서 한자리를 차지하고 있다.

d. He served **on** the commander's staff.
그는 지휘관 참모로 일했다.

1.1.9. 접촉에서 관련으로

지금까지 우리는 X가 Y에 **접해** 있는 관계를 살펴보았다. 이 접촉 관계는 좀 더 추상적인 **관련** 관계로 확대된다. 다음 도식에서 접촉 관계가 관련 관계로 확대된다.

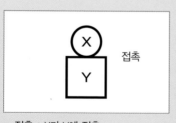
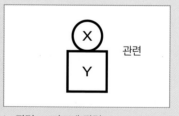

도식 2   a. 접촉 : X가 Y에 접촉   b. 관련 : X가 Y에 관련

다음 X **on** Y에서 X는 Y에 관련이 된다.

17

a. an archive **on** Pope John
존 교황의 문서 보관소

b. information **on** the chair
그 회장에 대한 정보

c. his positive look **on** life
인생에 대한 그의 긍정적인 태도

d. her stand **on** the issue
그 쟁점에 관련된 그녀의 입장

e. his final volume **on** the Korean war
한국 전쟁에 관한 그의 마지막 책

f. discussion **on** fine dust
미세 먼지에 대한 토의

g. assessment **on** his presidency
그의 대통령직에 대한 평가

1.1.10. 과정

X on Y에서 X는 사람이고 Y는 과정을 나타내는 명사이며, X는 Y가 가리키는 동작 중에 있음을 나타낸다.

18

a. He listens to music **on** the go.
그는 움직이면서 음악을 듣는다(또는 스마트폰으로 음악을 듣는다).

b. The herd of cattle is **on** the move.
그 소떼가 이동 중이다.

c. Food prices are **on** the rise/**on** the fall.
식료품 값이 오르고/내리고 있다.

d. The population is **on** the increase/**on** the decrease.
인구가 늘고/줄고 있다.

1.1.11. 동시 동작

전치사 on은 다음 도식 3과 같이 두 과정을 연결할 수 있다. 이 경우 on은 두 과정이 시간적으로 닿아 있다는 뜻이며, 이것은 두 과정이 거의 동시에 일어남을 나타낸다.

도식 3   두 과정이 닿아 있는 관계

다음 예문을 살펴보자. 다음 19a에서 비행기의 미끄러짐과 착륙이 동시에 일어남을 on이 나타낸다.

19

a. The plane skidded off the runway **on** landing.
   그 비행기는 착륙 시 활주로를 이탈했다.

b. The helicopter crashed **on** take off.
   그 헬리콥터는 이륙과 동시에 추락했다.

c. They discussed the issue **upon** his request.
   그들은 그의 요청을 받고 그 문제를 논의했다.

d. She closed her eyes **on** seeing the horrible scene.
   그녀는 그 잔혹한 장면을 보자 눈을 감았다.

e. I cried **on** the movie.
   나는 그 영화를 보면서 울었다.

1.1.12. 영향

전치사 **on**의 원형적인 관계는 다음과 같이 X가 Y의 위에서 접촉되어 있다. 이러한 관계가 성립하기 위해서 X가 Y에 힘을 가하고, Y가 X를 떠받치는 관계가 작용한다. 이때 X가 Y를 누르는 관계가 부각되면 Y가 **영향**을 받게 된다. 반대로 Y가 X를 떠받치는 힘이 부각되면 **의존** 관계가 된다.

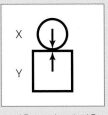
a. 접촉 : X가 Y에 접촉

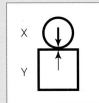
b. 영향 : X가 Y에 영향
을 주는 관계

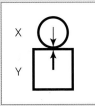
c. 의존 : X가 Y에 의존
하는 관계

도식 4

아래 문장에서 **on**의 목적어 Y는 X의 영향을 받는다.

20

  a. Trump walked out **on** the partner.
  트럼프가 그 동업자를 버리고 나갔다(그래서 동업자가 영향을 받았다).

  b. The time is ticking **on** him.
  그 시간이 째깍거리며 지나가고 있어서 그에게 불리하다.

  c. This time, the lunch is **on** me.
  이번에 점심은 내가 부담한다.

  d. He hung up **on** me.
  그는 내가 기분이 나쁘게 전화를 도중에 끊었다.

  e. The deadline is coming up **on** you.
  그 마감일이 너에게 불리하게 다가오고 있다.

다음 표현은 명사(1) **on** 명사(2)이다. 명사(1)가 명사(2)에 영향을 준다.

21

a. backlash **on** Trump
트럼프에 대한 반발

b. attack **on** Israel
이스라엘에 대한 공격

c. sanctions **on** Russia
러시아에게 가해진 제재들

d. influence **on** young children
어린아이들에게 가해지는 영향

1.1.13. 의존

X **on** Y에서 Y가 부각되면 **on**은 X가 Y에 의존하는 관계가 된다. 다음 22a에서 you는 그녀에게 의존한다.

22

a. You can always count **on** her to keep her promise.
당신은 그녀가 약속을 지키는 것을 믿을 수 있다.

b. The old parents depend **on** their daughter for living.
그 노부모들은 생계를 그들의 딸에게 의존한다.

c. You can rely **on** the mechanic.
당신은 그 정비공을 믿을 수 있다.

1.1.14. 날

모든 일은 시간과 장소를 떼어 놓고 생각할 수 없다. 시간의 경우 날이나 날의 작은 단위, 아침, 오후, 저녁, 밤이 일과 붙어 있는 것으로 표현된다.

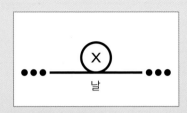

X가 날에 닿는 관계

X가 하루의 부분에 닿는 관계

도식 5

다음에서 **on**의 목적어는 날이다.

23

a. I work from home **on** Mondays.
나는 월요일에는 재택 근무를 한다.

b. The festival starts **on** May first.
그 축제는 5월 1일에 시작된다.

c. He went hiking **on** his day off.
그는 그가 쉬는 날에 등산을 했다.

d. 10 years ago **on** this day, we were in Honolulu.
10년 전 이날 우리는 호놀룰루에 있었다.

e. **On** International Women's Day, hundreds of women marched through the city.
국제 여성의 날에 수백 명의 여성들이 그 시를 지나는 행진을 했다.

어떤 특정한 날의 아침, 오후, 저녁, 밤은 전치사 **on**이 쓰인다.

> **24**
>
> **a. on** a Friday morning
>   금요일 아침에
>
> **b. on** the afternoon of April 8th
>   4월 8일 오후에
>
> **c. On** the evening of Christmas, we got together at my place.
>   크리스마스 전야에 우리는 내 집에 모였다.
>
> **d. On** the night of the Lunar New Year, we stayed up late.
>   섣달그믐날 밤, 우리는 늦게까지 자지 않았다.

1.2. 동적 관계

　동적 관계에서 X **on** Y는 X가 Y에 가서 닿는 관계를 나타낸다. 이것을 도식화하면 다음과 같다. 아래 도식의 시점 1에서 X는 Y에서 떨어져 있다. 시간이 지난 시점 2에서는 X가 Y에 닿아 있다.

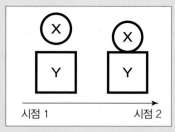

도식 6　　　　on의 동적 관계 : X가 Y에 가 닿는 관계

　다음 예를 살펴보자.

25

a. Red pepper does not go **on** Chalyesang.
빨간 고추는 차례상에 오르지 않는다.

b. Lipstick goes **on** the lips.
립스틱은 입술에 가 닿는다.

c. Every morning she sprays water **on** the plants.
매일 아침 그녀는 물을 그 식물들에 뿌린다.

d. He hopped **on** the bus.
그는 그 버스에 깡충 올라탔다.

위 25a에서 **on**은 빨간 고추가 차례상에 가 닿는 관계를 나타낸다. 25b에서는 립스틱이 입술에 가 닿는다는 뜻이다.

2. 부사적 용법

X on Y에서 Y가 쓰이지 않으면, **on**은 부사이다. 다음 도식 7a는 전치사이고, 도식 7b는 부사이다. 부사의 경우, Y가 점선으로 표시되어 있다. 이것은 Y가 없는 것이 아니라 화맥, 문맥 등에서 추리될 수 있음을 나타낸다.

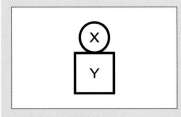

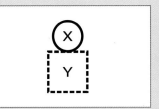

a. 전치사 : Y가 명시   b. 부사 : Y가 암시   도식 7

2.1. 화맥

on의 목적어 Y가 쓰이지 않은 것은 청자가 이것을 화맥이나 문맥 등을 통해 추리할 수 있다고 화자가 판단하기 때문이다. 다음 26a와 26b의 예문을 비교하여 보자.

26

a. The lid is **on** the jar.
그 뚜껑이 그 항아리에 덮여 있다.

b. The lid is **on**.
그 뚜껑이 (어디에) 덮여 있다.

a. The tires are **on** the car.
그 타이어들이 그 차에 장착되어 있다.

b. The tires are **on**.
그 타이어들이 (어디에) 장착이 되어 있다.

위 26a에서는 Y(jar, car)가 표현되어 있다. 그러나 26b에서는 Y가 표현되지 않았다. 화자가 판단할 때, 이들은 언급하지 않아도 청자가 Y를 추리할 수 있다고 생각해서 Y를 언급하지 않는다.

2.2. 세상 지식

다음 27에서 on은 목적어 없이 쓰였다. 모자는 머리에 쓰는 것이므로 머리를 언급할 필요가 없다.

27

He has a hat **on**.
그는 모자를 쓰고 있다.

그러나 필요하면 다음 문자에서와 같이 on의 목적어가 쓰일 수 있다.

28

a. He put the hat **on** the shelf.
그는 그 모자를 그 선반에 놓았다.

b. He put the hat **on**.
그는 그 모자를 썼다.

c. He put the small hat **on** his big head.
그는 그 작은 모자를 그의 큰 머리 위에 썼다.

위 28a에서 **on**의 목적어 the shelf가 쓰였다. 그러나 28b에서는 목적어가 쓰이지 않았다. 쓰이지 않은 목적어는 무엇일까? 모자를 쓸 때 모자는 머리에 놓는 것이므로 머리를 언급하지 않아도 모자가 어디에 놓이는지 알 수 있다. 그러나 머리를 꼭 언급해야 할 경우는 위 28c에서와 같이 head가 언급될 수 있다.

2.3. 계속

부사 **on**은 우리말의 **대다, 붙다, 매다, 닿다**와 비슷하다. 우리말 동사에는 공통점이 있다. 이들 동사가 나타내는 과정이 끝나면 한 물체가 다른 물체에 **접촉**된다. 이마에 손을 대면 손이 이마에 닿고, 벽보를 벽에 붙이면 벽보가 벽에 닿거나 붙는다.

29

a. 이마에 손을 대다.
b. 벽에 벽보를 붙이다.
c. 허리띠를 매다.
d. 낚싯대에 미끼를 달다.
e. 시계를 차다.

한편 **on**이 부사로 쓰일 때는 우리말 **잇다**와 비슷한 점이 있다. 우리말 **잇다**의 쓰임을 살펴보자.

30
a. 이 끈을 이어서 길게 하라.
b. 손님들이 이어서 들어온다.
c. 구름이 잔뜩 끼더니 이어서 비가 왔다.

부사 **on**도 다음에서와 같이 **이어짐**을 나타낸다.

31
a. He spent a day in Gwangju and went **on** to Mokpo.
그는 광주에서 하루를 쉬고 **이어서** 목포로 갔다.
b. Don't stop here. Go **on**.
여기서 멈추지 마라. **이어서** 가라.

위 문장에서 볼 수 있듯이, 이어짐은 크게 두 가지가 있다. 한 가지는 움직임이 있다가 쉼이 있고 이어서 움직이는 것은 계속이다. 또 한 가지는 쉼이 있을 자리에 쉬지 않고 움직임이 이어지는 계속이다. 이 두 계속은 다음과 같이 나타낼 수 있다.

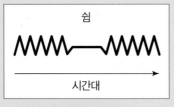

도식 8   a. 쉰 다음 움직임이 이어짐   b. 쉴 자리에서 쉬지 않고 움직임

다음 몇 개의 예문을 더 살펴보자. 다음 32a에서는 회담이 계속해서 이어지고, 32b에서는 그의 말이 계속 이어진다.

32

a. The talks dragged **on**.
그 회담들은 지루하게 끌었다.

b. He spoke **on** without hesitation.
그는 주저함이 없이 연설을 계속했다.

c. He urged his horse **on**.
그는 그의 말을 재촉하여 계속 가게 했다.

d. We cheered the runner **on**.
우리는 그 주자를 응원하여 계속 달리게 했다.

이어짐의 또 한 예로 다음 문장을 비교하여 보자. 33b의 **on**의 쓰임을 주목하자.

33

a. Jane passed the ball to Jill.
제인은 그 공을 질에게 전했다.

b. Jane passed the ball **on** to Jill.
제인은 그 공을 이어서 질에게 전했다.

위 33a에서 제인은 공을 질에게 던지고, 33b에서 제인은 다른 사람에게서 받은 공을 **이어서** 질에게 전한다. 이것을 도식화하여 나타내면 다음과 같다.

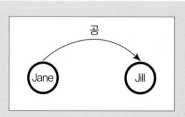
a. pass the ball

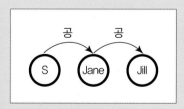
b. pass the ball on

도식 9

다음 34b에서도 **on**은 이어짐을 나타낸다.

34

a. He handed the knowledge to his son.
그는 그 지식을 아들에게 넘겼다.

b. He handed the knowledge **on** to his son.
그는 (남에게서 배운) 그 지식을 이어서 자식에게 넘겼다.

a. He sold the car to Clinton.
그는 그 차를 클린턴에게 팔았다.

b. He sold the car **on** to Clinton.
그는 (남에게 산) 그 차를 이어서 클린턴에게 팔았다.

2.4. 작동 상태

부사 **on**은 작동 상태를 나타낸다. 다음 35a에서 물의 흐름이나 전기의 흐름이 작동 상태에 있음을 나타낸다.

35

a. The water is **on**.
그 물이 (끊기지 않고) 흐르고 있다.

b. The lights are **on**.
그 불들이 켜져 있다.

c. The concert is **on**.
그 음악회가 진행 중이다.

d. The radio is **on**.
그 라디오가 켜져 있다.

e. What's **on** in the town hall?
마을 회관에는 무엇이 상영/연주되고 있나요?

다음에서는 부사 **on**이 타동사와 쓰여서 **on**은 그 동사의 목적어가 작동 상태
에 들어간다는 것을 나타낸다.

36

a. He turned the radio **on**.
그는 그 라디오를 틀어서 작동하게 했다.

b. He switched the light **on**.
그는 스위치를 켜서 불이 들어오게 했다.

c. He kept the air conditioner **on**.
그는 그 에어컨을 켜 두었다.

OUT

out은 전치사와 부사로 쓰인다. 먼저 전치사 용법부터 살펴보자.

1. 전치사적 용법

out은 X out Y에서 X가 밖으로 나가는 관계를 그린다. 이것은 다음과 같이 도식으로 나타낼 수 있다.

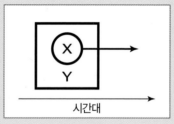

도식 1   전치사 out : X가 Y 밖으로 나가는 관계

다음 예에서 전치사 out이 쓰였다.

     a. The bird flew **out** the window.
        그 새가 그 창문을 통해 날아 나갔다.

     b. He looked **out** the car window.
        그는 그 차창을 통해 밖을 내다보았다.

c. The cat walked **out** the door.
그 고양이는 그 문을 통해 걸어 나갔다.

2. 부사적 용법

X out Y에서 Y가 안 쓰이면 부사이다. Y의 정체를 화자가 판단할 때 청자가 파악할 수도 있다고 생각하면 Y가 쓰이지 않는다. 부사 **out**은 다음과 같이 도식화할 수 있다.

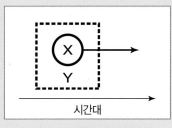

부사 out : X가 나가는 곳이 암시 　　　　　　　　도식 2

위 도식에서 Y는 점선으로 표시되어 있다. 이것은 Y가 없는 것이 아니라 잠재되어 있음을 보여 주기 위해서이다. 부사 out은 이하 관용적 용법에서 보이는 바와 같이 여러 가지 확장된 의미로 사용된다.

3. 관용적 용법

3.1. 나가기

다음에서 X는 안에서 밖으로 나간다. 어디에서 나가는지는 화맥에서 알 수 있다. 2a의 경우 말하는 이와 듣는 이가 모두 아는 장소에 나간다. 2b에서 가지가 나무 전체 윤곽에서 벗어나고, 2c에서는 터널이 산등으로 이어지는 관계이다.

2

a. She went **out**.
  그녀는 나갔다.

b. The branch sticks **out**.
  그 가지가 바깥쪽으로 튀어나온다.

c. The tunnel goes **out**.
  그 터널은 밖으로 통해 있다.

d. The cat in the basket jumped **out**.
  그 바구니에 있던 고양이가 튀어나왔다.

e. I asked her **out** on a date.
  나는 그녀에게 데이트를 나오게 요청했다.

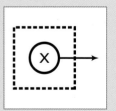  

도식 3 a. 밖으로 나가기   b. 가지가 뻗어 나가기   c. 터널 빠져나가기

3.2. 내뻗기

다음에서처럼 어떤 사람이 팔을 내뻗거나 사방으로 휘두르는 관계도 **out**으로 표현된다.

3

a. He reached **out** to touch something.
그는 무엇인가 만지려고 그의 손을 내뻗었다.

b. He struck **out** in fury.
그는 화가 몹시 나서 손을 휘둘러 쳤다.

c. John hit **out** in all directions.
존은 사방으로 휘둘러 쳤다.

d. The horse sometimes kicks **out** at you.
그 말은 가끔 당신을 발로 찬다.

3.3. -내기

3.3.1. 짜내기

다음에서 **out**은 속이나 안에 있던 것이 짜져서 나오는 관계를 나타낸다.

4

a. Wring the water **out** (of the dishcloth).
(행주에서) 물을 비틀어 짜내라.

b. Squeeze the water **out** (of the rag).
(걸레에서) 물을 압축해서 짜내라.

c. This tool is for pressing juice **out** of fruit.
이 도구는 과일에서 주스를 짜내는 데 쓰인다.

d. There is dust in the mat. Beat it **out**.
그 깔개에 먼지가 있다. 털어 내라.

3.3.2. 뽑거나 걸러 내기

다음에서 **out**은 무엇을 뽑거나 걸러서 나오는 관계를 그린다.

> **5**
>
> **a.** Take **out** the apples we'll take with us.
> 우리가 가지고 갈 사과들을 꺼내라.
>
> **b.** There are rocks in rice: sift them **out**.
> 쌀에 돌들이 있다. 그들을 가려내라.
>
> **c.** We weeded **out** the wild flowers.
> 우리는 그 야생화들을 뽑아냈다.

3.3.3. 오리거나 도려내기

다음에서 **out**은 도려내거나 오려서 나오는 관계를 나타낸다.

> **6**
>
> **a.** Carve **out** the best piece of meat.
> 고기의 가장 좋은 부분을 도려내라.
>
> **b.** Cut **out** the picture and save it.
> 그 그림을 오려 내서 보관해라.
>
> **c.** He cut **out** the article about his performance.
> 그는 자신의 공연에 대한 기사를 오려 냈다.

다음 도식에서 Y는 전체 X에서 도려내어진다.

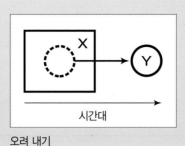

오려 내기   도식 4

3.3.4. 약속 등에서 빠져나오기

다음에서 out은 약속 등에서 빠져나오는 관계를 나타낸다.

7

a. He bowed **out** (of the competition).
그는 (그 경쟁에서) 얌전하게 물러났다.

b. He chickened **out** (of swimming across the river).
그는 겁이 나서 (그 강을 헤엄치는 일에서) 뒷걸음쳐 물러났다.

c. You can't cop **out** (of raising your children).
너는 (네 자식을 기르는 책임에서) 벗어날 수 없다.

3.3.5. 경기에서 탈락

운동 경기에서 선수가 경기를 하고 있을 때는 그가 경기의 영역 안에 있는 것이고, 퇴장이나 탈락을 당할 때는 그가 이 영역에서 벗어나는 것으로 풀이된다.

8

a. He struck **out** the best batter.
그는 그 최우수 타자를 스트라이크로 물러나게 했다.

b. The batter fouled **out**.
그 타자는 파울로 물러났다.

c. The referee counted **out** the felled boxer.
그 심판관은 쓰러진 그 권투 선수를 10까지 세어서 퇴장시켰다.

3.3.6. 가리거나 골라내기

다음에서 **out**은 무엇을 가리거나 골라내는 관계를 나타낸다.

9

a. Separate **out** the facts from fantasies.
그 사실들을 환상들에서 가려내라.

b. Sort **out** facts from fiction.
사실들을 공상들에서 분리해 내라.

c. She always picks **out** the most expensive toys.
그녀는 언제나 가장 비싼 장난감들을 고른다.

3.3.7. 빼놓기

다음에서 **out**은 무엇이 들어갈 곳을 빼놓는 관계를 그린다.

10

a. In telling his mother about his trip, he left **out** the part about going to Korea.
그는 자기의 여행을 어머니께 이야기할 때 한국에 가는 부분은 빼놓았다.

b. The captain missed Tom **out** of the list.
그 주장은 톰을 그 명단에서 빠뜨렸다.

3.3.8. 내주기

다음에서 **out**은 소유 영역에서 책, 집 등이 나가는 관계를 나타낸다.

11

a. Did you lend **out** all your books?
당신은 당신의 모든 책을 빌려 주었습니까?

b. He rents **out** his house at the beach.
그는 그 해변에 있는 그의 집을 세놓는다.

3.3.9. 나누어 주기

다음에서 **out**은 물건을 여러 사람에게 내어주는 관계를 나타낸다.

12

a. She dished **out** vegetables.
그녀는 야채들을 퍼서 갈라 주었다.

b. Please serve **out** the rice.
그 밥을 퍼서 갈라 주세요.

c. She gave **out** the handouts.
그녀는 그 유인물들을 배부했다.

d. The judge boasted of meting **out** probations.
그 판사는 집행 유예들을 내린 것을 자랑스럽게 생각했다.

e. He brought **out** some interesting facts.
그는 몇 가지 재미있는 사실을 제시했다.

3.3.10. 드러내기

다음에서 **out**은 결과가 드러나는 관계를 나타낸다.

13

a. It came **out** that he had been cheated.
그가 속았음이 드러났다.

b. He turned **out** to be well.
그는 건강한 것으로 드러났다.

3.3.11. 새어 나오기

다음에서 **out**은 비밀 등이 새어 나오는 관계를 나타낸다.

14

a. She let **out** that she had been married before.
그녀는 전에 결혼한 적이 있음을 누설했다.

b. The news of his appointment leaked **out**.
그의 임명 소식이 새어 나왔다.

3.3.12. 다 없어짐

다음에서 **out**은 보급품, 휘발유 등이 다 떨어짐을 나타낸다.

15

a. There was so much demand for the new postage stamps that before midday supplies had run **out**.
그 새 우표에 대한 수요가 매우 많아서 정오가 되기 전에 우표가 다 나갔다.

b. When we were only a few miles from our destination, the gasoline gave **out**.
우리가 목적지에서 몇 마일 떨어져 있지 않을 때 휘발유가 떨어졌다.

c. It was feared that food supplies would give **out**.
그 식량 공급이 떨어질까 봐 걱정이었다.

위 문장에서 **out**은 보급품, 휘발유 등이 다 없어지는 관계를 나타낸다. 인간의 힘도 마찬가지로 생각할 수 있다. 힘이란 인간의 몸이라는 용기에 담겨 있다고 볼 수가 있다. 힘이 몸을 빠져나간다는 것은 힘이 없어진다는 뜻이 된다.

16

She talked (cried, tired) herself **out**.
그녀는 얘기를 해서(울어서, 일을 많이 해서) 녹초가 되었다.

3.3.13. 찾아내기

다음에서 **out**은 숨은 것을 찾아내는 관계를 그린다.

17

a. The reporter ferreted **out** the facts.
그 기자가 그 사실들을 캐냈다.

b. I must search **out** the truth about my origins.
나는 내 출생에 관한 진실을 찾아내야 한다.

c. The public smoked **out** the criminal.
대중이 그 범인을 찾아냈다.

d. I have to hunt **out** his address.
나는 그의 주소를 찾아내야 한다.

e. The reporter nosed **out** some unpleasant facts about him.
그 기자는 그분에 대해서 불쾌한 사실을 캐냈다.

f. He searched **out** the tools that he needed.
그는 그 필요한 도구들을 찾아냈다.

g. How can we seek **out** a right person for the job?
우리는 어떤 방법으로 그 자리에 적합한 사람을 찾아낼 수 있을까?

3.3.14. 알아내기

모르는 것을 알아내거나 찾아내는 것도 **out**으로 표현된다.

18

a. Try to figure **out** how to do it.
그것을 어떻게 하는지 알아내라.

b. Can you make **out** who is standing there?
저기 누가 서 있는지 알아낼 수 있습니까?

c. The police pieced **out** what had happened.
그 경찰이 일어났던 사건을 짜맞추어 냈다.

도구나 기계 같은 것의 성능을 알아냄을 나타내는 데에도 **out**이 쓰인다.

19

a. They tested **out** the new model.
그들은 그 새 모형을 시험해 보았다.

b. They are going to try **out** the new engine.
그들은 그 새 엔진을 시험해서 성능을 알아낼 예정이다.

c. He checked **out** all the instruments.
그는 그 모든 기기들을 조사해서 상태를 알아내었다.

3.4. out의 중의성

3.4.1. 안 보이던 것이 보이는 관계

보이지 않던 것이 시각 영역으로 들어오는 경우도 **out**으로 표현되고 보이던 것이 시각 영역에서 사라지는 것도 **out**으로 표현된다.

20

a. The heat rash broke **out**.
그 땀띠가 돋아났다.

b. Are the daffodils **out** yet?
그 수선화들이 피어났니?

c. The stars came **out** one by one.
그 별들이 하나하나 나타났다.

d. The mountain is **out**.
그 산이 나타났다.

위 예문에서 X는 보이지 않던 상태에서 밖으로 나와 보이게 된다.

3.4.2. 보이던 것이 안 보임

다음에서는 들리던 소리가 안 들리고, 보이던 것이 안 보이게 되는 관계를

out이 나타낸다.

21

a. Drown **out** the music.
그 음악이 들리지 않게 해라.

b. Smog blotted **out** the sun.
스모그가 태양을 안 보이게 했다.

3.4.3. 불이 나가는 관계

불이 피어 있거나 켜져 있으면 우리는 그 열을 느낄 수 있고 또 그 빛을 볼 수가 있다. 반대로 불이 나가면 우리는 빛이나 열을 느낄 수 없다. 즉, 불이 관찰자의 영역에서 벗어나는 것으로 풀이된다.

22

a. The light went **out**.
그 불이 나갔다.

b. The flame blew **out**.
그 불꽃이 꺼졌다.

c. Put **out** the fire.
그 불을 꺼라.

d. Turn **out** the light.
그 전등을 꺼라.

위 22에서 X는 빛이나 열인데 **out**은 이들이 관찰자의 영역에서 사라짐을 나타낸다.

3.4.4. 없던 것이 생기는 관계

out은 안 보이던 것이 보이게 되는 관계를 나타낸다. 이 관계는 없던 것이 생겨나는 관계를 나타내는 때에도 쓰인다.

> **23**
>
> a. Work **out** the details.
> 그 세부 사항들을 만들어 내라.
>
> b. Think **out** the implications.
> 내포된 그 의미들을 생각해서 만들어 내라.
>
> c. The novelist churned **out** short stories.
> 그 소설가는 많은 단편 소설들을 써냈다.

3.4.5. 있던 것이 없어지는 관계

보이던 것이 안 보이게 되는 관계는 있던 것이 없어지는 관계에도 적용된다.
다음 문장에서는 주어가 하는 동작의 결과로 시트의 주름 등이 없어지게 된다.

> **24**
>
> a. Please smooth **out** the sheet.
> 그 시트를 잘 펴서 (주름 등을) 없애세요.
>
> b. She combed **out** the knots.
> 그녀는 머리를 빗어서 그 엉킴들을 풀었다.
>
> c. He bleached **out** the odd color.
> 그는 표백제를 써서 그 이상한 색을 제거했다.
>
> d. The mark will rinse **out** in time.
> 그 흔적은 시간이 지나면 씻겨져 없어질 것이다.

시트 구김, 머리 엉킴, 색, 흔적 등이 주어가 하는 적절한 행위로 없어진다.
영역이 바뀌는 극단적인 경우는 존재하던 개체가 없어지는 변화이다.
다음에서는 관습이나 해, 혹은 은행 계좌 등이 없어지게 된다.

> **25**
>
> a. The custom is dying **out**.
> 그 관습이 없어져 간다.
>
> b. Ring **out** the old year.
> 종을 쳐서 묵은 해를 보내라.

c. Close **out** your bank account.
당신의 은행 구좌를 닫아서 없애세요(즉, 해지하세요).

3.5. 펼치기

3.5.1. 물건을 펼치기

다음에서 **out**은 물건들을 펼쳐 놓는 관계를 그린다.

26

a. Lay **out** the tools on the table.
그 도구들을 그 탁자 위에 펼쳐 놓아라.

b. He set **out** the table.
그는 그 상을 차려 놓았다.

c. He laid the cards **out** on the table.
그는 탁자 위에 그 카드들을 펼쳐 놓았다.

d. The soldiers spread **out** when they were crossing the field.
그 병사들은 그 들판을 가로질러 갈 때 넓게 퍼졌다.

26b에서 table은 환유적으로 식탁에 오르는 그릇을 가리킨다.

3.5.2. 상세하게 만들기

물건을 펼쳐 놓은 관계를 나타내는 **out**은 계획이나 여정 등을 상세하게 만드는 관계를 나타낸다.

27

a. Lay **out** a garden.
정원의 설계를 상세하게 만들어 내라.

b. Map **out** your course.
가는 길을 지도에 상세하게 표시해라.

c. He is working **out** the plot of his next book.
그는 다음 책의 구성을 상세하게 만들어 내고 있다.

d. Spell **out** the word.
그 낱말의 철자를 풀어 써라.

e. Write **out** the abbreviation.
그 약자를 풀어 써라.

27에서 정원의 설계, 갈 길, 책의 구상 등은 마음속에 희미하게 들어 있을 수가 있는데 이것을 밖으로 끌어내어 상세하게 함을 **out**이 나타낸다.

3.6. 과정의 결과

다음에 쓰인 **out**은 과정의 결과를 나타낸다.

28

a. Everything turned **out** OK.
모든 일이 잘되었다.

b. Everything worked **out** OK.
모든 일이 잘 이루어졌다.

c. The photo comes **out** well.
그 사진이 잘 나왔다.

3.7. 기계 등을 못 쓰게 되는 관계

다음에서 **out**은 기계 등이 타거나 녹슬거나 오래 써서 못 쓰게 되는 관계를 나타낸다.

29

a. The brake burned **out**.
그 제동기가 타서 못 쓰게 되었다.

b. The part rusted **out.**
그 부품은 녹이 슬어 못 쓰게 되었다.

c. The shoes wore **out.**
그 신은 닳아서 못 신게 되었다.

3.8. 의식이 나가기

다음에서 **out**은 의식이 사람에게서 벗어나는 관계를 그린다.

30

a. He knocked **out** his opponent.
그는 그의 상대방을 쳐서 의식을 잃게 했다.

b. This gas will put you **out** during operation.
이 가스는 수술 중 당신의 의식을 나가게 할 것이다.

c. After the accident, he blacked **out.**
그 사고 후 그는 의식을 잃었다.

d. I thought I was going to pass **out.**
나는 의식을 잃을 것같이 생각되었다.

30에서 **out**은 맞거나 수술을 받거나 또 그 밖의 일로 의식이 사람에게서 나가는 관계를 나타낸다.

3.9. 내던지기

다음에서 **out**은 생각을 버리거나 안 받아들이는 관계를 나타낸다. 영어에 '생각은 공이다'라는 은유가 있다. Y는 사고의 영역이고 X는 이 영역을 던져 버리거나 받아들이지 않는다.

31

a. Throw **out** that garbage.
그 저 쓰레기(생각)를 내다 버려라.

b. They laughed **out** his ideas.
그들은 그의 생각을 웃으면서 받아들이지 않았다.

c. They ruled **out** that possibility.
그들은 그 가능성을 고려에 넣지 않았다.

31a에서는 어느 사람의 머릿속에 있는 쓰레기 같은 생각을 바깥으로 버림을, 31b에서는 누구의 생각을 비웃으면서 받아들이지 않음을, 31c에서는 그 가능성을 사고의 영역에서 벗어나게 하거나 들어오지 못하게 함을 **out**이 나타낸다.

32

a. I may throw **out** an idea which you may then throw out as a foolish one.
내가 생각을 (마음속에서) 내어놓으면 그것을 당신이 (듣고 나서) 어리석은 것으로 버릴지도 모른다.

b. I may dredge **out** a fact from memory or blot it out.
나는 기억에서 어떤 사실을 끌어낼 수도 있고 그것을 지워 버릴 수도 있다.

32a에서 **out**은 내가 내놓은 생각이 내 머리에서 나와서 상대방에게 들어가고 상대방에게 들어간 생각이 밖으로 나감을 나타낸다. 32b는 어떤 사실을 기억 속에서 끌어내면 의식 속에 들어오고, 지우면 의식 속에서 나가게 된다는 것을 **out**을 통해 표현한다.

3.10. 정상에서 벗어나기

다음에서 X는 정상 상태, 바람직한 상태, 예상 상태이다. 이 상태를 벗어나면 비정상 상태, 바람직하지 못한 상태, 예상을 벗어난 상태로 들어간다.

33

a. That remark put me **out**.
그 말이 나를 기분 나쁘게 했다.

b. The two people fell **out** over it.
그 두 사람은 그것 때문에 사이가 나빠졌다.

c. The forecast is **out**.
그 예측은 빗나갔다.

d. The bill is **out** by 100 dollars.
그 청구서는 100달러가 틀렸다.

3.11. 확장

3.11.1. 선·간격의 확장

다음 예문에서는 선이나 보폭 등의 확장을 **out**이 나타낸다.

34

a. Stretch **out** the rope.
그 로프를 뻗쳐서 길게 해라.

b. Grow **out** your hair so that you can have it styled.
꾸밀 수 있게 당신의 머리를 좀 더 기르세요.

c. Space **out** the flowers more.
그 꽃들 사이의 거리를 넓혀라.

d. Lengthen **out** your stride.
당신의 보폭을 늘리세요.

34a에서 로프의 주어진 길이가 있으면 **out**은 이것을 당겨서 더 길게 하라는 뜻이다. 34b에서 **out**은 머리카락의 길이를 더 길게 한다는 것을 나타낸다. 위 34c는 꽃과 꽃 사이의 간격이 넓어지고, 34d에서는 보폭이 넓어지는 관계를 **out**이 나타낸다.

 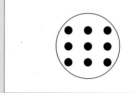

도식 5   a. 좁은 간격   b. 넓어진 간격

3.11.2. 면적의 확장

다음에서 **out**은 평면의 면적이 늘어남을 나타낸다.

35

   a. Flatten **out** the dough.
     그 반죽을 납작하게 눌러서 넓게 하라.

   b. Pound **out** the silver until it is thin.
     얇아질 때까지 그 은을 두들겨 펴라.

   c. The housing development has sprawled **out** all over the valley.
     그 주택 단지 개발이 그 계곡 전체로 펼쳐져 나가 있다.

위 35a에서는 반죽이 펼쳐지고, 35b에서는 은이 펼쳐지고, 35c에서는 개발지역이 펼쳐진다.

나뭇가지가 벌어지면 그 영역이 넓어지듯이, 회사나 상점의 경우, 본점을 중심으로 지점이 생기면 회사의 영역이 넓어지는 것으로 생각할 수 있다. 이러한 넓어짐도 **out**으로 표현된다.

36

   a. The tree is beginning to branch **out**.
     그 나무는 가지가 벌어지기 시작하고 있다.

   b. The company branched **out**.
     그 회사는 지점이 생겨서 커졌다.

양탄자가 펼쳐지고 우산이 펼쳐지는 것도 out으로 표현된다.

37
 a. Roll **out** the red carpet.
 붉은 양탄자를 다 펴라.

 b. Open **out** the umbrella.
 우산을 다 펴라.

3.11.3. 부피의 확장

또, 입체적인 물건의 부피가 커지는 것도 확장이므로 out으로 표현된다.

38
 a. It ballooned **out**.
 그것은 풍선처럼 커졌다.

 b. He puffed **out** his cheeks.
 그는 입에 바람을 넣어 그의 볼들이 불룩하게 했다.

 c. Birds fluff **out** their feathers to keep warm.
 새들은 보온을 유지하기 위해서 그들의 깃털들을 부풀게 한다.

 d. She really fills **out** that dress.
 그녀는 살이 쪄서 그 옷이 꼭 낀다.

 e. John is fleshing **out**.
 존은 살이 붙고 있다.

38a, 38b에서 풍선이나 뺨은 바람이 들어가면 커진다. 38c의 깃털도 사이사이에 바람이 들어가면 부풀어 커진다. 38d, 38e에서는 살이 쪄서 옷을 팽팽하게 한다. 위의 경우 모두 X가 입체적으로 커진다.

3.12. 생각을 나타내기

생각은 머릿속에 있고 이것이 밖으로 나오면 표현이 된다. 표현 방법에는 소리, 문자, 악기, 행동 등이 있다.

3.12.1. 도구나 악기로 표현

다음은 마음속의 생각을 글이나 악기로 나타내는 경우이다.

39

a. Tap **out** the message in Morse code.
그 내용을 모스 부호로 쳐 내라.

b. Unable to answer, she typed **out** her answer.
대답을 할 수 없어서 그녀는 그녀의 대답을 타자로 쳐 냈다.

c. Pound **out** something on the computer.
그 컴퓨터에 무엇을 쳐 내시오.

40

a. Pound **out** a tune on the piano.
한 곡을 피아노로 쳐서 표현하시오.

b. Saw **out** a tune on the violin.
한 곡을 바이올린으로 켜서 표현하시오.

c. Strum **out** a tune on the guitar.
한 곡을 기타로 쳐서 표현하시오.

d. Beat **out** the message on the drum.
그 내용을 북으로 쳐 내라.

3.12.2. 소리로 표현

다음은 마음속의 생각을 음성으로 나타내는 경우이다.

41

a. Bark **out** orders.
명령들을 큰 소리로 해라.

b. Call **out** your name.
너의 이름을 큰 소리로 외쳐라.

c. Shout **out** your answer.
대답을 큰 소리로 말해라.

d. Peter blurted **out** the secret.
피터는 부지중에 그 비밀을 말해 버렸다.

주문이나 대답은 처음 머릿속에 있는 것이고 이것을 말로 표현하는 것도 속에서 밖으로 나오는 것으로 생각될 수 있으므로 **out**이 쓰인다.

3.12.3. 문자로 표현

다음은 마음속의 추상적인 생각이 문자로 표현되는 경우이다.

42

a. Scribble **out** your signature.
당신의 사인을 휘갈겨서 내세요.

b. Write **out** your plans, ideas and goals.
당신의 계획들, 생각들, 목표들을 써내시오.

3.12.4. 몸짓이나 행동으로 표현

마음속에 있는 것은 몸짓이나 행동으로 나타낼 수 있다.

43

a. Act **out** your fantasies.
당신의 환상들을 행동으로 나타내시오.

b. Carry **out** your plans.
(마음속의) 계획들을 실천에 옮기시오.

c. Live **out** your dreams.
당신의 꿈들을 살면서 실현시키시오.

3.13. 소리나 빛의 발산

다음에서는 주어가 소리나 빛의 발원체이다. 다음에서 **out**은 소리나 빛이 사방으로 퍼지는 관계를 나타낸다.

44

a. The whale sends **out** distinctive sounds.
고래는 독특한 소리들을 내보낸다.

b. He cried **out** in pain.
그는 괴로워서 크게 울었다.

c. The bell rang **out**.
그 종소리가 울려 퍼졌다.

d. The candle gives **out** lots of light.
그 촛불은 많은 불빛을 내보낸다.

44a~44c에서 주어 X는 소리의 발원체이고, 여기에서 소리가 나와 사방으로 퍼져 나간다. 44d에서도 주어 X는 빛의 발원체이고 여기에서 빛이 나와 사방으로 퍼져 나간다. 44의 **out**이 나타내는 관계는 아래와 같은 도식으로 나타낼 수 있다.

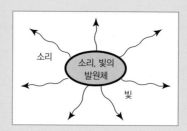

도식 6

3.14. 시선이나 주의의 퍼짐

다음에서 **out**은 시선이나 주의가 사방으로 퍼지는 관계를 그린다.

45

a. They are looking **out** for the escaped prisoners.
그들은 도망간 그 죄수들을 사방으로 주의 깊게 찾고 있다.

b. Watch **out** for warning signs.
경고 사인들을 주의 깊게 살피세요.

c. Mind **out** that you don't catch cold.
감기 걸리지 않도록 유의해라.

d. Will you listen **out** for the bus arriving?
그 버스가 오는지 소리를 유심히 들어 봐 주시겠습니까?

3.15. out과 시간

공간 관계를 나타내는 **out**은 시간 관계를 나타내는 데에도 쓰인다. 우리는 몇 가지 방법으로 시간을 영상화하는데, 그중의 하나가 시간을 움직이는 개체로 보는 방법이다.

다음에서 여름이나 한 해의 영역은 지나가 있는 것으로 표현되어 있다.

46

a. Summer is **out**.
여름이 지났다.

b. The year is **out**.
그해가 지났다.

위 46에서 여름이나 해는 움직이는 개체로 간주되고 이들이 우리가 사는 지역을 떠나는 것으로 풀이된다. 즉, 46은 시간은 움직이고 사람은 제자리에 있는 것으로 개념화하는 표현들이다. 이것을 도식으로 나타내면 다음과 같다.

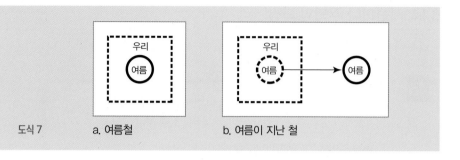

도식 7   a. 여름철   b. 여름이 지난 철

위 도식 7a에서 여름과 우리는 함께 있어서 우리가 여름에 있다는 뜻이 되겠고, 도식 7b에서는 우리와 같이 있던 여름이 떠나고 없어서 여름이 지났다는 뜻이 된다.

3.16. 과정이 끝나는 관계

다음에서 **out**은 경기나 강연 같은 과정이 끝나는 관계를 나타낸다. 운동 경기, 음악회, 강연회 등은 모두 일정 기간 동안 계속되므로 시간적 한계가 있다. 이러한 시간적 한계를 벗어나는 관계도 **out**으로 표현된다. 다음을 살펴보자.

47

a. In spite of the rain, we played the match **out**.
비가 왔으나 우리는 그 경기를 끝까지 했다.

b. They decided they would play the game **out**.
그들은 그 경기를 끝까지 하기로 결정했다.

c. I sat **out** the film although I did not like it.
나는 그 영화를 좋아하지 않았지만 그 영화가 끝날 때까지 앉아 있었다.

d. He served **out** his sentence.
그는 그의 형량을 마쳤다.

게임, 영화, 선고에는 시간적 한계가 있고 **out**은 X가 이 한계를 벗어났다는 뜻이다.

다음 48a~d에서 주어는 목적어가 끝날 때까지 싸우거나 기다린다. 48e, 48f 의 경우 어떤 절차나 과정을 완전하게 마친다.

48

a. They decided to fight it **out**.
그들은 끝까지 싸우기로 결정했다.

b. Please hear me **out**.
내 말을 끝까지 들으세요(me는 환유적으로 내가 하는 말을 가리킨다).

c. They waited **out** the night in a cave.
그들은 굴속에서 그 밤을 지샜다.

d. He lived **out** his remaining years of his life in America.
그는 생의 나머지 몇 해를 미국에서 보냈다.

e. He rounded **out** his meal with dessert.
그는 후식을 먹음으로써 그 식사 코스를 완전하게 했다.

f. The best way to round **out** your education is by travelling.
너의 교육을 완전하게 하는 최선의 방법은 여행에 의해서이다.

3.17. 시간 도려내기

종이에서 원이나 삼각형을 오려 낼 수 있듯이 정해진 시간에서 시간의 일부를 떼어 낼 수 있다. 운동 경기 중 작전을 위해 시간을 떼어 낼 수 있고, 일하는 도중 휴식을 위해 시간을 떼어 낼 수 있다. 다음에서 주어는 시간을 일과에서 도려내어 차를 마신다.

49

At 12 o'clock he took time **out** for a cup of coffee.
12시에 그는 커피 한잔을 마시기 위해 시간을 냈다.

3.18. 시간 늘리기

어떤 물건을 펴서 길게 할 수 있듯이 시간도 연장할 수 있다. 주말이란 한계가 정해진 기간이다. 그러나 이용하는 방법에 따라서 주말은 연장이 될 수 있다. 봄이 되면서 낮 시간이 길어지는 것도 연장의 한 예로 볼 수 있고, 회의의 시간을 길게 하는 것도 연장이다. 이러한 연장도 **out**으로 표현된다.

50

a. They drew the weekend **out** by leaving the office at noon on Friday and returning at noon on Monday.

그들은 금요일 12시에 사무실을 떠나서 월요일 12시에 돌아옴으로써 주말을 연장했다.

b. With the approach of spring, the days begin to draw **out** quite noticeably.

봄이 가까워지면서 낮들이 확실히 눈에 띄게 길어지기 시작한다.

c. He refused to draw **out** the meeting any further.

그는 그 회의를 더 이상 연장하는 것을 거절했다.

d. The speaker dragged **out** his speech for over two hours.

그 연사는 그의 연설을 2시간 이상 끌었다.

과정도 시간과 관계가 되므로, 연장될 수 있다.

51

a. He dragged **out** the affair.
그는 그 일을 질질 끌었다.

b. They stretched **out** the rest period.
그들은 그들의 쉬는 시간을 억지로 연장했다.

과정은 시간이 걸린다. 1시간에 끝낼 일을 2시간에 끝내면 시간이 늘어나는 것으로 볼 수가 있다. 51a에서는 이러한 늘어남이 **out**으로 표현된다. 51b의 경우, 휴식 시간이 10분인데 10분을 쉬지 않고 30분 동안 쉬었다면 휴식 시간이 연장된 것이다. 이러한 늘어남이나 연장이 **out**으로 표현된다.

3.19. 유지·지탱하기

물건이 부피나 길이를 넓히거나 길게 할 수 있고 시간을 연장할 수 있듯이, 일정한 양의 물건을 좀 더 오래 쓰게 할 수도 있다.

52

a. It is doubtful whether our resources will hang **out** for more than two or three days more.
우리의 재료가 2, 3일 더 버틸 수 있을지 의심스럽다.

b. I think the gasoline will hold **out** until we get home.
우리가 집에 도착할 때까지 그 휘발유가 떨어지지 않을 것으로 생각한다.

3.20. out의 결과

out은 be, keep과 같은 상태 유지를 나타내는 동사와 쓰이면 밖에 있는 결과를 나타낸다.

53

a. He is **out** now.
그는 지금 밖에 나가 있다.

b. Keep him **out**.
그를 들어오지 못하게 해라.

c. Our maid lives **out**.
우리 하인은 밖에서 산다.

d. He locked her **out** of the house.
그는 문을 잠가 그녀가 집으로 못 들어가게 했다.

다음에서 주어가 용기 역할을 하고, 이 용기에서 무엇이 다 나가는 것을 **out**
이 나타내고 이 무엇은 of + 명사로 명시된다.

> **54**
>
> **a.** We are **out** of milk.
> 우리는 우유가 떨어졌다.
>
> **b.** We have run **out** of gas.
> 우리는 휘발유가 떨어졌다.
>
> **c.** We are **out** of coffee.
> 우리는 커피가 떨어졌다.

다음 도식 8a는 X가 안에서 나가는 관계를, 도식 8b는 X가 밖에 나가 있는 관
계를 나타낸다.

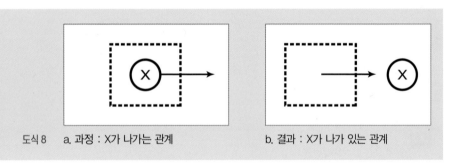

도식 8   a. 과정 : X가 나가는 관계   b. 결과 : X가 나가 있는 관계

다음 예에서도 **out**은 밖에 나가 있는 관계를 나타낸다.

> **55**
>
> **a.** Let's eat **out** tonight.
> 오늘 나가서 먹자.
>
> **b.** They slept **out** in the garden.
> 그들은 정원에서 잤다.

c. He stood **out** in the rain.
그는 비를 맞고 밖에 서 있었다.

d. Pluck that feather **out**.
그 깃털을 뽑아내라.

e. He plucked the arrow **out**.
그는 화살을 뽑아냈다.

OVER

over는 전치사와 부사로 쓰인다. 전치사 용법부터 살펴보자.

1. 전치사적 용법

전치사 over는 정적 관계와 동적 관계를 나타낸다. 먼저 정적 관계부터 살펴보자.

1.1. 정적 관계

정적 관계에서 X over Y는 X가 Y의 위쪽에 있고 X는 Y보다 더 크거나 거의 같은 관계를 나타낸다. 여기서 크다는 것은 평면일 수도 있고 선일 수도 있다. 또 X와 Y는 구체적인 개체일 수도 있고 추상적인 개체일 수도 있다. over가 나타내는 정적 관계는 다음 도식과 같이 나타낼 수 있다.

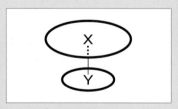

도식 1   a. 평면 : X가 Y 위에 있고, Y보다 크다   b. 선 : X가 Y보다 길다

도식 1a에서 X와 Y는 평면이고, 도식 1b에서 X와 Y는 선이다. 어느 경우이
든 X가 Y보다 크거나 길다. X와 Y 사이는 붙어 있을 수도 있고 떨어져 있을 수
도 있다.

다음 예를 살펴보자.

1

    a. The baloon is right **over** us.
       그 풍선이 바로 우리 위에 있다.

    b. The clouds are **over** the hill now.
       그 구름들이 지금 그 산 위에 있다.

    c. The balcony projects **over** the entrance.
       그 발코니가 그 출입구 위에 걸쳐 있다.

다음에서는 **over**의 관계를 구체적으로 살펴보자.

1.1.1. 덮거나 펼쳐지기

다음에 X는 Y를 덮거나 Y 위에 펼쳐진다.

2

    a. The zoo stands **over** 3 square miles.
       그 동물원은 3평방 마일 이상 차지한다.

    b. The railroad stretches **over** 300 miles.
       그 철도는 300마일 이상 뻗어 있다.

2a에서 X는 동물원의 면적으로 풀이되고, Y는 3평방 마일이다. 여기서 **over**
는 X가 Y보다 더 큼을 나타낸다. 2b에서 X는 철도의 길이이고 Y는 300마일이
다. 여기서 **over**는 어느 철도의 길이가 300마일보다 더 큼을 나타낸다.

1.1.2. 덮기

다음에서 **over**는 X가 Y를 덮는 관계를 나타낸다.

3

a. She laid the blanket **over** the bed.
그녀는 그 담요를 그 침대 위에 덮었다.

b. She spread a cloth **over** the table.
그녀는 식탁보를 그 식탁 위에 깔았다.

c. He put his hands **over** his face.
그는 그의 양손을 자신의 얼굴에 갖다 덮었다.

3a에서 담요가 침대보다 더 넓고, 3b에서 식탁보가 식탁보다 더 넓으며, 3c에서는 양손이 얼굴보다 더 넓다. 그러므로 3에서 **over**는 모두 X가 Y 전체를 덮는 관계를 나타낸다.

1.1.3. 넘어간 결과 상태

다음에서의 **over**는 X가 Y를 지나가 있는 결과 상태만 부각한다.

4

a. Tom is **over** the sea in Canada.
톰은 그 바다 건너 캐나다에 있다.

b. Bob is **over** the river now.
밥은 지금 그 강 건너에 있다.

다음 도식 2a에서는 X가 Y를 넘어가는 관계가, 도식 2b에서는 X가 Y를 넘어가 있는 결과가 부각된다.

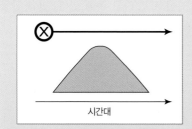

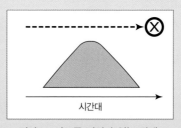

a. 과정 : X가 Y를 넘어가는 관계   b. 결과 : X가 Y를 넘어가 있는 관계   도식 2

결과를 나타내는 **over**는 관찰자 시선의 움직임의 결과를 나타내기도 한다.

5

  a. The house is **over** the river.
그 집은 그 강 건너에 있다.

  b. The Clintons live **over** the hill.
클린턴 씨 집은 그 언덕 너머에 있다.

위 문장들에서는 말하는 이의 위치가 중요하다. 말하는 이의 위치는 표현은 안 되어 있으나 이것을 생각해야 물건의 위치를 확인할 수 있다. 5는 다음과 같이 도식화될 수 있다.

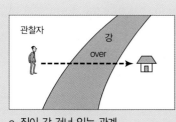
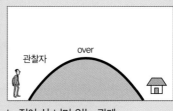

a. 집이 강 건너 있는 관계   b. 집이 산 너머 있는 관계   도식 3

위 5a에서 강을 사이에 두고 관찰자와 집이 서로 다른 쪽에 있다. 만약 관찰자와 집이 같은 쪽에 있으면 이러한 표현은 쓰일 수가 없다.

1.1.4. 90도 돌린 관계

지금까지 살펴본 **over**의 관계에서 X는 Y의 위쪽에 있었다. 그러나 다음에서 볼 수 있는 것과 같이 X는 Y의 옆에 있을 수도 있다.

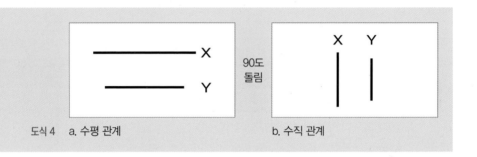

도식 4   a. 수평 관계   b. 수직 관계

다음 예에서 X와 Y는 거의 수직에 가깝다. 이것은 위 도식 4b의 실례로 볼 수 있다.

6

a. He put his hands **over** his ears to shut out the noise.
그는 그 소음을 막기 위해서 양손을 귀에다 덮었다.

b. He nailed boards **over** the windows before the storm.
그 태풍이 오기 전에 그는 널빤지들을 그 창문들에 못질해서 붙였다.

c. Hold a handkerchief **over** your mouth when you cough.
기침을 할 때에는 손수건을 너의 입에 대라.

d. A big cliff bangs **over** us.
큰 절벽이 우리 위에 있다.

1.1.5. 걸치기

다음에서 **over**는 X를 Y에 걸치는 관계이다. 이것은 도식 5b의 두 선은 직선 뿐만 아니라 곡선일 수 있음을 나타낸다.

a. X와 Y가 직선   b. X와 Y가 곡선   도식 5

7

a. He had a coat **over** his arm.
그는 그의 코트를 팔에 걸치고 있었다.

b. The towel is hanging **over** the back of the chair.
그 수건은 그 의자의 등에 걸쳐 있다.

7a에서 코트를 팔에 걸치면 X인 coat가 팔의 한쪽에서 다른 쪽으로 걸쳐진다. 7b에서 수건이 의자 등에 걸쳐 있다.

1.1.6. 전체에 퍼지기

다음에서 **over**는 액체류 X가 Y를 덮거나, 그 위에 펼쳐지는 관계를 나타낸다.

8

a. The water ran **over** the field.
물이 그 밭 전체를 덮고 흘러갔다.

b. The water ran **over** the rock.
물이 그 바위 전체 위를 흘러갔다.

c. She poured the syrup **over** the pancake.
그녀는 그 시럽을 그 팬케이크 전체에 부었다.

1.1.7. 흩어지거나 늘어져 있기

다음에서 **over**는 복수의 X가 Y 전체에 놓여 있거나 퍼져 있는 관계를 나타낸다.

9

a. The broken bottles lay all **over** the floor.
그 부서진 병들이 온 마루 전면에 깔려 있었다.

b. The little boy drew pictures all **over** the wall.
그 작은 소년이 그림들을 온 벽에 그렸다.

c. There were villages all **over** the country.
마을들이 그 나라의 전체에 퍼져 있었다.

위 9a에서 X와 Y가 나타내는 관계는 다음 도식 6a에서 부서진 병 조각들이 마루의 면적과 거의 같음을, 9b에서 꼬마가 그린 그림들이 벽 전체에 그려져 있음을 **over**가 나타낸다(도식 6b 참조).

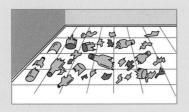 

도식 6   a. 병 조각 : 마루에 흩어져 있는 관계   b. 낙서나 그림 : 벽에 덮여 있는 관계

1.1.8. 뿌리기

다음에서 **over**는 가루 같은 물질을 Y 전체에 뿌리는 관계를 나타낸다.

10

  a. You must brush some flour **over** the paper first.
    여러분은 먼저 그 종이 전체에 가루를 칠해야 합니다.

  b. The nurse dusted powder **over** the man's feet.
    그 간호사는 그 남자의 발 전체에 분을 뿌렸다.

1.1.9. 두루 움직임

다음에서 **over**는 어느 사람의 움직임이 Y의 전역에 미침을 나타낸다.

11

  a. He travelled all **over** the country.
    그는 그 나라의 모든 곳을 둘러보았다.

  b. I have been all **over** Jeju Island.
    나는 제주도의 곳곳을 다 가 보았다.

  c. They wandered **over** Western Canada.
    그들은 서부 캐나다를 두루 헤맸다.

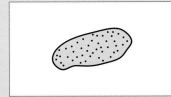

제주도 : 전역을 다니는 관계   도식 7

1.1.10. 환유

다음에 쓰인 sun은 환유적으로 햇빛을, 그리고 lamp도 환유적으로 램프 빛을 가리킨다. 다음에서 **over**는 햇빛이나 불빛이 Y로 도는 관계를 나타낸다.

12

a. The sun is **over** us.
   햇빛이 우리를 덮고 있다.

b. The lamp is **over** the desk.
   그 램프불이 그 책상 위를 비치고 있다.

c. The lights are **over** the pool table.
   그 전등들이 그 당구대 위에 있다.

1.1.11. 수, 양, 정도

X **over** Y에서 X가 Y보다 수, 양, 정도 등에 있어서 크거나 많음을 나타낸다.

13

a. It cost **over** 10 dollars.
   그 값은 10달러가 넘었다.

b. It is **over** 6 pounds in weight.
   그것은 무게가 6파운드가 넘는다.

c. There were **over** 100 people here.
   여기에 100명 이상의 사람들이 있다.

다음에서도 **over**는 X가 Y보다 크거나 많음을 나타낸다.

14

a. The price of the coat is **over** my budget.
   그 코트 값은 내 예산을 초과한다.

b. This year's rainfall is 10 inches **over** last year's.
   금년 강수량은 작년 강수량보다 10인치 많다.

c. Ten feet from here, the water is **over** your head.
   여기서 10피트 들어가면 수위가 여러분 머리 위에 온다.

1.1.12. 통제나 지배하기

X **over** Y에서 X가 Y 위에 있고 더 크다는 관계는 X가 Y를 통제하거나 지배하는 관계를 나타낸다.

15
a. Queen Elizabeth reigned **over** England for many years.
엘리자베스 여왕은 영국을 여러 해 동안 통치했다.

b. They made him king **over** them.
그들은 그를 그들 위에 있는 왕으로 모셨다.

c. He was victorious **over** his opponent.
그는 그의 상대에게 이겼다.

d. He presided **over** the meeting.
그가 그 회의를 주재했다.

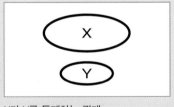

X가 Y를 통제하는 관계   도식 8

15a에서는 여왕이 백성 위에, 15b에서는 '그'가 '그들' 위에 있는 왕으로, 15c 에서는 '그'가 '그의 상대' 위에 있는 관계를 **over**가 나타낸다.

1.1.13. 감정의 원인

다음에서 X **over** Y에서 X는 감정이고, Y는 감정의 원인이다. 다시 말하면 감정은 Y를 두고 일어난다.

X의 감정이 Y로 인해 생기는 관계

16

a. She mourned **over** the loss.
그녀는 그 상실에 대해 애도했다.

b. She cried **over** her father's death.
그녀는 아버지의 죽음 때문에 슬피 울었다.

c. She grieved **over** the loss of her dog.
그녀는 개를 잃어버리고 슬퍼했다.

d. He worried **over** losing his job.
그는 일자리를 잃을까 걱정했다.

e. The public are enthusing **over** the new opera.
대중들은 그 새 오페라를 두고 열광하고 있다.

---

over는 이유를 나타내는 다른 전치사와 어떠한 점에서 다른가. **over**를 전치사 **at**과 비교해 보면 그 특성이 잘 드러난다. 17b에서 **at**의 목적어는 웃음에 대한 이유가 된다.

17

a. He regrets **at** her leaving.
그는 그녀가 떠나서 서운하다.

b. He laughed **at** my joke.
그는 내 농담을 듣고 웃었다.

17b에서 웃음과 농담 사이의 관계는 거의 순간적이다. 농담을 듣고 웃고 나면 그것으로 끝난다. 만일 at 대신 over가 쓰였다면, 17b의 뜻은 달라질 것이다. 즉, 농담을 한 번 듣고 그것에 대해서 계속 웃는다는 뜻이 될 것이다.

보통의 경우 laugh는 그렇지가 않으므로 over와 함께 잘 쓰이지 않는다. 반면 mourn 같은 동사는 laugh와는 달리 어떤 원인에 대한 반응이 순간적이 아니고 지속적이므로 at과 함께 쓰이지 않고 통상 over와 함께 쓰인다.

1.1.14. 생각의 대상

X over Y에서 X는 생각이고, over는 이 생각이 Y 전체에 미침을 나타낸다.

18

a. She has been brooding **over** her boy.
그녀는 아들에 대해서 골똘히 생각해 오고 있다.

b. The committee mulled **over** your suggestions.
그 위원회는 당신의 제안들을 신중히 생각했다.

c. He got out the map and pored **over** it.
그는 지도를 꺼내서 세심히 들여다보았다.

1.2. 동적 관계

위에서 살펴본 X **over** Y에서 X와 Y는 정적이었다. 다음에서 살펴본 예문에서 X는 움직이는 개체이다. **over**는 X가 Y를 넘어가는 이동 관계를 나타낸다.

1.2.1. 넘어가는 관계

19

a. The plane flew **over** the mountains.
그 비행기가 날아 그 산들을 지나갔다.

b. He jumped **over** the ditch/fence.
그는 그 도랑을/울타리를 뛰어넘었다.

c. They went **over** the sea to the island.
그들은 그 바다를 지나 그 섬에 갔다.

예문 19a에서 X는 비행기가 날아간 거리이고 Y는 산의 폭이다. 19b에서 X는
뛴 거리이고 Y는 도랑(또는 울타리)의 폭이다. 19c에서 X는 항해한 거리이고 Y
는 육지와 섬 사이의 거리이다. 모든 경우 X는 Y보다 길다.

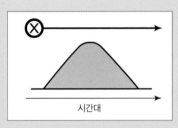

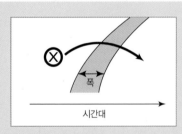

도식 10   a. 산을 넘기   b. 도랑을 넘기

다음 예에서 볼 수 있는 것과 같이 X의 이동은 수평일 수도 있고, 포물선이나
반포물선일 수도 있다.

20

a. He climbed **over** the wall.
그는 그 벽을 기어 넘어갔다.

b. He jumped **over** the fence.
그는 그 울타리를 뛰어넘었다.

c. He jumped **over** the cliff.
그는 그 절벽을 뛰어내렸다.

이 두 관계는 다음과 같이 도식화할 수 있다.

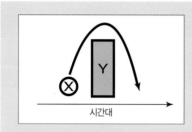

a. 포물선 : X의 이동이 포물선을 그리는
관계

b. 반포물선 : X의 이동이 반포물선을
그리는 관계

도식 11

1.2.2. 장애물 뛰어넘기

다음에서 **over**는 X가 장애물을 뛰어넘는 관계를 그린다. 슬픔, 어려움 등도
사람이 뛰어넘는 도랑이나 벽과 같은 장애물로 개념화된다.

21

a. The horse got **over** the hurdle.
그 말은 그 장애물을 뛰어넘었다.

b. He hasn't got **over** the death of his wife yet.
그는 아내의 죽음에서 오는 슬픔을 아직 극복하지 못했다.

c. They have to get **over** the difficulty.
그들은 그 어려움을 극복해야 한다.

1.3. 시간 관계

우리는 시간을 개념화할 때에 시점은 점으로, 그리고 시간은 길이로 생각한
다. 다음에서 **over**는 기간 X가 기간 Y보다 더 긴 관계를 나타낸다.

22

a. The war lasted **over** 20 years.
그 전쟁은 20년 이상 계속되었다.

b. It takes **over** an hour to go there.
그곳에 가는 데 1시간 이상이 걸린다.

c. They will stay here **over** the weekend.
그들은 주말 지나서까지 여기에 머물 것이다.

22a에서 X는 전쟁이 계속된 기간이고 Y는 20년이다. **over**는 X가 Y보다 크다
는 뜻이므로 전쟁 기간이 20년 이상임을 **over**가 나타낸다. **over**는 22b에서는
'그곳에 가는 데 걸리는 시간'이 1시간 이상임을 나타낸다.

도식 12 a. 전쟁 기간이 20년보다 길다   b. 가는 시간이 1시간 이상이다   c. 머무는 기간이 주말보다 길다

다음 X **over** Y에서 X는 Y에 걸려 있다. 아래 23a에서 청구서를 가지고 있는
시간이 다음 달까지 걸쳐 있다.

23

a. I shall hold this bill **over** until next month.
나는 이 청구서를 다음 달 이후까지 그냥 가지고 있겠다.

b. They will stay here **over** the holidays.
그들은 공휴일 지나서까지 여기에 머물 것이다.

c. Things vary **over** time.
모든 일은 시간이 지나면서 변한다.

> **d.** He achieved a lot **over** the ten years.
> 그는 그 10년이 지나는 동안 많은 것을 성취했다.

이것을 도식으로 나타내면 다음과 같다.

a. 청구서를 다음 달 넘어서까지 　　　b. 체류 기간이 공휴일을 넘어선다　　　도식 13
　갖고 있다

다음에서 **over**는 토의 등이 Y에 걸쳐 있다. 이때 Y는 환유적이다. 즉, a cup of tea는 차 한잔 자체가 아니라 차 한잔을 마시는 데 걸리는 시간이다.

24

> **a.** We discussed the matter **over** a cup of tea.
> 우리는 그 문제를 차를 마시면서 토의했다.
>
> **b.** They talked **over** their wine.
> 그들은 포도주를 마시면서 이야기를 했다.

위 24a, 24b를 직설적으로 풀이하면 차 한잔 또는 포도주를 놓고 토의나 이야기를 했다는 뜻이다.

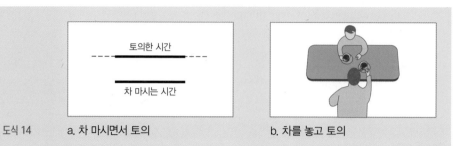

도식 14　　a. 차 마시면서 토의　　　　　　b. 차를 놓고 토의

2. 부사적 용법

　X over Y에서 Y가 쓰이지 않으면 over는 부사이다. Y가 안 쓰였으나 없는 것은 아니다. 세상 지식, 문맥, 화맥에서 듣는 이가 그 정체를 추리할 수 있다고 말하는 이가 생각할 때 Y가 안 쓰인다. 부사 over도 동적 관계와 정적 관계가 있다.

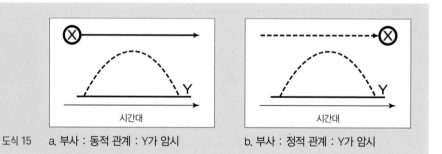

도식 15　　a. 부사 : 동적 관계 : Y가 암시　　b. 부사 : 정적 관계 : Y가 암시

2.1. 동적 관계

2.1.1. 세상 지식

아래에서 표현이 안 된 Y가 어떻게 추리되는지 살펴보자.

다음 25a에서 우유가 끓어 올라 냄비에서 흘러넘치고, 25c에서 bathtub은 욕조 자체가 흘러넘칠 수 없다. 이때 bathtub은 환유적으로 욕조의 물을 가리킨다.

25

a. The milk has boiled **over**.
그 우유가 끓어서 넘쳤다.

b. The coffee might spill **over**.
그 커피가 넘쳐흐를지 모른다.

c. The bathtub is running **over**.
목욕물이 넘쳐흐르고 있다.

d. The glass is brimming **over**.
잔이 넘쳐흐르고 있다.

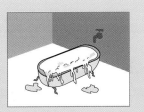

a. 우유 넘치기　　　　　b. 목욕물 넘치기　　　　　도식 16

2.1.2. 문맥

다음에서 **over**의 목적어는 문맥에서 파악된다. 26a에서 **over**의 목적어는 강이고 26b에서는 밭임을 알 수 있다. 또 26c, 26d에서 **over**의 목적어는 주어의 몸임을 알 수 있다.

26

a. When they reached the river, they tried to get **over**.
그들이 그 강가에 이르렀을 때, 그들은 (그 강을) 건너가려고 해 보았다.

b. The field is getting covered **over** with snow.
그 밭은 온통 눈으로 덮여 가고 있었다.

c. He is red all **over**.
그는 (몸 전체가) 온통 빨갛다.

d. He is aching all **over**.
그는 (온몸이) 쑤시고 있다.

2.1.3. 화맥에서 Y 추리

다음 27a와 27b에서 말하는 이가 듣는 이에게 건너오라고 하는데 무엇을 건너오는지를 말하는 이가 언급하지 않아도 이것을 알 수 있는 경우이다. 다음에서 말하는 이가 건너오는 곳은 화맥에 의해 결정된다.

27

a. Come **over** and have a drink.
건너와서 한잔 마셔라.

b. Please run **over** to the grocer's and get some eggs.
건너편 그 식료품 가게로 뛰어가서 달걀을 몇 개 사 와라.

c. The president stepped **over** into North Korea.
그 대통령은 (경계선을) 넘어 북한에 발을 내디뎠다.

위 27c에서 대통령이 넘어간 것은 TV 화면에서 보여 주던 남북을 가르는 분계선이다.

아래에서 동적 관계 부사 **over**의 구체적인 예를 살펴보자.

2.1.4. 지나가기

다음에서 **over**는 말하는 이와 듣는 이가 다 아는 곳이다. 한 예로 목적어는 우리가 살고 있는 곳이나 우리 자신일 수 있다.

28

a. The storm soon blew **over**.
그 폭풍이 곧 지났다.

b. Your trouble will soon pass **over**.
여러분의 고통은 곧 지나갈 것입니다.

위 28a에서 폭풍이 말하는 이와 듣는 이가 아는 곳을 지나가고, 28b에서 고통이 말하는 이나 듣는 이 또는 아는 이에게서 지나간다.

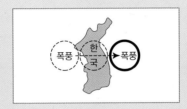

도식 17

2.1.5. 넘기거나 넘겨받기

한쪽에서 다른 쪽으로 넘어가거나 건너가는 **over**는 무엇을 넘기거나 넘겨받는 관계에도 쓰인다.

29

a. The general is taking **over** from his predecessor tomorrow.
그 장군은 그의 전임자로부터 내일 인계를 받을 예정이다.

b. She handed the letter **over** to his sister.
그녀는 그 편지를 누이에게 건네주었다.

c. All rights carry **over** to the purchaser.
모든 권리들은 그 구매자에게 넘어간다.

d. We had better turn the problem **over** to the director.
우리는 그 문제를 그 지배인에게 넘기는 것이 좋겠다.

e. He made most of his land **over** to his children.

그는 그의 땅의 대부분을 그의 자식들에게 넘겼다.

f. They intended to put the best qualities of the product **over** to the public.

그들은 그 생산품의 최고 특성들을 대중들에게 전달해 넘기고자 했다.

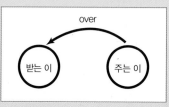

도식 18   a. 넘겨받기   b. 넘겨주기

2.1.6. 생각의 전달

전달되는 내용이나 생각, 그리고 인상은 공(ball)으로 개념화되어 한쪽에서 다른 쪽으로 넘어갈 수 있는 것으로 개념화한다.

30

a. The message came **over** clearly.

그 내용은 분명히 전달되어 넘어왔다.

b. He came **over** as intelligent.

그는 똑똑한 사람으로 우리에게 전해졌다.

c. He managed to get his idea **over** to us.

그는 그의 생각을 간신히 우리에게 넘어오게 했다(즉, 전달되게 했다).

2.1.7. 반복

다음에서 **over**는 먼저 한 일을 다시 하는 반복을 나타낸다.

31

a. She told the story **over** again.
그녀는 그 이야기를 반복했다.

b. The child sang the song **over**.
그 아이는 그 노래를 다시 불렀다.

c. He had already counted the money three times **over**.
그는 벌써 그 돈을 세 번이나 세었다.

31a에서 X는 '그녀가 이야기를 다시 하는 것'이고 Y는 '그녀가 처음 얘기한 것'이다. 즉, 처음 한 얘기 위에 또 한 번의 얘기가 있는 관계인데, 이것은 도식 19에 그대로 적용시켜도 무난하다.

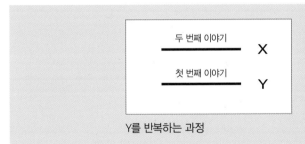

두 번째 이야기 ——— X

첫 번째 이야기 ——— Y

Y를 반복하는 과정　　　　　　　　　　도식 19

2.1.8. 몸을 굽히거나 넘어지기

다음에서 **over**는 기울임이나 굽힘이 포물선이나 반포물선을 그리는 관계를 나타낸다.

32

a. She leaned **over** to see her reflection in the water.
그녀는 그 물속의 자신의 그림자를 보기 위해 몸을 굽혔다.

b. He bent **over** and his brother climbed on his back.
그가 허리를 굽히자, 그의 동생이 그의 등에 올라탔다.

c. The baby tried to walk, but fell **over**.
아기가 걸어 보려고 했으나 넘어졌다.

d. The girl tumbled **over** and hit her head.
그 소녀는 넘어져서 머리를 찧었다.

도식 20 　 a. 허리 굽히기 　 b. 넘어지기

다음에서도 이동체가 굴곡을 그리면서 움직인다.

33

a. He knocked the teapot **over**.
그는 찻주전자를 쳐서 넘어뜨렸다.

b. During the earthquake the building topped **over**.
그 지진이 일어나는 동안 그 건물이 넘어졌다.

33a에서 서 있던 주전자가 넘어지고, 33b에서는 건물이 넘어진다.

도식 21 　 주전자 넘어지기

2.1.9. 돌아눕거나 구르기

다음에서 over는 사람이나 통나무 등이 구르는 관계를 나타낸다.

34

a. Every time I roll **over**, I wake up because I put my weight on my wounded knee.

돌아누울 때마다, 나의 다친 다리에 무게가 가해지기 때문에 나는 잠이 깬다.

b. I heard the clock, but I turned **over** and went back to sleep.

나는 그 시계 소리를 들었지만 뒤돌아 누워서 다시 잤다.

c. The barrel rolled **over**.

그 통이 데굴데굴 굴렀다.

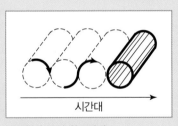

시간대

이동체가 굴러가는 관계   도식 22

도식 22에서 실선은 통이고 점선은 통이 굴러가는 자취이다. 화살표는 굴러 가는 방향을 나타낸다.

2.1.10. 건너가 있는 관계

지금까지 살펴본 부사 over는 이동체가 Y를 넘어가는 관계를 나타냈다. 다음 에서는 이동체가 Y를 넘어가 있는 관계를 나타낸다. 다음 도식이 두 관계를 나 타낸다.

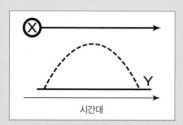 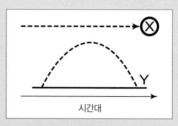

| 도식 23 | a. 과정 : X가 암시된 Y를 넘어가는 관계 | b. 결과 : X가 암시된 Y를 넘어가 있는 관계 |

35

a. Winter is **over**.
겨울이 지나갔다.

b. The war is **over**.
그 전쟁이 끝났다.

c. Our suffering will soon be **over**.
우리의 고통은 곧 지나갈 것이다.

2.2. 정적 관계

다음 문장의 동사는 명사에서 유래된 것이다. 그 뜻은 명사가 가리키는 물체가 어떤 영역이나 물체를 덮은 상태를 나타낸다.

36

a. The sky is clouding **over**.
하늘이 구름에 완전히 덮이고 있다.

b. The windows have frosted **over**.
그 창문들이 서리로 완전히 덮였다.

c. The lake iced **over** last night.
지난밤에 그 호수는 전체에 얼음이 얼었다.

d. The windows are boarded **over**.

그 창문들은 판자로 덮여 있다.

e. The door is painted **over** with red varnish.

그 문은 붉은 바니시로 전부 칠해져 있다.

다음에서도 Y는 문맥에서 추리될 수 있다.

37

a. The movie is suitable for children of 15 and **over**.

그 영화는 15세나 그 이상의 아이들에게 적합하다.

b. The agency deals with properties worth one million dollars and **over**.

그 부동산 업자는 백만 달러나 그 이상의 부동산을 취급한다.

2.2.1. Y는 필요한 개수

다음에서도 Y는 문맥에서 추리될 수 있다. Y는 전체 주어진 개수에서 취한 개수이고, X는 남은 개수이다.

38

a. There are five here, and we need three, so we have two **over**.

여기 다섯 개가 있는데 우리는 세 개가 필요하다. 그러므로 두 개가 남는다.

b. After everybody had taken what they needed, nothing remained **over**.

모든 사람이 필요한 것을 가지고 난 다음, 아무것도 남지 않았다.

다음 도식 24a에서 다섯 개 중 세 개를 택하면 두 개가 남고, 도식 24b에서 세 개 중 세 개를 택하면 남는 것이 없다.

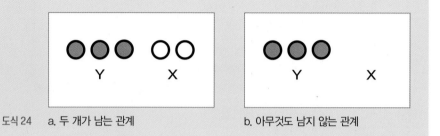

도식 24   a. 두 개가 남는 관계   b. 아무것도 남지 않는 관계

2.2.2. 생각이나 살핌

다음에서 **over**는 생각이나 살핌이 대상의 전체에 미침을 나타낸다.

39

a. Think the plan **over** before you decide.
결정을 하기 전에 그 안을 전체적으로 잘 생각해 보세요.

b. I will look the mail **over** carefully.
나는 그 우편물을 전체적으로 잘 살펴보겠다.

c. I talk the matter **over** with my partner.
나는 내 동업자와 같이 그 문제를 전반적으로 이야기하겠다.

3. 다른 전치사와의 비교

3.1. over와 across

같은 객관적인 상황을 놓고서도 이것을 어떻게 보느냐에 따라서 그 표현이 달라질 수 있다. 즉, 객관적 상황이 표현을 결정하는 것이 아니라, 말하는 이가 이 객관적 상황을 어떻게 보느냐에 따라 표현이 달라진다.

40

a. We stopped on the bridge **across** the river.
우리는 그 강을 가로지르는 다리 위에서 멈추었다.

b. We stopped on the bridge **over** the river.
우리는 그 강 위에 걸쳐 있는 다리 위에서 멈추었다.

40a에서 **across**는 강을 가로지른 점에 초점이 가 있고, 40b에서 **over**는 다리가 강 위에 있다는 점에 초점이 가 있다.

3.2. over와 through

이 두 전치사는 모두 '마치다', '끝나다'의 뜻으로 쓰일 수 있는데, 다음과 같은 차이가 있다. **through**의 경우는 행동하는 사람이나 과정을 치르는 사람이 주어로 나타나고, **over**의 경우는 어떤 과정이나 시간 속에 일어나는 일이 주어로 쓰인다. 다음 예들이 이 점을 예시해 준다.

41

a. We are **through** the meeting.
우리는 그 모임을 끝마쳤다.

b. The meeting is **over**.
그 회의가 끝났다.

41a에서는 우리(we)가 모임 처음에서 끝으로 움직여서 끝점에 있는 것으로, 그리고 41b에서는 회의가 움직여서 우리가 있는 영역을 넘어서 있는 것으로 영상화된다.

PAST

past는 전치사로만 쓰인다.

1. 전치사적 용법

X past Y에서 X가 Y를 지나가 있는 관계를 나타낸다. 이것을 도식화하면 다음과 같다.

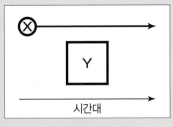

도식 1   전치사 : X가 Y를 지나가는 관계

1.1. 지나가는 관계

다음에서 주어는 past의 목적어를 지나간다.

1

a. We ran **past** the house.
우리는 뛰어서 그 집을 지나갔다.

b. I think we've gone **past** the corner where we should have turned.

내 생각에는 우리가 돌았어야 하는 곳을 지나온 것 같다.

c. Drive **past** the school and turn left.

그 학교를 지나서 좌회전하시오.

1.2. 지나간 관계

다음에서 **past**가 be 동사와 쓰여서 X가 Y를 지나간 관계를 나타낸다.

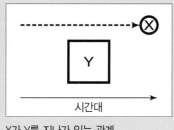

X가 Y를 지나가 있는 관계　　　　　　도식 2

다음에서 X와 Y는 시간이고, X가 Y를 지나 있다.

2

a. It is 10 **past** 12.

시간이 12시 10분이 지났다.

b. The train was late, so it was **past** dinner time before I got home.

그 기차가 늦어서 우리가 집에 도착하기 전에 저녁 시간이 끝났다.

c. You should get up now; it's **past** 10 o'clock.

너는 지금 일어나야 한다. 10시가 지났다.

1.3. 범위나 정도를 넘어섬

3

a. Your story is **past** belief.
너의 이야기는 믿음의 범위를 지나서 있다(즉, 믿을 수 없다).

b. He would not see me but I am **past** loving him.
그는 나를 보려고 하지 않는다. 그러나 나는 이미 그를 사랑하지 않는다.

SINCE

since는 전치사와 부사로 쓰인다. 먼저 전치사 용법부터 살펴보자.

1. 전치사적 용법

X since Y에서 X는 상태나 과정이고, Y는 과거 어느 시점이다. since는 상태나 과정이 과거 어느 시점에서 발화시까지 계속됨을 나타낸다. 그래서 since가 쓰이면 현재 완료나 현재 완료 진행형이 자주 쓰인다.

상태는 시작과 끝이 분명하지 않고, 이 두 시점 사이에 변화가 없다. 그래서 상태는 다음 도식에서 직선으로 표시되어 있다. 한편, 과정에는 시작과 끝이 분명하고 두 시점 사이에 변화가 있으므로, 과정은 다음 도식에서 곡선으로 표시되어 있다.

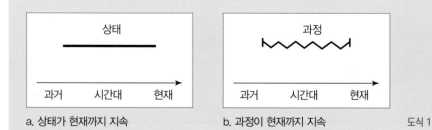

a. 상태가 현재까지 지속   b. 과정이 현재까지 지속   도식 1

1.1. 상태의 계속

다음 예문에서는 상태가 과거 어느 시점에서 현재까지 계속되고 있다.

1

a. The lake has been frozen over **since** last December.
그 호수는 작년 12월부터 얼어 있다.

b. It has remained hot **since** May.
그것은 5월부터 뜨거운 상태이다.

c. The store has been in business for 100 years **since** 1917.
그 가게는 1917년부터 100년간 영업을 하고 있다.

d. How long has it been **since** our last meeting?
지난번 마지막 만남부터 얼마 만이니?

e. They have been in love **since** high school.
그들은 고등학교 시절부터 사랑해 오고 있다.

since는 과거에서 현시점까지의 기간을 나타내는 전치사 **for**와 구분된다.

2

a. She has been on the beach **for** one hour and she begins to brown.
그녀는 1시간 동안 해변에 앉아 있는데 벌써 피부가 그을리기 시작했다.

b. He has been waiting for her **for** at least 30 minutes.
그는 그녀를 적어도 30분 기다리고 있었다.

1.2. 과정의 진행

다음 예에서는 과정이 과거 어느 시점에서부터 지금까지 계속되고 있다.

3

a. He has studying linguistics **since** 1970.
그는 1970년 이래로 언어학을 공부해 오고 있다.

b. He has been thinking of working abroad **since** college graduation.
그는 대학 졸업과 동시에 해외에 나가 일을 할 생각을 해 오고 있다.

c. The earth has been warming up **since** the industrial age.
지구는 산업 시대 이후 더워지고 있다.

d. He has been living in the house **since** his retirement.
그는 은퇴 후에 지금까지 이 집에서 살아오고 있다.

1.3. 한 번 일어난 일

과거에 한 번 일어난 일도 **since**와 같이 쓰일 수 있다. 다음 두 예문을 비교하여 보자.

4

a. He broke his own record.
그는 자신의 기록을 깼다.

b. He has broken his own record **since** his last marathon.
그는 그의 마지막 마라톤 이후 자신의 기록을 깼다.

위 4a는 자신의 기록을 깬 일이 과거의 일이며, 그래서 그 기록이 그 후에 깨졌는지 깨지지 않았는지 알 수가 없다. 그러나 현재 완료형이 쓰인 4b는 그 기록이 현재까지도 깨어지지 않았음을 암시한다. 즉, 그가 과거에 깬 기록이 현재에도 유효함을 나타낸다. 위 두 문장을 다음과 같이 도식화할 수 있다.

도식 2　a. 과거　　　　　　　　　　b. 현재 완료 : 과거의 사건을 현재와 관
　　　　　　　　　　　　　　　　　련시키는 관계

위의 도식에서 볼 수 있는 바와 같이 과거 시제는 과거에 일어난 일을 과거에 국한시킨다. 한편, 현재 완료형은 과거에 일어난 일이라도 현재와 관련이 있음을 나타낸다. 위 도식 2a는 X가 과거의 영역에 있고, 도식 2b에서는 X가 현재의 영역 속에 있다.

다음 두 문장을 비교하여 보자.

5

a. Open the window.
창문을 여세요.

b. I opened it./I have opened it.
나는 창문을 열었다./나는 창문을 열어 놓았다.

위 5a의 요청에 5b의 어느 대답이 적당한가? 5a의 요청은 창문이 열려 있지 않음을 전제로 한다. 그런데 5b가 과거형을 쓰면, 과거에 열었다는 사실만을 말한다. 그리고 현재 완료형이 쓰이면 창문을 연 것이 현재와 관련이 있음을 나타낸다.

다음에서도 과거와 현재 완료형 가운데 어느 것이 적절한가?

6

I am hungry.
나는 배가 고프다.

a. I did not eat anything after breakfast.
나는 아침 식사 후 아무것도 먹지 않았다.

b. I have not eaten anything since breakfast.
나는 아침 식사 후에 아무것도 먹은 것이 없다.

현재 배가 고픈 상태가 a와 b 중 어느 것이 더 적절한가? 위 6a는 내가 과거에 무엇을 먹지 않았다는 사실만을 말하고, 6b는 과거에 먹지 않은 것이 현재와도 관련이 있음을 나타낸다.

다음 문장에서 **since**가 쓰인 문장에 현재형과 미래형이 쓰였다. 과거 어느 시점에서 현재까지 주어진 사실이 유효하거나 처음 있는 일을 나타낸다.

7

a. The smartphone represents the best advance **since** the telephone.
스마트폰은 전화 이후 가장 좋은 진보이다.

b. Communication is changing **since** the advent of the smartphone.
의사소통은 스마트폰이 나타난 이후 계속 변하고 있다.

c. Maghan will appear for the first time **since** the birth of his son.
매건은 아들 출산 이후 처음 공식 석상에 나타날 것이다.

d. He is the 11th person to be rescued **since** the earthquake.
그는 그 지진 이후 지금까지 구조된 11번째 사람이다.

e. You are looking much better **since** your operation.
당신은 그 수술 후에 훨씬 나아 보입니다.

f. She does not come around to see us **since** her marriage.
그녀는 결혼 이후에 여기에 자주 오지 않는다.

g. I cannot stop thinking about him **since** his hospitalization.
나는 그가 입원한 후에 그에 대한 생각을 그칠 수 없다.

2. 부사적 용법

X **since** Y에서 Y가 쓰이지 않으면 **since**는 부사이다.

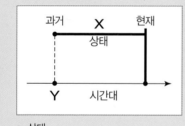 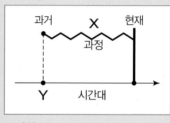

도식 3　　a. 상태　　　　　　　　　　　　　　b. 과정

다음에서 **since**의 목적어는 쓰이지 않았다. 그러나 Y는 문맥에서 추리될 수
있다.

8

a. She left Seoul ten years ago and I have not seen her **since**.
그녀는 10년 전에 서울을 떠났다. 나는 그 후 그녀를 보지 못했다.

b. He lost his job five years ago, but has found other work
since.
그는 5년 전에 실직을 했으나, 그 후 다른 일을 찾았다.

c. He came to Seoul in 2006, and has lived here ever **since**.
그는 2006년에 한국에 와서 그 후 줄곧 여기에 살고 있다.

위 8a에 암시된 Y는 10년 전 시점이다.

THROUGH

through는 전치사와 부사로 쓰인다. 먼저 전치사 용법부터 살펴보자.

1. 전치사적 용법

X through Y에서 X가 입체적이거나 입체적인 것은 아니지만 입체적인 것으로 생각되는 Y의 내부를 지나가는 관계를 나타낸다. 다음 도식에서 X는 Y를 관통한다.

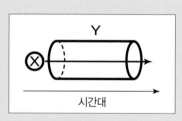

도식 1   X가 Y를 통과하는 관계

위 도식이 나타내는 관계가 어떻게 쓰이는지를 Y를 중심으로 살펴보자.

1.1. 뚫고 지나가기

다음에서 X는 창문, 뚜껑, 방을 지나간다.

1
a. The stone went **through** the window.
그 돌은 그 유리창을 뚫고 지나갔다.

b. I hammered a nail **through** the lid of a box.
나는 못을 그 상자 뚜껑에 박아 넣었다.

c. The shell passed **through** the room with a loud whistle.
그 포탄은 큰 소리를 내면서 그 방을 관통해 지나갔다.

1.2. 사람들이나 숲 지나가기

다음에서 X는 여러 사람이나 나무 숲을 뚫고 지나간다.

2
a. I pushed my way **through** the crowd and went out.
나는 그 군중 사이를 뚫고 지나서 밖으로 나왔다.

b. She passed **through** the party.
그녀는 그 파티에 모인 사람들 사이를 뚫고 지나갔다.

c. He ran **through** the trees.
그는 그 나무들 속을 뛰어 지나갔다.

d. He wandered **through** the forest.
그는 그 수풀 속을 헤매며 지나갔다.

1.3. 안개, 물

다음에서 X는 안개나 물속 공간을 지난다.

3
a. Our car's light could not shine **through** the fog.
우리 자동차의 불빛이 그 안개를 뚫고 비치지 못했다.

b. He swam **through** the water.
그는 그 물속을 헤엄쳐 지나갔다.

c. The submarine slid silently **through** the water.
그 잠수함은 소리 없이 그 물속을 미끄러지듯 지나갔다.

d. The earth moves **through** space.
지구는 우주 속을 움직인다.

e. Birds flew **through** the sky.
새들이 그 하늘을 날아 지나갔다.

1.4. 눈, 진흙

다음에서 X는 눈이나 진흙 속을 지나간다.

4

a. They marched **through** the snow.
그들은 그 눈 속을 행군했다.

b. They walked **through** the mud.
그들은 그 진흙 속을 걸어갔다.

1.5. 공원, 도시

다음 5a에서 전치사 **through**가 쓰였으므로 공원은 나무들이 있는 입체적인 것으로, 5b에서는 강이 강둑 사이를 지나간다.

5

a. They went **through** the park.
그들은 그 공원을 지나갔다.

b. The river flows **through** Seoul.
그 강은 서울의 한쪽에서 다른 쪽으로 흐른다.

1.6. 시간 속을 지나기

다음에서 X는 기간인 Y를 지나간다.

6

a. It rained **through** the night.
비가 그날 밤 내내 내렸다.

b. He worked hard **through** the year.
그는 그해 내내 열심히 일했다.

c. He slept **through** the storm.
그는 그 폭풍이 끝날 때까지 잤다.

1.7. 연주, 강의

다음에서 X는 연주나 강의 같은 과정을 지나간다.

7

a. He sat **through** the performance.
그는 그 연주 내내 앉아 있었다.

b. They giggled **through** the lecture.
그들은 그 강연 내내 낄낄거리고 웃어 댔다.

c. She got **through** her exams all right.
그녀는 그녀의 모든 시험들을 잘 치렀다.

1.8. 경유

다음 X **through** Y에서 X는 Y를 거쳐서 목적지에 도착한다.

8

He went to Hong Kong **through** Seoul.
그는 서울을 거쳐서 홍콩에 갔다.

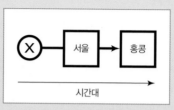

도식 2　　　　　　　　　X가 서울을 경유하여 홍콩에 가는 관계

위의 도식 2는 어느 사람이 Y를 거쳐서 어떤 상태에 이르게 되는 관계에도 적용된다.

9

a. He became rich **through** hard work.
그는 열심히 일해서 부자가 되었다.

b. He failed **through** laziness.
그는 게을러서 실패했다.

c. He lost his position **through** neglect of duty.
그는 의무 소홀로 자리를 잃었다.

다음 도식에서 X는 일을 거쳐서 부자가 된다.

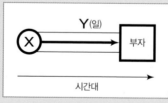

도식 3　　　　　　　　X가 Y를 지나 부자에 이르는 관계

다음에서도 X는 Y를 거쳐 이루어진다.

10

a. He educated himself **through** correspondence courses.
그는 통신 강의로 교육을 받았다.

b. He presented his ideas **through** statistics.
그는 통계로 자신의 생각들을 제시했다.

c. He got knowledge of the country **through** the reports.
그는 그 보고서들을 통해서 그 나라에 대한 지식을 얻었다.

다음에서 X는 Y를 거쳐서 연설을 하거나 일자리를 얻는다.

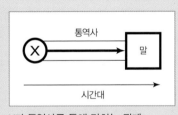

X가 통역사를 통해 말하는 관계   도식 4

11

a. The president speaks **through** an interpreter.
그 대통령은 통역을 통해 연설을 한다.

b. He got the job **through** a friend.
그는 친구를 통해 그 일자리를 구했다.

1.9. 소음

다음에서 X는 시끄러운 소리 속에서 말을 전달하거나 듣는다.

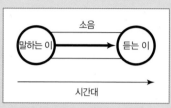

소음을 뚫고 말이 전달되는 관계

다음에서 소음을 뚫고 의사소통을 하거나 듣는다.

12

a. It was difficult to communicate with each other **through** the constant bangs and whistles of bombs.

끊임없이 폭탄들이 터지고 날아가는 소리 속에서 이야기를 주고받기가 어려웠다.

b. I could hear the cry of a child **through** all the shouting and singing.

나는 그 고함소리와 노랫소리를 뚫고 어린아이의 울음소리를 들을 수 있었다.

1.10. 몸

다음 X **through** Y는 울음소리나 고통이 몸을 지나는 관계를 그린다.

13

a. The cry went **through** me.

그 울음소리가 나를 꿰뚫고 지나갔다.

b. A sudden stab of pain went **through** me.

갑작스러운 찌르는 듯한 아픔이 내 몸을 뚫고 지나갔다.

1.11. 환유적 표현

다음 14의 thick과 thin은 환유적으로 표현하였다.

He remained faithful to his friend **through** thick and thin.
그는 좋은 일이 있을 때나 궂은 일이 있을 때나 항상 그의 친구에게 충실했다.

1.12. 통과의 결과

위에서 우리는 X가 Y를 통과하는 관계를 살펴보았다. **through**는 X가 Y를 통과해 있는 관계도 나타낸다. 다음 도식 6a는 X가 Y를 통과하는 관계를, 도식 6b는 X가 Y를 통과해 있는 관계를 나타낸다.

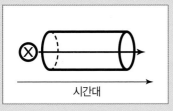
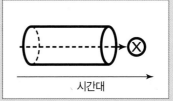

a. 통과 과정 : X가 Y를 통과하는 관계   b. 통과 결과 : X가 Y를 통과한 관계   도식 6

15

a. Tom is **through** his examination.
톰은 시험을 다 끝냈다.

b. I will be **through** this work in a few minutes.
나는 몇 분 지나면 이 일을 다 끝낼 것이다.

c. I am halfway **through** the book.
나는 그 책을 반쯤 끝냈다.

d. We are **through** school at 3.
우리는 3시에 학교가 끝난다.

다음에서 X는 복수이고, 이들이 Y 전체에 있다.

16

a. I could see that tiny pieces of dust were scattered **through** the air.
나는 작은 먼지의 입자들이 공기 전체에 흩어져 있는 것을 볼 수 있었다.

b. His relatives are scattered **through** the world.
그의 친척들은 세계 곳곳에 흩어져 있다.

2. 부사적 용법

X **through** Y에서 Y는 문맥이나 상황에서 추리될 수 있으며 쓰이지 않는다. Y 없이 쓰인 **through**는 부사이다.

2.1. Y의 추리

다음 도식 7a는 전치사 **through**이고, 도식 7b는 부사 **through**의 도식이다. 도식 7b에서 Y는 점선으로 되어 있다. 명시되지 않은 Y는 문맥, 화맥, 세상 지식으로 추리될 수 있을 때 쓰이지 않는다.

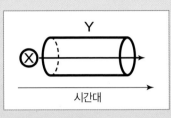
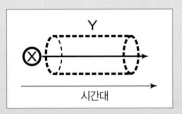

| a. 전치사 : Y가 명시 | b. 부사 : Y가 암시 | 도식 7 |

2.1.1. 화맥

다음 문장이 다음과 같은 상황에 쓰였다고 생각해 보자. 어느 사람이 빙판을 걷다가 빙판이 꺼져서 그 속에 빠지는 것을 본 경우, 사람이 빠져 들어간 곳은 언급이 안 되어도 얼음임을 알 수 있다.

17

The man fell **through**.
그 남자가 (얼음 속에) 빠졌다.

2.1.2. 문맥

다음에서 Y는 문맥으로부터 추리할 수 있다.

18

a. The stone hit the window, but did not go **through**.
그 돌은 창문을 맞추었으나, (그 창문을) 뚫고 지나가지는 않았다.

b. The servant came to the door and showed us **through** into the hall.
그 하인이 그 문에 와서 우리들을 (그 문을) 지나 그 홀 안으로 안내했다.

2.1.3. 세상 지식

다음에서 Y는 세상 지식으로부터 추리된다. **through**의 목적어는 다음 19a에서는 적의 저항선, 19b에서는 대학 과정, 19c에서는 공정 과정이다.

19

a. Our enemy have broken **through**.
   우리의 적이 (저항선을) 뚫었다.

b. He didn't have enough money to study at the university, but some kind friend saw him **through**.
   그는 대학에서 공부할 만큼 충분한 돈이 없었지만, 어떤 친절한 친구가 (대학을 끝)마칠 때까지 돌봐 주었다.

c. Our factory is very efficient and everything that passes **through** is checked again and again.
   우리 공장은 매우 능률적이며 (공정 과정을) 거치는 모든 것들은 반복해서 검열한다.

d. I pushed my way **through** and left the room.
   나는 (사람들) 사이를 뚫고 나와 그 방을 떠났다.

다음에서 **through**의 목적어는 세상 지식으로 추리될 수 있다. 태양은 구름을, 슬픔은 몸을 뚫고 나온다.

20

a. The sun broke **through**.
   햇빛이 (구름을 뚫고 나와) 비쳤다.

b. The sun came **through** after days of rain.
   비가 며칠 온 뒤 해가 났다.

c. Her sadness showed **through**.
   그녀의 슬픔이 밖으로 새어 나와 보였다.

2.2. 부사 through의 의미

2.2.1. 기간 내내

다음에서 **through**는 과정인 X가 주어진 기간이 끝날 때까지 지속됨을 나타낸다.

> **21**
>
> **a.** It rained the night **through**.
> 비가 그날 밤 내내 내렸다.
>
> **b.** We had lovely weather all the winter **through**.
> 우리는 그해 겨울 내내 좋은 날씨를 가졌다.

2.2.2. 완전 통과

다음 두 문장을 살펴보자.

> **22**
>
> **a.** The arrow pierced **through** the target.
> 그 화살이 그 표적을 뚫었다.
>
> **b.** The arrow pierced the target **through**.
> 그 화살이 그 표적을 완전히 뚫고 지나갔다.

위 22a에서 the target이 전치사의 목적어이다. 이 경우, 화살이 표적을 뚫고 지나감을 나타내지만 어디까지 뚫었는지는 알 수 없다. 한편, 22b에서는 target이 동사의 목적어이고 **through**는 부사이다. 이 경우, 화살이 표적을 뚫고 지나갔음을 의미한다.

다음 23a는 그가 책을 끝까지 다 읽었다는 뜻이고, 23b는 그가 그 책을 읽어가고 있다는 뜻이다.

23

a. He read the book **through**.
그는 그 책을 다 읽었다.

b. He read **through** the book.
그는 그 책을 읽어 갔다.

2.2.3. 통화

통화는 전화를 거는 사람과 받는 사람이 있다. **through**는 전화 거는 사람이 전화 받는 사람에게 연결됨을 나타낸다.

24

a. A call came **through** asking for help.
도움을 요청하는 전화가 걸려 왔다.

b. I tried to phone you, but I couldn't get **through**.
나는 너에게 전화를 하려고 했으나 연결이 되지 않았다.

c. I will phone **through** late this morning.
오늘 오전 늦게 전화를 하겠다.

d. He put me **through** to a wrong number.
그는 나를 틀린 번호로 연결해 주었다.

THROUGHOUT

throughout은 전치사와 부사로 쓰인다. 먼저 전치사 용법부터 살펴보자.

1. 전치사적 용법

X **throughout** Y에서 X가 Y의 전 영역에 퍼져 있는 관계를 나타낸다. 이 복합 전치사는 through와 out이 합쳐져서 만들어진 것이다. through는 이동체가 어느 공간의 한쪽에서 다른 쪽으로 통과하는 관계를 그린다. 그리고 out은 한 공간을 다 채우는 관계를 그린다. 이것을 도식화하면 다음과 같다.

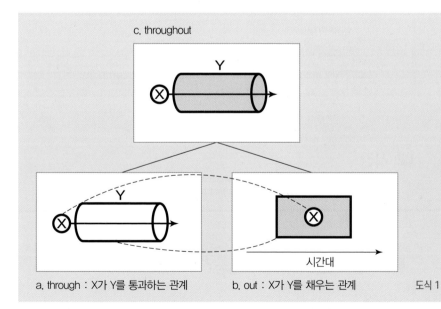

c. throughout

a. through : X가 Y를 통과하는 관계

b. out : X가 Y를 채우는 관계

도식 1

1.1. 공간

먼저 **through**와 **throughout**을 비교하여 보자. **through**와 **throughout**은 둘 다 공간을 나타내는 데 쓰인다. 이 전치사의 차이를 먼저 살펴보자.

1

a. The fire spreads **through** the house.
그 불이 그 집을 거쳐서 퍼졌다.

b. The fire spreads **throughout** the house.
그 불이 그 집 전체에 퍼졌다.

1a에서 그 집은 불이 퍼지는 통로가 된다. 즉, 그 집을 거쳐서 불이 퍼졌다는 뜻이다. **throughout**이 쓰인 2b는 그 집 전체에 불이 퍼졌다는 뜻이다.

2

a. They sell their product **throughout** the world.
그들은 전 세계에 걸쳐서 그들의 제품을 판매한다.

b. The changes will be effective **throughout** the whole organization.
그 변화들은 전 조직에 걸쳐서 실시될 것이다.

c. They are making changes **throughout** the company.
그들은 그 회사 전체를 변화시킬 것이다.

1.2. 시간

through와 **throughout** 둘 다 시간을 나타낸다. 이 두 전치사의 차이를 다음에서 살펴보자.

3

a. It rained **through** the night.
비가 밤새 내렸다.

b. It rained **throughout** the night.

비가 밤이 다 지나도록 내렸다.

3a에서 비가 밤이 지나면서 내렸으나, 비가 어디에서 중단되었는지 모른다. 그러나 3b에서는 비가 밤이 다 지나도록 내렸다.

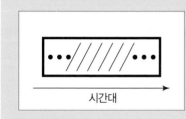

시간대

a. through

시간대

b. throughout

도식 2

다음 예를 더 살펴보자.

4

a. The noise continued **throughout** the night.

그 소리는 밤이 지나도록 계속되었다.

b. **Throughout** his whole life he has been used to hard work.

그의 평생 내내 그는 열심히 일하는 것에 익숙해 있었다.

c. The discussion lasted **throughout** the week.

그 논의는 그 주가 지나도록 계속되었다.

d. He was gazing out the window **throughout** the meeting.

그는 그 회의 내내 창밖을 응시하고 있었다.

e. **Throughout** his life, his main concern has been with making money.

그의 인생 내내 그의 주된 관심은 돈을 버는 데 있었다.

2. 부사적 용법

X **throughout** Y에서 Y가 안 쓰이면 **throughout**은 부사이다. Y가 명사가 안되어도 문맥이나 화맥에서 그 정체가 추리될 수 있다.

2.1. 장소

다음 5a에서 **throughout**의 목적어는 the wall이고, 5b에서는 the house이다.

5

a. The wall was painted blue **throughout**.
그 벽은 전체가 파란색으로 칠해졌다.

b. The house is in excellent condition with a fitted carpet **throughout**.
그 집은 맞춤 카펫이 전체에 깔려 있는 아주 좋은 상태에 있다.

2.2. 시간

throughout의 숨은 목적어는 다음 6a에서는 2 hours이고 6b에서는 50 minutes이다.

6

a. The concert lasted 2 hours and we had to stand **throughout**.
그 공연은 2시간 동안 진행되었고 우리는 (2시간) 내내 서 있어야 했다.

b. The discussion lasted 50 minutes, but he remained silent **throughout**.
그 토의는 50분 진행되었으나, 그는 (50분) 내내 침묵했다.

TO

to는 전치사와 부사로 쓰인다. 먼저 전치사 용법부터 살펴보자.

1. 전치사적 용법

X **to** Y에서 X는 Y를 향하는 관계를 나타낸다.

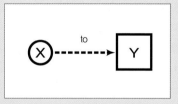

전치사 to : X가 Y를 향하는 관계   도식 1

도식 1의 관계는 공간, 시간 및 그 밖의 관계를 나타내는 데에도 확대되어 쓰인다.

1.1. 공간 관계

1.1.1. 이동 동사

다음 문장에는 이동 동사가 쓰여서 **to**는 이동체가 Y를 향해 움직이는 관계를 나타낸다.

> **1**
>
> **a.** John walked **to** London.
> 존은 런던에 걸어갔다.
>
> **b.** The boy ran **to** me.
> 그 소년은 나에게 뛰어왔다.
>
> **c.** My friend moved **to** America.
> 내 친구는 미국으로 이사 갔다.

1.1.2. 관사 없는 to의 목적어

다음 예에서 **to**의 목적어는 관사가 없이 쓰였다. 이때 명사가 가리키는 것은 구체적인 물건이 아니라 명사와 관련된 기능이다.

> **2**
>
> **a.** Jim went **to** sea when he was 14.
> 짐은 14살 때 선원이 되었다.
>
> **b.** The cook has gone **to** market.
> 그 요리사는 장 보러 가고 없다.
>
> **c.** The army marched **to** battle.
> 그 군대는 전투하러 행진해서 갔다.
>
> **d.** The judge sent him **to** prison for two years.
> 그 판사는 그를 2년 동안 투옥시켰다.

1.1.3. 소유 이동

위 2에서는 움직이는 개체가 문장의 주어인데, 다음 3에서는 목적어가 움직이는 개체이다. 먼저 다음 두 문장을 살펴보자.

> **3**
>
> **a.** She threw the ball **to** me.
> 그 여자는 그 공을 나에게 던졌다.

b. He threw me the ball.
   그는 나에게 그 공을 던졌다.

위의 두 문장은 뜻이 같은 것으로 보통 풀이된다. 그러나 실제에 있어서 두 문장은 뜻이 다르다. 3a는 전치사 **to**가 있으므로 공이 '그녀'에게서 '나'에게로 옮겨지는 과정이 강조되고, 3b는 공이 내게 던져져서 내가 그 공을 이미 잡고 있는 점이 강조된다.

다음의 두 문장도 3의 두 문장과 마찬가지로 풀이될 수 있다.

a. He gave the book **to** me.
   그는 그 책을 나에게 주었다.

b. He gave me the book.
   그는 나에게 그 책을 주었다.

1.1.4. 의사소통 동사

다음에 쓰인 동사는 의사소통 동사이고, X인 말이 움직여서 말을 듣는 이에게 가는 것으로 표현된다. 이것은 말이 환유적으로 구체적인 물건과 같이 한 사람에게서 다른 사람에게 움직이는 것으로 개념화되기 때문이다.

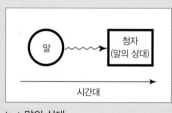

to : 말의 상대   도식 2

5

a. He will speak **to** you.
그는 당신에게 말을 할 것입니다.

b. He explained that **to** me.
그는 그것을 나에게 설명했다.

c. He said nothing **to** me.
그는 아무 말도 나에게 안 했다.

d. She has made several remarks about it **to** my wife.
그녀는 그것에 관해서 몇 가지 말을 내 아내에게 했다.

e. The mother sang **to** her baby.
그 어머니는 노래를 그녀의 아기에게 불렀다.

1.1.5. 청각, 시각, 주의

청각, 시각이나 주의도 목표에 가는 것으로 개념화된다.

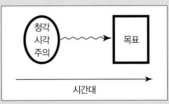

도식 3   to : 감각이 가 닿는 관계

다음 예를 살펴보자.

6

a. Listen **to** me.
내 말을 들어라.

b. They always look **to** us for help.

그들은 언제나 도움을 얻기 위해 우리에게 시선을 돌린다(즉, 우리에게 기대한다).

c. Pay attention **to** your teacher.

너의 선생님께 주의를 기울여라.

1.1.6. 방향

다음에서 **to**는 X가 Y를 향하는 관계를 나타낸다. 다음 7a에서 그의 등이 벽을 향하고, 7b에서 대구는 부산의 북쪽에 있다.

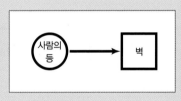

to : 개체가 향하는 곳   도식 4

7

a. He stood with his back **to** the wall.

그는 등을 그 벽 쪽으로 돌리고 서 있었다.

b. Daegu lies **to** the north of Busan.

대구는 부산의 북쪽에 있다.

1.2. 시간관계

1.2.1. 시간의 한계

시간은 시작과 끝이 있다. 시작은 from으로, 끝은 **to**로 나타낸다.

8

a. The curfew is from sunset **to** sunrise.
그 통행금지는 일몰시부터 일출시까지이다.

b. We work from 6 **to** 10.
우리는 6시부터 10시까지 일한다.

c. He was faithful **to** the last.
그는 마지막까지 성실했다.

시간 속에 예정된 행사는 다른 시점으로 옮길 수 있다.

9

The party was postponed **to** April 17.
그 모임은 4월 17일로 연기되었다.

9에서 모임이 처음 계획된 것에서 17일로 옮겨진 것이다.

1.2.2. 몇 시 몇 분 전

다음에 쓰인 be 동사는 움직임이 없는 상태를 나타내므로 X to Y에서 X는 Y 를 바라보는 관계를 나타낸다. 다음 10a에서 15분은 7시로 향하는 관계이다.

10

a. It is 15 **to** 7.
7시 15분 전이다.

b. At five minutes **to** five, we stopped work.
5시 5분 전에 우리는 일을 중단했다.

c. How long is it **to** dinner?
저녁까지 얼마나 있어야 합니까?

1.3. 기타 관계

1.3.1. 상태 변화

다음 X **to** Y에서 X는 Y 상태에 이른다.

> **11**
>
> **a.** She sang the baby **to** sleep.
>   그녀는 노래를 불러서 그 아기를 잠들게 했다.
>
> **b.** The child was pulling our flowers **to** pieces.
>   그 아이는 우리의 꽃들을 찢어서 산산조각을 내고 있었다.
>
> **c.** The cake was burned **to** a cinder.
>   그 케이크는 타서 재가 되었다.

11a에서 아기가 자지 않는 상태에서 자는 상태, 11b에서 꽃들이 조각난 상태, 또 11c에서 케이크가 재가 됨을 **to**가 나타낸다. 12a, 12b는 다음과 같이 도식으로 나타낼 수 있다.

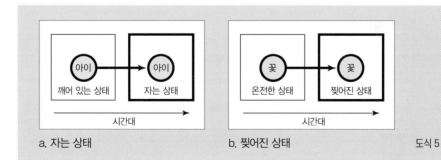

a. 자는 상태　　　　　b. 찢어진 상태　　　　　도식 5

다음에서 볼 수 있는 바와 같이 X가 변화되는 상태는 해, 생기, 멸망, 종신형 등이 될 수 있다.

12

a. You won't come **to** any harm.
너는 해를 입지 않을 것이다.

b. The town comes **to** life.
그 마을에는 생기가 찾아왔다.

c. His habits brought him **to** ruin.
그의 습관들이 그를 멸망에 이르게 했다.

d. He was sentenced **to** life imprisonment.
그는 종신형 선고를 받았다.

1.3.2. 과정의 결과

아래 13과 14의 X **to** Y에서 X는 과정이고, 이 과정이 주어진 결과에 이른다.

13

a. I have read the book **to** my profit.
나는 그 책을 읽고 도움을 받았다.

b. I found him alive **to** my joy.
나는 그가 살아 있음을 알고 기뻤다.

c. I met him in the store **to** my great surprise.
나는 그를 그 가게에서 만나서 크게 놀랐다.

다음에서는 **to** Y가 문장의 앞에 쓰였다.

14

a. **To** his despair, he discovered that there was no way out.
절망스럽게도, 그는 출구가 없음을 알게 되었다.

b. **To** my surprise, he failed the test.
놀랍게도 그는 시험에 떨어졌다.

1.3.3. 변화의 한계

다음 X **to** Y에서도 X의 변화가 Y에 이른다.

15

a. The thermometer rose **to** 40 degrees here.
여기는 수은주가 40도까지 올랐다.

b. The children enjoyed their swim **to** the full.
그 아이들은 그들의 수영을 한껏 즐겼다.

c. The soldiers were killed **to** the last man.
그 군인들은 마지막 한 명까지 살해되었다.

다음에서도 X **to** Y에서 X의 상태나 과정이 Y에 이른다.

16

a. They laughed **to** their heart's content.
그들은 마음껏 웃었다.

b. The room was hot **to** suffocation.
그 방은 질식할 정도로 더웠다.

c. The dinner was cooked **to** perfection.
그 저녁은 완전하게 요리되었다.

1.3.4. 따라 하기

X가 Y를 향하는 관계는 X가 Y에 따라서 행동하는 관계를 나타내는 데에도 쓰인다.

17

a. The team marched **to** the beat of the band.
그 팀은 그 밴드의 박자에 맞추어서 행진했다.

b. They danced **to** the music.
그들은 그 음악에 맞추어서 춤을 추었다.

c. It is fun to sing **to** the tape.
그 테이프에 따라 노래하는 것은 재미있다.

d. He woke up **to** the alarm.
그는 그 알람에 따라 깨었다.

1.3.5. 비례

전치사 **to**는 비례 관계를 나타내는 데에도 쓰인다. 다음 18a에서 선분 AB를 CD에 비추어 보고 그것이 평행함을 알게 된다.

18

a. Line AB is parallel **to** line CD.
선분 AB는 선분 CD에 평행이다.

b. The line AC is at right angles **to** line CD.
선분 AC는 CD에 직각이다.

위 18a와 18b의 관계는 도식 6a와 6b로 표현되어 있다.

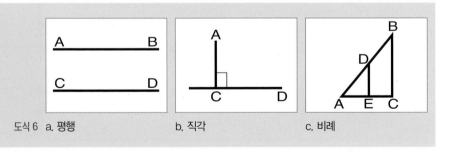

도식 6 a. 평행   b. 직각   c. 비례

다음도 위와 비슷한 관계를 보여 준다(도식 6c 참조).

19

a. AB is **to** BC as AD is **to** DE.
AD의 DE에 대한 관계는 AB의 BC에 대한 관계와 같다.

b. 3 is **to** 4 as 6 is **to** 8.
6의 8에 대한 관계는 3의 4에 대한 관계와 같다(3 : 4=6 : 8).

점수 차이의 계산은 한 점수를 다른 점수에 빗대어서 계산된다.

20

a. They received 134 votes **to** 21.
그들은 21표에 비해 134표를 얻었다.

b. I won by six goals **to** three.
나는 6대 3으로 이겼다.

1.3.6. 두 지점 사이의 거리

두 지점 사이의 거리는 한 지점에서 다른 지점까지의 거리이다. 21a에서는 출발점이 from으로, 21b에서는 말하는 이와 듣는 이가 아는 지점이 출발점이 된다.

21

a. It is 10 miles from here **to** the river.
여기서 그 강까지는 10마일이다.

b. It is a long way **to** the village.
그 마을까지는 먼 길이다.

c. Our school is close/near **to** the park.
우리 학교는 그 공원에 가깝다.

1.3.7. 기능적 조합

X to Y는 X가 Y를 향하고 있는 관계를 나타내는데, 이것은 X가 Y에 떨어져 있으나 Y의 한 부분이 되는 관계를 나타낸다. 다음 세 표현 모두 X가 Y의 부분인 관계를 나타낸다. 그러나 차이점이 있다.

22

Where is the knob (**of/on/to**) the radio?
그 라디오의 다이얼이 어디 있나요?

위 문장에서 of가 쓰이면 X인 the knob는 Y인 라디오에 뗄 수 없는 한 부분으로 간주되고, on이 쓰이면 the knob가 the radio에 붙어 있는 관계로 풀이된다. **to**가 쓰이면 the knob가 the radio에서 분리되어 있으나 이것이 the radio의 한 부분이 되는 관계를 나타낸다.

아래 문장에서도 X **to** Y가 쓰였는데 X는 Y에서 분리가 가능하여 떨어져 있고 또 이들은 기능적인 조합을 이루는 관계이다.

23

a. Here's the key **to** the lock.
   여기 그 자물쇠의 열쇠가 있습니다.

b. I lost the belt **to** the dress.
   나는 그 드레스의 띠를 잃어버렸다.

c. Close the door **to** the closet.
   그 벽장의 문을 닫아라.

d. Don't tear the cover **to** the book.
   그 책의 표지를 찢지 말아라.

e. The strap **to** my purse is broken.
   내 지갑의 끈이 끊어졌다.

다음 도식은 23에서 살펴본 바와 같이 부분인 X는 전체인 Y에서 떨어져 있으나, X와 Y는 기능적 조합을 이루는 관계를 보여 준다.

a. 부분-전체의 기능적 조합　　　b. 열쇠-자물쇠의 기능적 조합　　　도식 7

다음은 사람과 사람이 기능적 조합을 이루는 관계이다.

24

a. Jane is a servant **to** a rich old woman.
제인은 돈 많은 노인의 하인이다.

b. She is secretary **to** the president.
그녀는 그 대통령 비서이다.

다음에서는 떨어져 있던 X(국기, 양초)가 Y에 가 붙어서 기능적 조합을 이룬다.

25

a. He tied the flag **to** the stick.
그는 그 국기를 그 깃대에 맸다.

b. The candles were stuck **to** the candle holder.
그 초들은 그 촛대에 꽂혔다.

2. 주어+be+형용사+to 목적어

전치사 **to**는 형용사와도 쓰인다. 아래에서 **to**와 형용사가 쓰이는 구조를 살펴본다. 이 구조에 쓰이는 형용사는 주어의 목적어에 대한 관계를 나타낸다. 다음 26a에서 essential은 물의 생명에 대한 관계를 명시한다. 26b에서 true는 그림이 실물에 대한 관계를 명시한다.

26

a. Water is essential **to** life.
물은 생명에 필수적이다.

b. The picture is true **to** life.
그 그림은 실물과 같다.

c. Crying is natural **to** a baby.
울음은 아기에게 자연스러운 것이다.

다음과 같은 비교의 구문에도 **to**가 쓰인다. 전치사 **to**는 어느 한 작품을 다른 작품에 갖다 대어 보는 관계를 나타낸다.

27

a. The work is inferior **to** yours.
그 작품은 너의 것보다 못하다.

b. The translation is not equal **to** my expectation.
그 번역은 내 예상에 미치지 못한다.

c. The result is not equal **to** my expectation.
그 결과는 내 예상과 같지가 않다.

다음에서 주어(she, nurse, I)는 사람일 수 있으며, 환유적으로 마음을 가리킨다. 전치사 to는 주어 X가 Y에 대해서 형용사가 의미하는 태도를 지님을 나타낸다.

28

a. She was blind **to** her child's fault.
그 여자는 자기 자식의 잘못을 보지 못했다.

b. She was dead **to** the world for several hours.
그 여자는 몇 시간 동안 주위 세계를 의식하지 못했다.

c. The nurse is attentive **to** the patient's need.
그 간호사는 환자의 필요에 주의를 기울인다.

d. I am quite alive **to** the problem you mentioned.
나는 네가 언급하는 문제를 잘 알고 있다.

28a에서 그녀가 자식의 잘못에 대해서 갖는 태도를 blind가 나타내고, 28b에서는 그녀가 세상에 대해서 갖는 관계를 dead가 나타낸다. 28c, 28d에서도 주어가 다른 사람이나 개체에 갖는 정신적 주의를 나타낸다.

다음에서 전치사 **to**는 X의 Y에 대한 태도를 나타낸다.

29

a. He was very good **to** us.
그는 우리에게 매우 친절했다.

b. She was cruel **to** the cat.
그녀는 그 고양이에게 잔인했다.

c. The dog is loyal **to** its master.
그 개는 주인에게 충성스럽다.

3. 주어＋be＋명사＋to 목적어

다음에서 쓰인 명사는 주어(X)의 Y에 대한 관계를 명시해 준다.

30

a. He is no trouble **to** us.
그는 우리에게 아무 불편을 주지 않는다.

b. They are a danger **to** all honest people.
그들은 모든 정직한 사람들에게 위험한 존재이다.

다음에서 of＋**명사**는 X의 Y에 대한 관계를 나타낸다.

31

a. It is of no concern **to** me.
그것은 내게 아무 관련이 없다.

b. It is of no consequence **to** him.
그것은 그에게 중요하지 않다.

4. 부정사

전치사 to 다음에 명사가 쓰이면 이것은 **전치사**로, to 다음에 동사가 쓰이면 이것은 **부정사** 표지로 분류된다. 이것은 전치사 **to**와 부정사 표지 **to**가 서로 다름을 암시한다. 그러나 실제에 있어서 이 둘은 완전히 다르지가 않다. X to Y에서 X는 개체 Y에서 떨어져 있다가 어떤 길을 따라가 이르게 되는 목표이다(도식 8a 참조). X to V(동사)에서 X는 어떤 실현되지 않는 동작(V)을 바라보는 관계에 있다. 이것을 그림으로 나타내면 다음 도식 8b와 같다.

a. 전치사 to   b. 부정사 표지 to   도식 8

위 도식 8b에서 X가 동작을 바라보는 관계이므로 동작은 아직 실현되지 않고 예정된 것이다. 이러한 의미 때문에 부정사는 want, intend, plan, expect와 같은 동사의 목적어로 쓰인다. 이들 동사는 실현되지 않은 어떤 일을 하고자 하는 뜻을 나타낸다.

4.1. 미실현 동작 동사+to V

다음 문장에서 **to** 부정사는 모두 실천되지 않은 과정을 가리킨다.

32

a. John wants **to** go now.
존은 지금 가고 싶어 한다.

b. Sue intends **to** buy the car.
수는 그 자동차를 살 생각이다.

c. He tried **to** stop the fight.
그는 그 싸움을 중지시키려고 했다.

4.2. 과정의 예정, 진행, 방지

다음 세 가지 표현을 비교해 보면 **to**의 의미가 더 분명해진다.

33

a. He is **to** move.
그는 움직일 예정이다.

b. He is **on** the move.
그는 늘 움직이고 있다.

c. They keeps him **from** moving.
그들은 그를 움직이지 못하게 한다.

33a에서 행위자가 동작을 바라보는 관계에 있으므로 33a는 예정을 나타낸다 (도식 9a 참조). 33b에서는 행위자가 동작에 닿아 있으므로, 행위자가 움직이는 것으로 풀이된다(도식 9b 참조). 33c에서는 행위자가 동작에서 떼어져 있거나, 동작에 가려고 하나 못 가는 관계이므로 동작이 이루어지지 않는 관계를 나타낸다(도식 9c 참조).

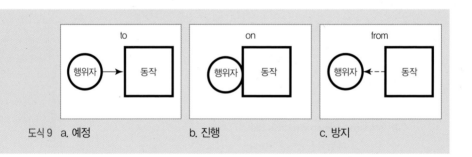

도식 9 a. 예정   b. 진행   c. 방지

4.3. 주어+be+형용사+to V

X **to** Y의 관계를 형용사가 명시하듯이, X **to** V의 관계도 형용사가 명시한다.

a. Tom is happy **to** stay.
톰은 머물게 되어 기쁘다.

b. Mary is sorry **to** leave.
메리는 떠나게 되어 섭섭하다.

34a에서 happy는 머물게 되는 일에 대한 Tom의 감정을 나타낸다. 34b에서는 메리가 떠나기로 되어 있는데, 이러한 상황에 대한 Mary의 느낌이 sorry로 표현되어 있다.

4.4. 목적과 결과

때에 따라서 부정사는 목적이나 결과를 나타낼 수 있다. 이 두 개념만을 놓고 보면 서로 상반되는 개념이다. 그러나 전치사 **to**의 의미에 비추어 보면, 이 두 개념은 X to Y를 보는 시각이나 관점에 따라 자연히 나타날 수 있는 차이이다. 다음 도식 10a에서 X가 Y에 떨어져 있어서 Y는 목적이 되고, 도식 10b에서는 X가 Y에 닿아 있어서 결과가 된다.

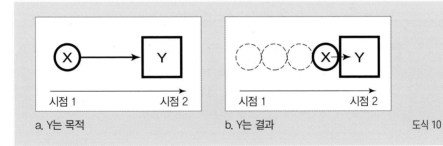

a. Y는 목적   b. Y는 결과   도식 10

다음 예를 살펴보자.

> **35**
> He left early **to** be on time.
> ⅰ. 그는 시간 안에 **도착하기 위해서** 일찍 떠났다.
> ⅱ. 그는 일찍 출발하여 제시간에 **닿았다.**

다음 문장을 위 도식의 10a에서 대입하면 목적의 뜻이 되고, 10b에 대입하면 결과의 뜻이 된다. 다음 문장도 살펴보자.

> **36**
> He lived **to** be ninety.
> ⅰ. 그는 90살이 **되기 위하여** 살았다.
> ⅱ. 그는 살아서 90살이 **되었다.**

사람이 보통의 경우 어느 나이를 목표 삼아 사는 경우는 예외적이고, 살다 보니 결과적으로 어느 나이에 이르는 것이 흔한 일이다. 따라서 첫 번째 풀이는 자연스럽지 못하다.

4.5. 원인과 결과

다음 문장의 to 부정사는 원인이나 결과를 나타낸다.

> **37**
> They are crazy **to** be on that tree.
> ⅰ. 그들은 저 나무에 오르려고 **미칠 지경이다.**
> ⅱ. 저 나무 위에 있는 것을 보니, 그들은 **미쳤다.**

37의 첫 번째 풀이는 그들이 나무 위에 오르려고 하지만 아직 실현되지 않은 동작을 나타낸다. 두 번째 풀이에서는 그들이 나무 위에 있는 관계를 나타낸다. 이미 끝난 행동을 보고 그 원인을 추리하는 것이 37의 두 번째 풀이이다.

5. 타동사와 자동사

동사 가운데는 목적어를 취하는 타동사가 있고, 이들 타동사 가운데 전치사 to가 쓰여서 자동사가 되는 경우가 있다. 다음을 살펴보자.

38
> **a.** The man confessed his crime.
> 그 남자는 자신의 범죄를 고백했다.
>
> **b.** She confessed **to** the murder.
> 그녀는 살인을 인정했다.

38a에서는 직접 목적어 his crime이 쓰였고 이것은 '그 남자'가 직접 말한 내용이고, 38b에서 **to**의 목적어인 the murder는 주어가 직접 말한 것이 아니고, 무엇을 자백한 결과로 살인 혐의에 이르게 된 것이다. 이러한 관계는 앞서 살펴본 **to**의 관계와 같은 것이다.

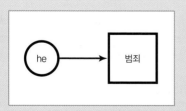 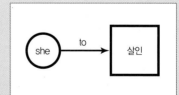

a. 고백 : 그가 범죄를 고백하는 관계   b. 인정 : 그녀가 살인을 인정하는 관계   도식 11

아래에 주어진 예도 같은 방법으로 이해된다. 다음 39a에서 타동사가 쓰였는데, 이것은 눈물이 슬픔을 직접적으로 입증하고, 39b에서는 전치사 **to**가 쓰였는데, 이것은 성공한 작품이 간접적으로 그녀의 능력을 입증한다는 것을 나타낸다.

> **39**
>
> **a.** Her tears testifies her griefs.
> 그녀의 눈물은 그녀의 슬픔을 직접적으로 증명한다.
>
> **b.** Her successful work testifies **to** her ability.
> 그녀의 성공적인 작품은 그녀 능력의 간접적인 증거가 된다.

다음 40에서도 40a는 시각을 통한 직접적인 입증을, 40b는 말이나 결과를 통한 간접적인 입증을 나타낸다.

> **40**
>
> **a.** His pale look witnesses his fear.
> 그의 창백한 얼굴은 그의 두려움을 입증한다.
>
> **b.** She witnessed **to** the truth of what he had said.
> 그녀는 그가 말한 것의 사실을 증언했다.

6. 부사적 용법

다음에서 **to**는 부사로 쓰였다. 41a에서 문을 닫으면 문이 가 닿는 곳을 상식적으로 알 수 있으므로 to의 목적어는 명시가 되지 않는다. 41b의 경우 트렁크의 문을 닫아도 문이 닿는 곳을 알 수 있다.

> **41**
>
> **a.** He pushed the door **to**.
> 그는 그 문을 (문틀로) 밀었다.
>
> **b.** I can't get the lid of my trunk **to**.
> 나는 그 트렁크의 뚜껑을 (아래쪽에) 가져갈 수가 없다(즉, 닫을 수가 없다).

아래에서 생략된 **to**의 목적어는 어느 사람의 의식이다.

42

a. When she came **to**, she found herself lying on the floor.

그녀가 제정신이 들었을 때, 자신이 그 마루에 누워 있는 것을 알게 되었다.

b. To bring someone **to** after he has fainted, put his head lower than his feet.

어느 사람이 기절한 다음 정신이 들게 하기 위해서는 그의 머리를 다리보다 낮게 놓으시오.

7. 다른 전치사와의 비교

to와 **at**은 모두 목표를 나타내지만, 공격의 목표가 될 때에는 **at**이 쓰인다.

43

a. He shouted **to** us.

그는 우리에게 큰 소리로 무엇을 전하려고 했다.

b. He shouted **at** us.

그는 우리에게 큰소리로 꾸짖었다.

c. The dog ran **to** us.

그 개는 우리에게 뛰어왔다.

d. The dog ran **at** us.

그 개는 우리에게 덤벼들었다.

UNDER

under는 전치사와 부사로 쓰인다. 먼저 전치사 용법부터 살펴보자.

1. 전치사적 용법

X under Y에서 under는 X가 Y의 아래에 있고 Y보다 작은 관계를 나타낸다. X와 Y는 평면적이거나 선적일 수 있다. 그리고 이 전치사는 정적 관계와 동적 관계로 쓰인다.

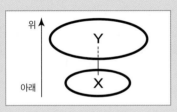 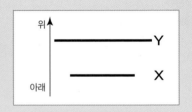

도식 1   a. X가 평면적으로 Y 아래에 있는 관계   b. X가 선적으로 Y 아래에 있는 관계

1.1. 정적 관계

1.1.1. 수평 관계

다음에서 X는 Y보다 작고 Y의 아래에 있다. 다음 1a에서 고양이는 식탁 아래에 있고, 식탁보다 작다.

1

a. The cat is lying **under** the table.
그 고양이는 그 식탁 아래에 누워 있다.

b. The boys are **under** the big umbrella in the garden.
그 소년들은 그 정원에 있는 그 큰 우산 아래에 있다.

1a에서 고양이는 식탁보다 작고, 1b에서 소년들은 우산의 면적보다 작다.

2

a. We ate **under** the shade of a big tree.
우리는 큰 나무의 그늘 아래에서 식사를 했다.

b. We lived **under** the same roof for several months.
우리는 같은 지붕 아래에서 몇 달을 살았다.

1.1.2. 수면이나 지면 아래

다음 예의 Y는 the water와 the ground이다. X는 이들 아래에 있다.

3

a. I often swim **under** water.
나는 종종 물 아래에서 헤엄친다.

b. The duck is **under** the water.
그 오리는 그 물 아래에 있다.

c. The animals live **under** the ground.
그 동물들은 그 땅 아래에 산다.

1.1.3. 숨기거나 보호

X가 그보다 더 큰 Y의 밑에 있다는 것은 X가 Y에 의해 가려지거나 보호된다는 뜻으로도 확대된다.

4

a. He hid **under** the straw until the guards had passed.
그는 그 파수꾼들이 다 지나갈 때까지 그 짚 아래에 숨었다.

b. The book is **under** that sheet.
그 책은 그 홑이불 아래에 있다.

c. He hid the knife **under** his blanket.
그는 그 칼을 그 담요 아래에 숨겼다.

1.1.4. 수직 관계

다음에서는 X와 Y 사이의 관계가 수직은 아니다. 그러나 도식 1의 관계를 시계 방향으로 90도쯤 돌리면 도식 2a가 된다. 우리가 도식 1a를 **under**로 인식하면, 도식 2a도 **under**로 인식할 수 있다.

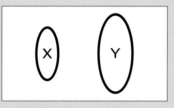 

도식 2　　a. 수직 관계의 확장　　　　　　　　b. 수직 관계의 확장

다음 예를 살펴보자. 다음 5a에서 그는 벽 바로 아래가 아니라 벽 밑쪽에 있다.

5

a. He sat **under** a wall.
그는 벽 아래에 앉았다.

b. The village lies **under** a hill.
그 마을은 산 아래에 있다.

1.2. 추상적 의미

X가 그보다 큰 Y의 아래에 있다는 공간적인 관계는 여러 가지 다른 추상적 관계를 나타내는 틀이나 바탕이 된다.

1.2.1. 수나 양

먼저, 다음에서 **under**는 X가 Y보다 수나 양에서 적음을 나타낸다.

> **6**
>
> **a.** Henry is **under** 20.
> 헨리는 20세가 안 되었다.
>
> **b.** Jane is **under** the driving age.
> 제인은 운전을 할 수 있는 나이가 못 된다.
>
> **c.** The voters are **under** 1,000 in number.
> 그 투표자들의 수는 1천 명이 안 된다.
>
> **d.** The suit costs **under** 30 dollars.
> 그 양복 가격은 30달러가 안 된다.

1.2.2. 통제·지배

X가 보다 큰 Y의 아래에 있는 관계는 X가 Y의 통제나 지배를 받는 관계에도 적용이 된다.

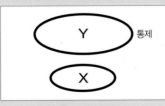

X가 Y의 영향이나 지배 아래   도식 3

7

a. Persia was not happy **under** Mongol.

페르시아는 몽골족의 지배를 받을 때 행복하지 않았다.

b. John is directly **under** the general manager.

존은 총지배인 바로 아래에 있다.

c. **Under** Queen Elizabeth, England made progress in several important fields.

엘리자베스 여왕의 통치 아래, 영국은 몇 개의 중요 분야에서 진보했다.

d. The university has grown **under** the new administration.

그 대학은 그 새 행정 체제 아래 성장했다.

1.2.3. 자연환경

다음에서 X는 햇빛, 구름, 별과 같은 자연환경 아래에 있다.

8

a. We bathed **under** a hot sun.
우리는 뜨거운 햇볕 아래 일광욕을 했다.

b. The journey started **under** dark, stormy clouds.
그 여행은 어둡고 폭풍을 실은 구름이 끼었을 때 시작되었다.

c. They sat **under** the stars after dinner.
그들은 저녁 식사 후 그 별빛 아래 앉아 있었다.

1.2.4. 어려움, 조건, 영향

X는 어려움, 조건, 영향 등의 아래에 있는 것으로 개념화한다.

9

a. We work **under** great difficulties because of the climate.
우리는 그 기후 때문에 매우 어려운 여건들 아래에서 일한다.

b. **Under** these conditions, it would be impossible to make any profit.

이러한 조건들 아래에서는 어떤 이익이라도 얻기가 불가능할 것이다.

c. **Under** the influence of excitement, he said more than he had intended.

흥분의 영향 아래에, 그는 의도했던 것보다 더 많은 말을 했다.

1.2.5. 명령, 제약

다음과 같은 명령, 책무, 추상적인 사회적 제약들도 X가 그 아래에 있는 것으로 풀이된다.

10

a. The soldiers are **under** orders to leave next week.

그 군인들은 다음 주에 떠나라는 명령하에 있다.

b. He was **under** an obligation to help us whenever we asked him.

그는 우리가 원할 때에는 언제든지 우리를 도와주어야 하는 의무하에 있었다.

c. The ship was **under** quarantine for two weeks.

그 배는 2주 동안의 정선 기간하에 있었다.

1.2.6. 보조, 가르침

어떤 사람(X)이 다른 사람(Y)의 보호나 가르침을 받은 것도 X가 Y의 영향 아래에 있는 것으로 생각된다.

11

a. The children were put **under** the charge of a trained nurse.

그 아이들은 잘 훈련받은 간호사의 책임 아래 맡겨졌다.

b. **Under** the guidance of the new teacher, the class soon showed marked improvement.

그 새 선생님의 지도 아래, 그 학급은 곧 눈에 띌 정도로 나아졌다.

c. I studied political science **under** Professor Schultz.

나는 슐츠 교수 아래에서 정치학을 공부했다.

1.2.7. 범주

분류에 있어서, 범주는 위에 있고, 구성원은 아래에 있는 것으로 개념화된다.

12

a. 'Went' is **under** the irregular past tenses.

'Went'는 불규칙 과거 시제 범주 아래에 속한다.

b. Whales come under mammals, not **under** fish.

고래는 물고기가 아니라 포유류에 속한다.

c. Rabbits come **under** the head of rodents.

토끼는 설치류 항목에 속한다.

d. Potatoes and carrots are listed **under** root vegetables.

감자와 홍당무는 뿌리 채소 아래에 열거된다.

1.2.8. 과정

어떤 개체(X)가 어떤 과정 아래 있다는 것은 X가 주어진 과정을 겪고 있는 것으로 개념화된다.

13

a. An increase in pay is **under** consideration.

월급 인상이 고려 중이다.

b. The terms **under** discussion are favorable to them.

논의되는 그 조건들은 그들에게 유리하다.

c. The building is **under** construction.

그 건물은 건축 중이다.

d. You can't go along this road. It is **under** repair.
여러분은 이 길을 갈 수 없다. 이 길은 수리 중이다.

e. My wife is **under** treatment for rheumatism.
내 아내는 관절염 치료를 받고 있다.

f. He is **under** dental treatment.
그는 치과 치료 중이다.

1.3. 동적 관계

동적 관계에서 X는 Y의 아래로 들어간다. 다음 도식에서 X가 Y 아래로 들어
간다.

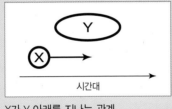

X가 Y 아래를 지나는 관계   도식 4

다음 예에서 **under**는 동적 관계로 쓰였다.

14

a. Go **under** the stairs if you are afraid of bombs.
폭탄들이 두려우면 그 계단 아래로 가라.

b. The baby birds went **under** the shadow of their mother's
open wings.
아기 새들은 엄마 새가 펼친 날개의 그늘 아래로 들어갔다.

2. 부사적 용법

다음에서 **under**는 부사로 쓰인다. 즉, X **under** Y에서 Y가 표현되지 않았다. 다음 도식 5a는 전치사이고, 도식 5b는 부사이다.

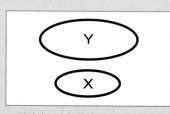 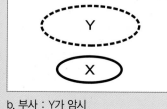

도식 5   a. 전치사 : Y가 명시   b. 부사 : Y가 암시

다음에서 **under**는 부사로 쓰였다. Y는 화맥이나 세상 지식으로 추리된다.

15

a. The ship went **under.**
그 배가 가라앉았다.

b. How long can you stay **under**?
당신은 물속에서 얼마나 있을 수 있습니까?

배는 보통 수면 위에 떠 있으므로 위 15a에서 Y는 수면으로 생각할 수 있다. 위 15b의 경우도 Y는 수면으로 생각할 수 있다.

UNDERNEATH

underneath는 전치사와 부사로 쓰인다. 먼저 전치사 용법부터 살펴보자.

1. 전치사적 용법

1.1. 수평 관계

전치사 **underneath**는 under와 neath가 합쳐진 합성 전치사이다. under는 X under Y에서 X가 Y 아래에 있고, X는 Y보다 작다(도식 1a 참조). 한편, neath 는 X neath Y에서 X는 Y의 밑에 있다. under와 neath는 다음과 같이 통합된다.

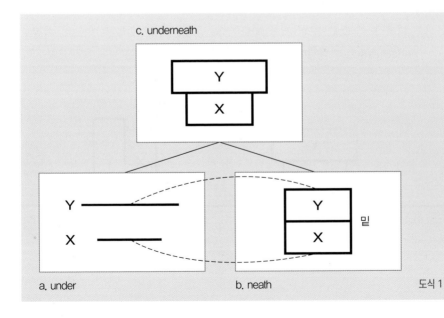

도식 1

도식 1a의 X는 도식 1b의 X와 대응되고, 도식 1a의 Y는 1b의 Y와 대응된다. 대응점을 따라 도식 1b를 1a에 포개면 도식 1c가 나온다. 즉, X는 자체보다 큰 Y 밑에 닿아 있다.

다음 예를 살펴보자. 다음 1a에서 상자는 침대 바로 밑에 있다.

1

a. The box is **underneath** the bed.
그 상자는 그 침대 밑에 있다(그리고 침대가 상자보다 크다).

b. I keep a door key **underneath** the doormat.
나는 문 열쇠 하나를 그 문 깔개 밑에 보관한다.

c. She hid the scratch **underneath** the table cloth.
그녀는 그 긁힘을 그 식탁보 밑에 숨겼다.

d. The dog buried the bone **underneath** some dirt.
그 개는 그 뼈를 약간의 흙 밑에 파묻었다.

1.2. 수직 관계

다음 도식 2b는 도식 2a를 90도 정도 방향을 바꾸어 놓은 것으로, 이것도 **underneath**로 인식된다.

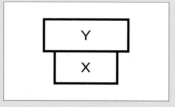 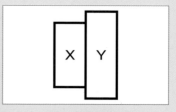

도식 2   a. 수평 : X가 Y 밑에 있는 관계   b. 수직 : X가 Y의 옆에 있는 관계

다음에서 보온 조끼는 코트의 안쪽에 있다.

2

a. In winter, he wears a thermal vest **underneath** his coat.
겨울에, 그는 코트 밑에 보온 조끼를 입는다.

b. **Underneath** his tough appearance, he is a warm-hearted person.
그의 거친 외관 밑에, 그는 마음이 따뜻한 사람이다.

위 2b는 다음과 같이 도식화할 수 있다.

거친 외관 밑에 따뜻한 마음이   도식 3
깔려 있는 관계

2. 부사적 용법

X **underneath** Y에서 Y가 쓰이지 않으면 **underneath**는 부사이다. 다음 도식 4a는 전치사이고, 도식 4b는 부사이다. 부사의 Y는 점선으로 표시되어 있다.

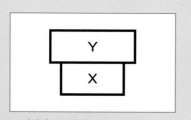 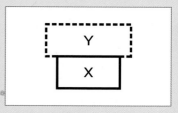

도식 4   a. 전치사 : Y 명시   b. 부사 : Y 암시

3

a. The atmosphere of the office seems peaceful, but there are lots of politics **underneath**.

그 사무실의 분위기는 평화롭게 보이지만 (그 표면 밑에는) 많은 정치가 있다.

b. He got out of his car and looked **underneath**.

그는 차에서 나와 (차 밑을) 보았다.

c. She seems hot-tempered, but **underneath** she is calm.

그녀는 성질이 급한 것처럼 보이지만, 그 밑에 그녀는 침착하다.

위 문장의 **underneath**는 다음과 같이 나타낼 수 있다.

 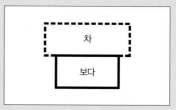

도식 5   Y : 문맥에서 파악   Y : 문맥에서 파악

3. underneath와 다른 전치사

3.1. underneath와 beneath

이 두 전치사는 다음과 같이 도식화할 수 있다. 다음 도식을 살펴보자.

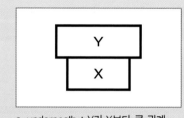
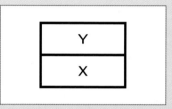

| a. underneath : Y가 X보다 큰 관계 | b. beneath : X와 Y의 크기는 서로 무관 | 도식 6 |

X **underneath** Y에서 X는 Y보다 작다. 그러나 X **beneath** Y에서 X와 Y의 크기는 상관없다.

> **a.** The ground **beneath** us is shaking.
> 우리 밑의 땅이 흔들리고 있다(땅이 우리 밑에 있음을 부각).
>
> **b.** It was so cold that I slept **underneath** three blankets.
> 너무 추워서 담요 세 장을 덮고 잤다(담요가 나보다 큼을 부각).

3.2. underneath와 under

위 두 전치사는 다음과 같이 도식으로 나타낼 수 있다. 도식 7a **under** 도식에서는 X와 Y가 떨어져 있다. 그러나 도식 7b **underneath**의 도식에서는 X와 Y가 닿아 있다.

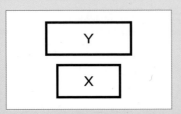

도식 7   a. under : X와 Y 사이에 거리가 있을 수 있다   b. underneath : X와 Y가 붙어 있다

5

a. During the earthquake, they got **under** the table.
그 지진이 계속되는 동안 그들은 그 탁자 밑으로 갔다.

b. During the earthquake, they got **underneath** the table.
그 지진이 계속되는 동안, 그들은 그 탁자 바로 밑으로 갔다.

UNTIL

until은 전치사로만 쓰인다.

1. 전치사적 용법

전치사 until은 X until Y에서 X는 상태나 과정이고, 이것이 Y가 가리키는 시점까지 지속됨을 나타낸다. 이것을 도식화하면 다음과 같다.

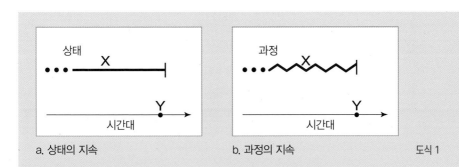

a. 상태의 지속　　　　　　　b. 과정의 지속　　　　　　　　　도식 1

위 도식 1a에서 상태는 직선으로 표시되어 있고, 이 상태가 Y 시점까지 계속된다. 도식 1b에서는 과정이 곡선으로 표시되어 있고, 이 과정은 Y 시점까지 계속된다.

1.1. 상태의 지속

다음 예문에서 상태가 Y가 나타내는 시점까지 계속된다.

1

a. He was sick **until** last week.
그는 지난주까지 아팠다.

b. She was poor **until** her marriage to the rich man.
그녀는 그 부자 남자와 결혼하기 전까지 가난했다.

c. It was cold **until** March.
날씨가 3월까지 추웠다.

1.2. 과정의 지속

다음에서는 과정이 Y의 목적어가 나타내는 시점까지 계속된다.

2

a. We are staying in Korea **until** next week.
우리는 내년까지 한국에 머무를 것이다.

b. He worked **until** late last night.
그는 지난밤 늦게까지 일했다.

c. The party went on **until** well after the midnight.
그 파티는 자정 훨씬 넘어서까지 계속되었다.

2. until과 부정어

부정어 no나 not과 함께 쓰이면 **until**이 지시하는 시점까지 아무 일이 없음을 가리킨다.

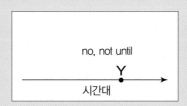

no, not until

시간대

도식 2

3

a. There will be no holiday **until** December.

12월까지는 휴일이 없을 것이다.

b. He went abroad to study a few years ago, and did not return **until** 2019.

그는 몇 년 전 유학을 갔고 2019년까지 돌아오지 않았다.

c. Not **until** her husband's death, did she realize how happy she was.

남편이 돌아가기 전까지 그녀는 그녀가 얼마나 행복했는지 알지 못했다(즉, 남편이 돌아가고 난 후에 깨달았다).

d. She did not come downstairs **until** 11 am.

그녀는 오전 11시까지 아래층으로 내려오지 않았다.

3. until과 시간 표시

until은 어느 시점에서 (통상 발화 시점이나 어느 기준 시점에서) Y 시점까지의 거리를 나타낼 수 있으므로, 이 기간을 표시할 수 있다.

도식 3

4

a. It was only one month **until** the exam.
시험까지 딱 한 달이었다(즉, 한 달이 남아 있었다).

b. There is barely one hour **until** the departure.
출발까지 겨우 1시간이 있다(즉, 1시간이 남아 있다).

UP

up은 전치사와 부사로 쓰인다. 먼저 전치사 용법부터 살펴보자.

1. 전치사적 용법

1.1. 이동의 과정

X up Y에서 up은 X가 Y의 낮은 데서 높은 데로 움직이는 관계를 나타낸다. 이것을 도식화하면 다음과 같다.

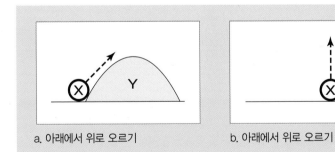

a. 아래에서 위로 오르기   b. 아래에서 위로 오르기   도식 1

도식 1에서 X는 시간이 지나면서 Y의 낮은 데서 높은 데로 움직임을 나타낸다. 그런데 이 Y는 산비탈과 같이 기울기가 있을 수도 있고, 서 있는 나무와 같이 수직일 수도 있고 강과 같이 거의 수평일 수도 있다. 다음 예문을 살펴보자. 아래 경우 Y는 수직에 가깝다.

1

a. The boy climbed **up** the wall.
그 소년이 그 벽 위로 기어 올라갔다.

b. The fireman climbed **up** the chimney.
그 소방대원이 그 굴뚝 위로 기어 올라갔다.

c. The squirrel hurried **up** a tree.
그 다람쥐는 나무 위로 급히 올라갔다.

다음에서 Y는 수직이 아니라 기울어져 있다.

2

a. She went **up** the stairs very carefully.
그녀는 그 계단들을 매우 조심스럽게 올라갔다.

b. They walked **up** the slope.
그들은 그 산비탈을 따라 올라갔다.

c. He ran **up** the hill.
그는 뛰어서 그 언덕을 올라갔다.

d. The young man went **up** the ladder step by step.
그 젊은이는 그 사다리를 한 발 한 발씩 올라갔다.

다음 예에서 Y는 거의 수평이다.

3

a. We rowed a long way **up** the river before dark.
우리는 어둡기 전에 그 강 위로 멀리 노를 저어 갔다.

b. They are sailing **up** the Han River.
그들은 한강 위쪽으로 항해하고 있다.

3에서 Y는 거의 수평이다. 그러나 여기에도 높낮이가 있다. 강물이 시작되는 쪽이 위쪽이고, 그 반대쪽이 낮은 쪽이다.

다음 Y는 관습적으로 높낮이가 결정되는 예이다.

4

a. They walked **up** the country.
그들은 내륙 쪽으로 걸어갔다.

b. He walked **up** the drive way to the front door.
그는 그 차도를 따라 그 정문까지 걸어서 다가왔다.

4a에서도 Y는 거의 수평이다. 그런데 땅과 바다를 비교하면 땅은 높은 곳이고, 바다가 낮은 곳이다. 그러므로 여기서 X는 바다 쪽에서 내륙 쪽으로 움직였다는 뜻이다. 4b에서 길이 수평일 경우, 말하는 이가 있는 곳 또는 중심이 되는 곳이 위쪽으로 간주된다.

1에서부터 4까지 살펴본 Y는 다음과 같이 나타낼 수가 있다. 아래에 그려진 Y는 꼭 같지 않지만, X가 낮은 곳에서 높은 곳으로 움직인다는 공통점이 있다.

 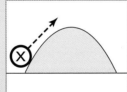 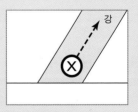

a. 나무 오르기   b. 비탈 오르기   c. 강 오르기   도식 2

지금까지 살펴본 예에서 X는 모두 움직이거나 움직이는 것으로 생각되는 개체이며, X는 문장의 주어였다. 그런데 다음과 같이 타동사가 쓰인 문장에서는 그 목적어가 X가 되어 위로 움직인다.

5

a. She carried the child **up** the ladder.
그녀는 그 아기를 안고 그 사다리 위로 올라갔다.

b. They ran the flag **up** the pole.
그들은 그 국기를 그 게양대 위로 올렸다.

c. The cheetah took the prey **up** the tree.
그 치타가 그 먹이를 그 나무 위로 갖고 올라갔다.

1.2. 이동의 결과 상태

다음과 같은 예에서는 **up**이 X가 위로 올라가 있는 결과를 나타낸다.

6

a. The level of the river is **up** several feet and people are afraid that there may be a flood.
그 강의 수면이 몇 피트 올라가서 사람들은 홍수가 나지 않을까 걱정한다.

b. The tide was **up** when we came back.
조류가 우리가 돌아왔을 때 불었다.

1.3. 주관적 이동

다음과 같은 예에서는 X에 움직임이 없다. 그러나 이때의 움직임은 관찰자의 시선이 Y를 따라 움직인다.

7

a. Rocks were sticking **up** the water in several places.
바위들이 몇 군데서 수면 위로 솟아나고 있었다.

b. This highway goes **up** the river.
이 고속도로는 강을 거슬러 올라간다.

c. This road runs **up** the hill.
이 길은 그 언덕을 올라간다.

7c를 예로 들면 X(길)는 움직이지 않는다. 그러나 동사 run은 움직임 동사이다. 이 동사는 관찰자의 시선이 길의 아래쪽에서 위쪽으로 옮겨 가는 움직임을 그린다.

8

a. John lives **up** the hill.

존은 그 산 위쪽에 산다.

b. Their house is farther **up** the road.

그들의 집은 그 길의 좀 더 위쪽에 있다.

c. The island is **up** the current from us.

그 섬은 우리로부터 떨어진 상류에 있다.

d. Our dog can smell the deer now, because they are **up** wind from us.

우리 개는 이제 그 사슴 냄새를 맡을 수 있을 것이다. 왜냐하면 그들이 우리 있는 데서 보면 바람이 불어오는 쪽에 있기 때문이다.

e. The field stretches **up** the hill.

이 밭은 그 언덕 위로 뻗친다.

8a에서 존이 사는 곳이 Y의 높은 곳이다. 존의 집이 움직인 것은 아니다. 그러나 그의 집 위치를 확인하기 위해서는 시선이 산의 낮은 부분에서 위로 옮겨 가야 한다. 8b도 마찬가지로 생각할 수 있다. 8d에서는 바람이 시작되는 곳이 위쪽이다. 이것은 마치 강물이 시작되는 곳을 위쪽으로 생각하는 것과 마찬가지이다. 이것은 다음과 같이 도식화할 수 있다.

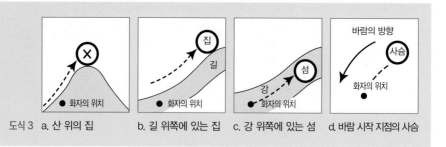

도식 3 a. 산 위의 집   b. 길 위쪽에 있는 집   c. 강 위쪽에 있는 섬   d. 바람 시작 지점의 사슴

2. 부사적 용법

X **up** Y에서 Y가 안 쓰이면 **up**은 부사이다. 다음 도식 4b에서 Y는 점선으로 표시되어 있다.

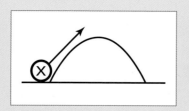

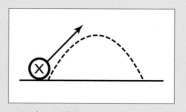

도식 4   a. 전치사 : Y 명시   b. 부사 : Y 암시

3. up의 다양한 의미 확장

3.1. 자세

먼저 **up**이 우리 신체와 어떻게 연관되어 쓰이는지 살펴보자. 다음에서 **up**은 머리나 몸의 위치가 높아지는 관계를 나타낸다.

9

a. He sat **up** straight.
그는 똑바로 앉았다.

b. Libby got **up** at 6.
리비는 6시에 일어났다.

c. She stood **up** when her friend came in.
그녀는 친구가 들어왔을 때 일어섰다.

d. He lifted **up** his head.
그는 고개를 위로 올렸다.

e. He looked **up** and saw me for the first time.
그는 고개를 들고 나를 처음 보았다.

9a, 9b에서 누가 누워 있거나 비스듬히 있다가 똑바로 앉게 되면 수직선상에서 그 사람의 머리가 높아진다. 9c에서 누가 앉아 있다가 일어서게 되는 것도 마찬가지다. 9d에서 수그린 고개를 위로 들어도 머리의 높이가 높아진다. 9e에서 시선의 방향은 낮은 데서 높은 데로 옮겨 간다. 위에서 살펴본 몇 가지의 경우는 다음과 같이 도식 5로 나타낼 수 있다.

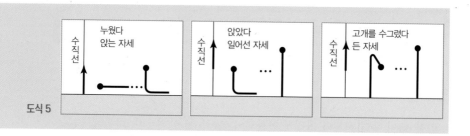

도식 5

위의 모든 경우 X가 움직인 거리나 높이는 서로 다르다. 그러나 낮은 곳에서 높은 곳으로 움직인 점은 공통이다. 이것이 **up**으로 표현된다.

3.2. 아래에서 위로 움직이는 관계

다음의 예에서 **up**은 어떤 개체가 수(지)평선 위로 올라오는 관계를 나타낸다.

10

  a. The sun came **up** at 7 : 30 this morning.
  해는 오늘 아침 7시 30분에 떠올랐다.

  b. John dived into the water and came **up** for air after two minutes.
  존은 그 물속에 들어갔다가 2분 후에 숨을 쉬기 위해 올라왔다.

  c. The miners went **up** for a rest after two hours.
  그 광부들은 2시간 후에 휴식을 갖기 위해 올라갔다.

  d. The wreckage of a wooden ship was dredged **up** from the harbor bottom.
  그 나무배의 잔해가 그 항구 바닥에서 끌어올려졌다.

위의 10의 경우 모두 수(지)평선 아래에 있던 것이 위로 움직여서 올라온 것이다.

up은 수면이나 지면에 있던 것이 좀 더 높은 곳으로 움직일 때도 쓰인다.

11

a. Pick **up** the pail on the ground.
그 땅에 있는 그 통을 집어 들어라.

b. He cupped his hands and scooped **up** a little water.
그는 손바닥들을 잔 모양으로 만들어서 물을 조금 떠 올렸다.

c. They rooted **up** the stumps.
그들은 그 그루터기들을 뿌리째 뽑아 올렸다.

d. The rocket shot straight **up**.
그 로켓은 빠르게 똑바로 올라갔다.

e. Everything in the factory went **up** in smoke.
그 공장 안의 모든 것이 연기 속에 날아갔다.

다음에서는 X가 이미 있는 위치에서 좀 더 위에 있는 위치로 움직이는 관계를 나타낸다.

12

a. They climbed **up** to a higher branch on the tree.
그들은 그 나무의 좀 더 높은 가지로 기어 올라갔다.

b. Can you lift that box **up** on the table?
그 식탁에 있는 그 상자를 집어 올려 주시겠습니까?

c. The skirt of this coat is badly cut. It rides **up** when I walk.
이 코트 자락은 재단이 잘못되어, 걸으면 올라간다.

3.3. 건물 들어서기

up은 지면 위에 건물이 세워지는 관계도 나타낸다.

13

a. New universities went **up** at a fantastic rate in the 1970s.
새로운 대학교들이 1970년대에 굉장한 속도로 들어섰다.

b. These were buildings put **up** during the period.

이들은 그 시기에 세워진 건물들이었다.

c. He put **up** a fence around the garden.

그는 그 정원 주위에 울타리를 세웠다.

10~13에서 살펴본 **up**은 다음과 같이 도식 6으로 나타낼 수 있다.

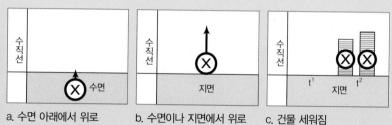

도식 6 a. 수면 아래에서 위로   b. 수면이나 지면에서 위로   c. 건물 세워짐

도식 6a에서는 물속에 있던 X가 점점 위로 올라오는 관계이고, 도식 6b에서는 지면에 있던 것이 더 위로 올라가는 관계이며, 도식 6c에서는 지면에 어느 시점 t^1에서는 아무것도 없었는데 시간이 지난 다른 시점 t^2에서 건물이 들어서 있는 경우이다.

3.4. 마음으로 만들기

지면에 건물을 세울 수 있듯이 마음속에도 무엇을 세울 수가 있다. 세워 놓으면 서 있게 된다. 다음 예에서 **up**은 마음속에 무엇을 세워 놓는다는 뜻을 나타낸다.

14

a. He has to think **up** some more catchy names for the products.

그는 그 제품들에 맞는 몇 가지 더 관심을 끄는 상품명들을 생각해 내야 한다.

b. The speaker's words conjured **up** a vision of a perfect world.
그 연사의 말은 완전한 세계의 영상을 불러일으켰다.

c. He made **up** his mind.
그는 그의 마음을 세웠다(즉, 그는 결심했다).

3.5. 증가

3.2.에서 살펴본 X **up** Y는 X가 Y의 낮은 데서 높은 데로 움직이는 관계이다. 다음에 살펴보는 예에서 **up**은 X 자체의 높이나 부피가 증가되는 관계를 나타낸다.

3.5.1. 쌓기

15

a. We will have to lay **up** a good supply of food if this winter is going to be like that.
이 겨울이 그렇게 몹시 추울 것이라면 우리는 식량을 많이 쌓아 두어야 할 필요가 있다.

b. Seaweeds bank **up** along the water's edge.
해초들이 그 물가를 따라 둑같이 쌓인다.

c. Perishable goods are piling **up** at the docks because of the strike.
쉽게 상하는 상품들이 파업 때문에 그 부두들에 쌓이고 있다.

d. Housewives began to stock **up** when a shortage of oranges were reported.
주부들은 오렌지의 부족이 보도되자 사재기를 시작했다.

15에서 상품이나 해초가 쌓이게 되면 그 높이가 높아진다. **up**은 이러한 관계를 표현한다. 이것을 도식으로 표현하면 다음 도식 7과 같다.

도식 7

3.5.2. 다발 만들기

또 흩어져 있는 것을 뭉치거나 다발로 묶을 때도 높이가 올라간다.

16

a. He bundled **up** the sheets for me.
그는 그 시트들을 나 대신 꾸려 주었다.

b. She bunched **up** the flowers.
그녀는 그 꽃들을 다발로 묶었다.

c. He parceled **up** the newspaper.
그는 그 신문들을 꾸러미로 만들었다.

d. Tie the paint brushes **up** into bundles.
그 유화 붓들을 묶어서 다발로 만들어라.

e. I must do **up** some old clothes.
나는 헌옷들을 뭉쳐 싸야겠다.

3.5.3. 부풀기

위의 예는 여러 개의 물체가 쌓여서 높이가 높아지는 경우이다. 다음 17은 한 개체의 부피가 커지면서 높이도 높아지는 예이다.

17

a. Pump the tire **up** before going out on the road.
길에 나가기 전에 그 타이어에 바람을 넣어라.

b. I've got a flat tire and I'll have to find a garage and get it mended and blown **up**.

자동차 타이어가 터졌다. 정비소를 찾아 고쳐서 그것이 바람을 넣어야 한다.

c. He could feel his head puff **up**.

그는 자신의 머리가 부어오르는 것을 느낄 수 있었다.

3.5.4. 좁아지기

흩어져 있던 것을 모으면 높이도 높아질 뿐 아니라 개체 사이의 간격도 좁아진다. 다음 예에서 **up**은 간격이 좁아지는 관계를 나타낸다.

18

a. The marching men had to close **up** to let the oncoming truck to go past.

그 행군하는 사람들은 앞에서 오는 그 트럭이 지나가게 간격을 좁혀야 했다.

b. Round **up** the rest of the cattle.

흩어져 있는 그 소들의 나머지도 한곳으로 몰아라.

c. I had to run to catch **up** with him.

나는 그를 따라잡기 위해서 뛰었다(즉, 그 사이에 거리가 좁혀진다).

d. While I was waiting for a bus a man came **up** to me.

내가 버스를 기다리고 있을 때 어떤 사람이 나에게 다가왔다.

e. Please pull **up** to the car in front.

앞에 있는 그 차에 가까이 차를 세우세요.

3.6. 떠받들기

다음에서 X는 공중에 떠 있거나 땅 위에 서 있으면서 아래로 떨어지거나 넘어지려는 경향이 있다. 그러나 위로 떠받치는 외부의 힘에 의해서 주어진 위치에 있을 수 있다. 이러한 경우에도 **up**이 쓰인다(도식 8a 참조). 아래 19a의 경우 공중에 있는 풍선은 떨어지려는 경향이 있으나 산소에 의해 떠 있고, 19b의 경우 사과나무가 밑으로 넘어지려고 하나 위로 가해지는 버팀목에 의해서 제자리에 서 있게 되는 관계이다(도식 8b 참조).

19

a. The balloon stayed **up** for several hours.

그 풍선은 몇 시간 떠 있었다.

b. The gardner propped **up** the apple tree with a stout plank.

그 정원사는 그 사과나무를 튼튼한 널판으로 받쳐 놓았다.

c. They built a small house out of branches, and it stayed **up** for several months.

그들은 나뭇가지들로 작은 집을 지었는데 그 집은 몇 달 동안 서 있었다.

d. He was so drunk that he couldn't hold **up**.

그는 술에 너무 취해서 바로 서 있을 수가 없었다.

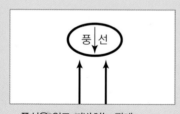

도식 8   a. 풍선을 위로 떠받치는 관계   b. 나무를 위로 떠받치는 관계

3.7. 좋아지기

다음에서 X는 몸이나 마음의 상태이고 이들이 좋아짐은 올라가는 것(**up**)으로 개념화된다. 즉, **좋음은 위**, **나쁨은 아래**로 은유가 적용된 표현이다.

20

a. When he heard that his mother was safe, he immediately cheered **up**.

그의 어머니가 안전하다는 것을 들었을 때 그는 곧 기분이 좋아졌다.

b. The sea air will set you **up**.

그 바닷바람이 당신의 기분을 돋우어 줄 것이다(you는 환유적으로 마음이나 기분을 가리킨다).

c. You will soon pick **up** after a day or two in bed.

너는 하루나 이틀 자리에서 쉬면 곧 원기가 회복될 것이다.

d. He needs a meat diet and plenty of hard exercise to toughen him **up**.

그가 더 강하게 되기 위해서는 고기를 먹고 심한 운동을 많이 해야 한다.

e. The new paint will brighten **up** the house.

그 새 페인트는 그 집을 더 환하게 해 줄 것이다.

f. His joke livened the meeting **up**.

그의 농담이 그 모임을 활기 있게 해 주었다.

g. This exercise will help to firm **up** the flappy thighs.

이 운동은 그 근육이 풀린 허벅다리들을 탄탄하게 해 줄 것이다.

3.8. 양이나 수의 증가

구체적인 물건의 수가 많아지면 높이가 증가한다. 이러한 관계는 양이나 수의 증가에도 확대 적용된다.

21

a. Any increase in production costs is bound to send **up** prices.
생산 원가들의 어떤 증가라도 반드시 물가들을 올린다.

b. Wage increases have pushed **up** the prices of electricity.
임금 인상들이 전깃값들을 밀어 올렸다.

c. We will do what we can to stop prices shooting **up** still further.

가격들이 더 이상 치솟는 것을 막기 위해서 우리는 우리가 할 수 있는 모든 일을 하겠다.

3.9. 속도나 정도의 증가

자동차의 속도는 통상 수치로 계산된다. 속도가 증가하면 수치가 증가한다. 이 밖에 마음의 긴장도 올라가는 것으로 개념화된다. 또 긴장을 하거나 긴장해 있는 상태에서 더 긴장할 수도 있다. 이러한 변화도 정도의 증가로 개념화되어서 **up**으로 표현된다.

22

a. This system is to speed **up** the work of the factory inspection.

이 제도는 그 공장 검사 업무의 속도를 가속시키기 위한 것이다.

b. He dislikes oral exams most of all. They always tense him **up**.

그는 구두 시험들을 가장 싫어한다. 이 시험들은 언제나 그를 (더) 긴장시킨다.

c. Those conflakes have gone soft, but they will be all right if you crisp them **up** in the oven.

그 콘플레이크들이 눅눅해져 버렸다. 그러나 오븐에 넣어서 바삭바삭하게 만들면 괜찮게 될 것이다.

22a에서는 속도가 증가하고, 22b에서는 긴장도가 증가하고, 22c에서는 바삭바삭함의 정도가 증가함을 **up**이 나타낸다.

그런데 재미있는 것은 속도의 증가와 반대가 되는 속도 감소나 긴장 완화에도 다음과 같이 **up**이 쓰인다는 점이다.

23

a. The car began to slow **up**.
그 자동차가 속도를 늦추기 시작했다.

b. He loosened **up** with a few exercises.
그는 몇 가지 운동으로 몸을 풀었다.

속도의 줄임은 slow down은 물론 slow up도 쓰인다. 속도의 줄임은 다음과 같이 생각해 보자. 속도가 100킬로미터에서 70킬로미터, 50킬로미터로 줄어드는 관계는 다음과 같이 나타낼 수 있다. 다음 도식을 어떻게 보느냐에 따라 down이나 **up**이 쓰인다.

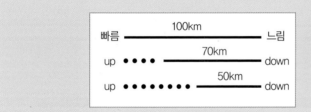

도식 9

위 도식 9에서 속도가 줄어든다. 즉, 실선이 점점 줄어든다. 이 관계를 보면 slow down이다. 반면 줄어든 부분(점선)은 점점 커진다. 이 부분은 slow up이 된다.

3.10. 접근과 시각상 커지기

여기서는 이동체가 수평선상에서 움직이지만 **up**이 쓰이는 경우를 살펴보자. 어떤 물체가 관찰자에서 멀리 떨어져 있으면 작게 보인다. 그러나 이것이 가까이 오면 점점 커져 보인다. 이것을 도식으로 나타내면 다음과 같다.

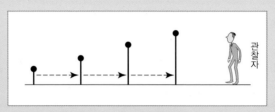

도식 10   X가 기준에 가까워지면 커 보이는 관계

　　이동체가 수평선상에서 움직이므로 실제 높이에는 변화가 없지만, 이것이 관찰자에 가까워지면서 점점 커져 보인다. 이러한 점이 **up**에 의해서 포착된다. 다음 예문을 살펴보자. 24에서 **up**은 이동체가 어느 기준에 다가서는 관계를 나타낸다.

24

a. He came **up** to me.
　그는 나에게 다가왔다.

b. He pulled **up** his car within a few feet of the wreckage.
　그는 그 잔해의 몇 피트 근처에 그의 차를 끌어다 세웠다.

c. A taxi drew **up** in front of the house.
　택시 한 대가 그 집 앞에 다가왔다.

25

a. The child cuddled **up** to her mother.
　그 아기는 엄마에게 다가가서 안겼다.

b. The baby animals snuggled **up** for warmth.
　그 새끼 동물들은 온기를 얻기 위해 서로 가까이 달라붙었다.

c. Don't bother buttering **up** to me.
　나에게 아첨하려는 노력은 하지 말아라.

d. I met **up** with Rose.
　나는 로즈와 만났다.

위 24와 25에 쓰인 **up**은 모두 접근의 뜻을 나타낸다. 25d에 쓰인 **up**은 특히 다음과 같은 이유에서 쓰인 것이다. 두 사람이 멀리 떨어져 있는데 같은 장소로 움직이면 서로 가까워지면서 볼 수 있게 된다(도식 11 참조).

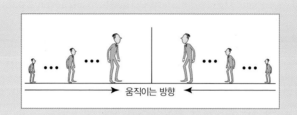

도식 11

두 개체 사이의 간격이 좁아지는 관계는 두 끝이 맞닿는 관계에도 적용된다.

26

a. There is a phone in our apartment, but it has not been connected **up** to the exchange yet.
우리 아파트에 전화가 있으나 아직 교환대에 이어지지 않았다.

b. I can't match **up** the two parts of the picture.
나는 그 사진의 두 부분을 맞붙일 수가 없다.

c. The edges of the wound are joining **up** nicely.
그 상처의 두 면이 잘 접합되고 있다.

d. The two cells joined **up** and exchanged genes.
그 두 세포들은 합쳐져서 유전자들을 교환했다.

다음 예에서도 **up**은 두 부분이 맞닿는 관계를 나타낸다.

27

a. The cut in his finger was sewn **up** with a piece of fine silk.
그의 손가락 베인 데는 가는 명주실로 꿰매어 붙여졌다.

b. Within a few weeks, their feet healed **up** nicely.
몇 주 내에 그들의 발은 잘 아물었다.

c. The table linen was neatly folded **up** and put away.
그 식탁보는 깔끔하게 맞접어서 옆에 두었다.

d. Someone struck him hard in the stomach and the pain doubled him **up**.
누가 그의 배를 세게 쳐서 그 고통 때문에 그는 몸을 완전히 구부렸다.

27a는 벌어져 있는 살을 당겨서 맞붙게 하는 예이고, 27b도 비슷한 예로 볼 수가 있다. 27c에서는 식탁보가 펼쳐져 있을 때는 양쪽 끝이 서로 떨어져 있지만 접으면 두 끝이 닿게 된다. 27d에서 몸을 앞으로 구부리거나 웅크리면 식탁보를 접는 것과 비슷하다. 바로 서 있으면 머리와 발이 떨어져 있으나 웅크리거나 구부리면 이 두 부분이 가깝게 된다.

3.11. 시야에 들기

먼 데 있던 것이 가까이 오거나, 물이나 땅속에 있던 것이 솟아오르거나 돋아나면 눈에 보인다. **up**은 안 보이던 것이 보이는 상태를 나타낸다.

28

a. She didn't show **up** at the party.
그녀는 그 파티에 나타나지 않았다.

b. His purse eventually turned **up**.
그의 지갑은 결국 발견되었다.

c. In parts of Northen France, farmers still plough **up** shell fragments, weapons and equipment.
프랑스 북부 여러 지방에서는 농부들이 아직도 폭탄 조각들, 무기들과 장비를 파낸다(즉, 파내면 보이게 된다).

d. At times like these, the true character of the man shows **up**.
이와 같은 시기에는 그 사람의 참인격이 드러난다.

e. He looked **up** the word in the dictionary.
그는 그 낱말을 그 사전에서 찾아보았다.

다음 예문도 눈에 보이는 것과 관련된다. 장부에 이름이나 다른 사실을 올리면(적어 놓으면) 눈에 보이게 된다.

29

a. You ought to book **up** now.
당신은 장부에 이름을 올려야 한다(즉, 예약을 해야 한다).

b. We notched **up** one or two rabbits in a day's shooting.
우리는 하루 사냥에 한두 마리 토끼를 잡은 것을 기록했다.

c. The pilot logged **up** seven hundred hours flying time on jets.
그 조종사는 제트기에 700시간의 비행 시간을 기록했다.

또 여러 개체가 모인 결과로 어떤 형상이 드러나 보이게 될 수 있다. 다음에 쓰인 **up**은 형상이 드러남을 나타낸다. 하나의 개체의 경우에도 형체가 드러나거나 나타날 수 있다.

30

a. Our seven hundred animals lined **up** to drink.
우리의 700마리 동물들이 물을 마시려고 줄을 섰다.

b. The trucks lined **up** to move off.
그 트럭들은 출발하기 위해서 줄을 섰다.

c. I've been coaching two long-jumpers for the next meeting and they are shaping **up**.
다음 경기를 위해서 나는 두 명의 장거리 육상 선수를 훈련시켜 오고 있는데, 그들은 제대로 되어 가고 있다.

3.12. 눈에 잘 띄는 관계

물건이 눈의 위치에 있으면 잘 띈다. **up**은 이러한 관계를 나타낸다.

31

a. We ought to put a notice **up** on the board.
우리는 공지 사항을 그 알림판에 붙여 두어야 한다.

b. He nailed **up** a sign over the door which said : No Admission.
그는 '출입 금지'라는 표시를 그 문 위에 못으로 박아 놓았다.

c. Pictures of pop stars were pinned **up** on Mary's bed.
인기 가수들의 사진들이 메리의 침대 위에 (잘 보이게) 핀으로 꽂혀 있었다.

d. He pasted **up** the caption to the illustration.
그는 그 설명문을 그 삽화에 붙였다.

e. The price was posted **up**.
그 가격이 고시되었다.

3.13. 의식의 영역

우리 머릿속의 정보는 입력된 순서대로 저장된다고 한다. 그래서 과거의 기억은 끌어올려야 의식 속으로 들어온다. **up**은 기억이나 정보가 의식 속에 들어와 있는 관계를 나타낸다.

32

a. The sound of seagulls called **up** happy memories of his childhood holidays.
갈매기의 그 소리가 그의 어린 시절 휴일들의 즐거운 기억들을 불러 일으켰다.

b. His grandfather was a fine raconteur, dredging **up** quite effortlessly scenes of accidents from his early life.
그의 할아버지는 훌륭한 이야기꾼이어서 어린 시절에 있었던 사고들의 장면들을 힘들이지 않고 끌어올렸다.

몇 사람이 모여서 이야기나 토론을 할 때에, 어떤 참가자가 화제를 꺼내면 그 화제는 참가한 모든 사람의 의식 속에 들어온다.

33

a. His name came **up** whenever the matter of nuclear energy was discussed.

원자핵 에너지 문제가 토의될 때마다 그의 이름은 언급되었다.

b. Their names cropped **up** during the conversation.

그들의 이름이 그 대화 도중에 갑자기 언급되었다.

c. I bring this story **up** only to compare my experience with his.

나는 내 경험과 그의 경험을 비교하기 위해서만 이 이야기를 제기한다.

33a, 33b에서는 주어가 가리키는 대상이, 그리고 33c에서는 목적어가 가리키는 대상이 의식에 떠오르게 됨을 **up**이 가리킨다.

손으로 물건을 들어 올릴 수 있듯이 마음이나 정신 활동으로 정보나 지식을 머릿속에서 집어 올릴 수 있다.

34

a. I knew nothing of the subject, but I could read **up** enough to pass a simple test.

나는 그 주제를 전혀 몰랐으나, 간단한 시험에 합격할 수 있을 정도로 많은 정보를 충분히 읽어서 머릿속에 넣을 수 있었다.

b. I am mugging **up** on my medicine.

나는 내가 먹는 약에 대한 지식을 마구 (머리에) 주입하고 있다.

c. He is cramming **up** on Korean history.

그는 한국 역사를 벼락치기로 공부하고 있다.

3.14. 활동 영역

사람이 누워 있거나 앉아 있을 때는 보통 활동을 하지 않는다. 활동을 하기 위해서는 일어선다. 그리고 연장을 쓰기 위해서는 그것을 집어 들어야 한다. 이러한 생활경험에서 **up**은 활동 영역을 나타내는 데에도 쓰인다.

> **35**
>
> **a.** He started **up** the engine.
> 그가 그 엔진을 켜서 엔진이 돌아가고 있다.
>
> **b.** He took **up** medicine.
> 그는 의학을 공부했다.
>
> **c.** He has picked **up** some Korean.
> 그는 약간의 한국어를 습득했다.

위 35a에서 **up**은 엔진을 움직이게 하는 것이 주어의 활동 영역임을, 그리고 35b와 35c에서 의학과 한국어가 주어의 활동 영역임을 나타낸다.

3.15. 비활동 영역

사람이 서 있는 자세에서의 활동 영역은 다음과 같이 나누어 볼 수 있다. 지면과 가까운 곳은 비활동 영역이고(도식 12a 참조), 그 위쪽은 손을 자유롭게 움직일 수 있는 활동 영역이 되고(도식 12b 참조), 머리 위쪽은 손을 마음대로 쓸 수 없는 비활동 영역이다(도식 12c 참조).

도식 12

우리가 쓰지 않는 물건은 어디에 얹어 두는 때가 있다. 위 도식에서 c는 이러한 영역을 나타낸다. 즉, c영역은 사용이나 활용이 되지 않는 비활동 영역이다. 다음 예를 살펴보자.

36

a. She gave **up** her gay life.
그녀는 방탕한 생활을 그만두었다.

b. A bout of malaria laid me **up**.
한바탕의 학질이 나를 꼼짝 못하고 누워 있게 했다.

c. She had planned to do a management course, but since then she had thrown it **up**.
그녀는 경영학 강좌를 택하려고 예정했으나, 그 후에 그녀는 그 생각을 집어치워 버렸다.

d. Never pass **up** a chance to improve your English.
너의 영어를 개선할 기회를 놓치지 말아라.

계속하던 일을 그만둘 때는 위에 얹어 놓는 방법도 있고 밑에 내려놓는 방법도 있다. 그런데 위에서와 같이 up이 쓰일 때는 행위자보다 더 강한 힘에 못 이기는 경우이다. 36a에서는 주위의 여론이 이러한 힘으로 작용했을 수도 있다. 36b에서는 학질의 힘 때문에 꼼짝 못하고 누워 있었고 36c에서는 그녀가 감당할 수 없는 어떤 힘 때문에 공부를 집어치우고 만 것으로 생각할 수 있다.

3.16. 어지러운 상태

가라앉아 있는 앙금을 휘저으면 앙금이 인다. 이 앙금은 물에 떠서 어지러운 모습을 나타낸다. 가라앉은 먼지도 일면 공중에 떠서 어지럽게 떠돈다. up은 이와 같이 들뜬 상태나 혼동 상태와 결부된다. 이러한 어지러운 상태는 구체적인 개체일 수도 있고 추상적인 상태일 수도 있다.

37

a. Take the whites of several eggs and whisk them **up**.
몇 개의 달걀 흰자들을 떼어 내어 그것을 휘저어라.

b. Whip **up** the eggs and flour to a consistency of smooth paste.
그 달걀들과 밀가루를 휘저어서 매끈한 반죽이 되게 해라.

c. The wheels churned **up** the mud in the road.
그 자동차 바퀴들이 그 길에 있는 진흙을 일게 했다.

머리카락이 헝클어지거나 여러 가지 물건이 뒤섞여서 혼돈스러운 상태가 되는 것도 **up**으로 표현된다.

38

a. The stamps were muddled **up** in a drawer.
그 우표들이 서랍 안에 뒤죽박죽이 되어 있었다.

b. The child mussed **up** my hair.
그 아기가 내 머리를 헝클어뜨렸다.

c. Don't jumble **up** your ties and socks.
네 넥타이들과 양말들을 뒤섞지 말아라.

헝클어지거나 뒤죽박죽이 될 수 있는 것은 구체적인 개체뿐만이 아니다. 어떤 일이나 과정도 그렇게 될 수가 있다.

39

a. When everything was going smoothly, he stepped in and fouled things **up**.
모든 일이 잘되어 가는데, 그가 끼어 들어와서 일들을 망쳐 놓았다.

b. The weather really mucked **up** our weekend.
그 날씨가 우리 주말을 엉망이 되게 했다.

c. He is always stirring **up** trouble among the workers.
그는 항상 그 노동자들 사이에 소란을 일으키고 있다.

up은 정신적으로 엇갈리거나 헷갈려 있는 관계도 나타낸다.

40

a. He is forever mixing me **up** with my brother.
그는 늘 나를 내 동생과 혼동하고 있다.

b. I have mixed **up** the two events.
나는 그 두 사건들을 혼동해 왔다.

3.17. 상하 관계

사람과 사람 사이에도 보이지 않는 사회적 높낮이가 있다. 사람이 어떤 일을 할 때 윗사람이나 보다 강한 사람 때문에 하는 경우가 있다. 이러한 관계도 up 이 나타낸다.

41

a. I must pay **up** without argument.
나는 항의 없이 무조건 지불해야 한다.

b. I'll leave that entirely **up** to you.
나는 그것을 모두 당신에게 맡기겠습니다.

c. It is polite to yield **up** your seat on the bus to an old person.
버스에서 노인에게 자리를 양보하는 것이 예의 바른 일이다.

d. The citizens had to deliver **up** their town to the conqueror.
그 시민들은 그들의 읍내를 그 정복자에게 넘겨주어야 했다.

3.18. up의 한계

지금까지 살펴본 **up**은 정해진 한계가 없었다. 다시 말하면, 어느 정도까지 올라가야 하는지에 대한 규정이 up 자체에는 없다. 조금 올라가거나 많이 올라 가거나 모두 **up**으로 표현한다. 그런데 경우에 따라서는 한계가 있는 경우가 있 다. 이 한계는 전치사 to, on, against로 나타낼 수도 있고, 과정 자체에 한계가 있는 경우도 있다.

3.18.1. 전치사로 표현되는 한계

다음에서는 X가 위로 움직이는 한계가 전치사 to로 표현되어 있다.

42

a. His work in math needs to be brought **up** to the standard of others.

수학에 있어서 그의 성적은 다른 사람의 수준까지 끌어올려야 할 필요가 있다.

b. For one reason or another their holiday in France did not come **up** to their expectations.

이런저런 이유로 해서 그들이 프랑스에서 보낸 휴일은 그들의 기대들에 미치지 못했다.

c. He does not measure **up** to our standard.

그는 우리의 표준에 이르지 못한다.

d. You do not match **up** to the requirements.

당신은 그 요구 사항들에 미치지 못합니다.

다음에서 X가 이르는 목표는 시간, 결론, 수, 수준 등이다.

43

a. Every event in his life led **up** to that moment.
그의 인생에 있었던 각각의 사건은 그 순간을 맞이하게 이끌었다.

b. Your evidence really adds **up** to this clear conclusion.
당신의 증거는 실제로 이 분명한 결론에 이르게 된다.

c. The leakage did not add **up** to this figure.
그 누수는 이 수치에 이르지 않았다.

d. The army has been built **up** to its wartime strength.
그 군대는 전시 군사력 수준으로 보강되었다.

e. George feels **up** to opening the present.
조지는 그 선물을 풀어 볼 정도로 기분이 좋다.

3.18.2. 과정 자체의 한계

다음에서는 과정 자체에 한계가 있는 경우를 살펴보자. 빈 컵에 물을 부을 때 유리컵에 들어가는 물은 점점 위로 올라와서 가장자리에 오면 더 이상 올라가지 않는다. 이 가장자리가 컵에 물을 붓는 과정의 한계이다. 이 과정에서 우리는 정지와 한계 개념을 이끌어 낼 수 있다.

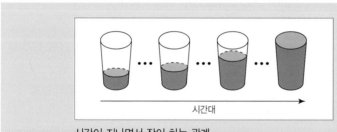

시간이 지나면서 잔이 차는 관계   도식 13

먼저 다음에서 **up**은 정지 상태를 나타내는데, 이 정지의 의미는 위 도식 13의 마지막 단계, 즉 수면이 가장자리에 닿아서 이동이 더 이상 없는 상태에서 온다.

44

a. The snow is holding the cars **up**.
   그 눈이 그 차들을 꼼짝 못하게 하고 있다.

b. The whole thing was held **up** half an hour.
   모든 일이 30분 정지되었다.

c. We were caught **up** in traffic.
   우리는 교통 체증에 꼼짝 못하고 잡혀 있었다.

다음 예에서는 **up**이 과정의 한계점에 이르는 관계를 나타낸다.

45

a. Fill her **up**.

자동차의 가솔린 통에 기름을 채우시오(남자는 자신의 차를 여성으로 본다).

b. Can I top that drink **up**?

그 술잔을 채울까요?

c. The chimney is all choked **up** with soot.

그 굴뚝이 그을음으로 꽉 막혔다.

d. When the central heating system was installed, the fire place was walled **up**.

그 중앙 난방 시설이 설치되었을 때, 그 벽난로는 벽을 쌓아서 막아버렸다.

45에서 기름 탱크, 굴뚝, 벽난로 등은 수직으로 서 있는 개체이고, 그 속에 다른 물건이 담기거나 쌓여서 가장자리까지 오는 경우이다. 그러나 한계점이 반드시 수직선상에 있어야 하는 것은 아니다.

다음과 같은 비원형적인 관계에서 한계점은 수평선상에 있을 수 있다.

46

a. The drains are all choked **up** with leaves.

그 하수구가 나뭇잎으로 꽉 막혀 있다.

b. The outlet pipe had become clogged **up** with kitchen waste.

그 배수구가 부엌 쓰레기로 꽉 막혔다.

c. Several cars piled **up** after ignoring the fog warning on the highway.

몇 대의 차들이 그 고속도로에서 안개 경고를 무시하더니 밀려 있다.

d. The pipe is blocked **up** again.

그 배수관이 다시 막혔다.

e. The local people dammed **up** the river to make a lake for their water supply.

그 지역민들은 그들의 물 공급을 위해서 호수를 만들기 위해서 그 강을 댐으로 막았다.

f. The traffic was snarled **up** due to riots.

그 교통이 소요들 때문에 완전히 엉켜 있었다.

하수구가 막힐 때는 침전물이 하수구의 밑에서 위로 쌓이는 경우도 있고, 또 거의 수평인 어느 한쪽에서 차츰 막혀 오는 수도 있다. 첫 번째 경우는 컵에 물을 부을 때와 같은 예가 된다. 또 두 번째 경우는 도로의 어느 한 부분이 차로 메워지는 경우와 같다. 이것을 도식으로 나타내면 다음과 같다.

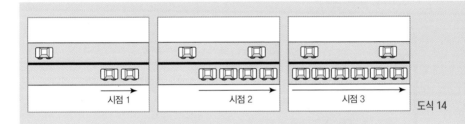

시점 1　　시점 2　　시점 3　　도식 14

잔에 물을 채우는 과정과 반대되는 비우는 과정이 있다. 한 통의 물을 밑으로 빼내면 이 통 속의 물 높이는 점점 밑으로 내려오다가 바닥에 이른다. 이것도 과정의 한계이다.

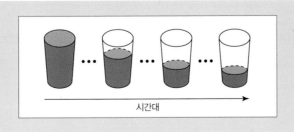

시간대　　도식 15

다음 예를 살펴보자.

> **47**
>
> **a.** Drink **up** your milk, or you won't go out and play.
>   우유를 다 마셔라. 그렇지 않으면 나가서 놀 수 없다.
>
> **b.** One speculator bought **up** all the land for miles around.
>   어느 투기꾼이 그 주위 몇 마일 이내에 있는 모든 땅을 사들였다.
>
> **c.** The rabbit ate all the carrots **up**.
>   그 토끼가 모든 홍당무들을 다 먹어 버렸다.

3.19. up과 동사의 종류

3.19.1. 열고 닫기

다음 48a에서는 단순 동사 close가, 48b에서는 구동사 close **up**이 쓰였다.

> **48**
>
> **a.** He closed the door.
>   그는 그 문을 닫았다.
>
> **b.** He closed the door **up**.
>   그는 그 문을 꼭 닫았다(즉, 닫혀 있다).

단순 동사 close가 쓰인 위 48a는 그가 문을 닫는 행동을 한 것만 말해 준다. 그러나 close **up**이 쓰인 48b는 문을 닫은 다음 닫혀 있는 결과까지 나타낸다. 다음 49a에서도 open만 쓰여서 주어가 문을 여는 행동을 한 것만 나타낸다. 그러나 open **up**이 쓰인 49b에서는 문이 열려 있는 결과까지 나타낸다.

> **49**
>
> **a.** He opened the door.
>   그는 그 문을 열었다.
>
> **b.** He opened the door **up**.
>   그는 그 문을 활짝 열었다(즉, 열려 있다).

3.19.2. 싸거나 덮기

어떤 물건의 표면을 남김없이 싸거나 덮는 결과도 **up**으로 나타낸다.

50

a. Mother wrapped **up** Christmas presents.
어머니가 크리스마스 선물들을 쌌다.

b. She covered the baby's feet **up**.
그녀는 그 아기의 발을 완전히 덮었다.

c. He had packed **up** the few possessions he had and moved out.
그는 그가 가진 몇 개의 물건들을 싸서 집을 나갔다.

d. The nurse bandaged **up** the cut.
그 간호사가 그 상처를 붕대로 완전히 감았다.

3.19.3. 자르거나 부수기

물건을 자르거나 부수면 원래의 물건이 여러 조각이 된다. **up**은 이러한 관계도 나타낸다.

51

a. This furniture is so old that you might as well chop it **up** for firewood.
이 가구는 너무 낡았으므로 도끼로 잘게 잘라서 땔감으로 쓰는 것이 낫다.

b. The ship went aground and began to break **up**.
그 배는 좌초되어 산산조각이 나기 시작했다.

c. I'm afraid I've torn the receipt **up**.
나는 그 영수증을 여러 조각으로 찢어 버렸다고 생각되는데요.

d. The root ginger should be crushed **up** before it is added to the dish.
그 생강은 그 요리에 넣기 전에 으깨져야 한다.

e. One of the ships blew **up** and sank.

그 배 가운데 하나가 폭파되어 가라앉았다.

개체가 여럿이 있는 경우, 이들 개체를 하나도 남김없이 영향을 줄 때에도 **up**이 쓰인다. 다음은 이에 대한 예이다.

52

a. They sealed **up** the cracks in the window to stop the icy wind from blowing in.

그들은 그 찬 바람이 들어오는 것을 막기 위해서 그 창문의 빈틈들을 모두 메웠다.

b. It is dangerous to cork **up** these bottles while the wine is still fermenting.

그 포도주가 아직 발효하고 있을 때 이 병들을 코르크로 꼭 막는 것은 위험하다.

3.19.4. 닦고 쓸기

다음 예에서는 씻고, 닦고, 쓰는 동사가 쓰였다. **up**이 이들 동사와 쓰이면 각 과정의 결과를 나타낸다.

53

a. I wish you'd clean **up** your mess after you've been repairing your bike.

자전거를 고치고 어질러 놓은 것을 모두 치우면 좋겠어요.

b. We can't go until all the litter has been cleared **up**.

모든 쓰레기들이 다 치워질 때까지 우리는 갈 수 없다.

c. Don't leave me to sweep **up** after the party.

그 파티가 끝난 다음에 나 혼자 그것을 다 쓸게 하지 마시오.

d. After supper we would wash **up** and sit by the fire.

저녁을 먹고 나면 우리는 (그릇을) 모두 씻고, 그 난롯가에 앉아 있곤 했다.

e. Don't bother to wipe **up** the dishes; stack them up on the draining board.

그 접시들을 다 닦으려고 하지 마세요. 그냥 그 건조대에 쌓아 두세요.

3.19.5. 가두기

다음과 같은 경우 주어는 갇히는 상태에 있게 되는데, **up**이 가두기 동사와 쓰이면 갇힌 상태를 나타낸다.

54

a. These islanders have been boxed **up** for years.
이 섬사람들은 몇 해 동안 그 섬에 완전히 갇혀 살아오고 있다.

b. I won't stay cooped **up** all day in the room.
나는 온종일 그 방에 갇혀 있지는 않겠다.

c. The wild lion was caged **up**.
그 사나운 사자가 우리에 갇혀 꼼짝 못한다.

d. John shut himself **up** in a room.
존은 집에서 두문불출했다.

UP UNTIL

up until은 until/till과 의미상 큰 차이는 없지만 up이 쓰여서 until의 기간을 부각시킨다. up의 의미에는 기준점에 가까워짐과 동시에 커짐의 의미가 있다. 먼 곳에서 누가 어느 기준점에 다가오면 움직이는 사람이나 물체는 기준점에 가까워짐과 동시에 크게 보인다. 이 가까워짐의 뜻이 until까지의 기간을 부각시킨다. 이를 도식화하면 다음과 같다.

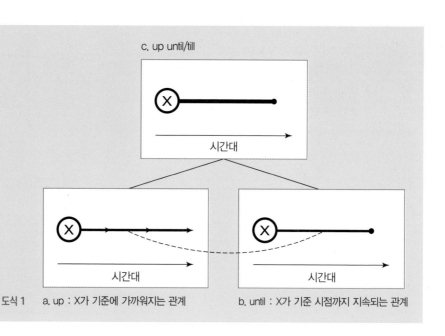

도식 1　　a. up : X가 기준에 가까워지는 관계　　b. until : X가 기준 시점까지 지속되는 관계

다음 예를 살펴보자.

1

a. **Up until** now, I have never heard about the accident.
지금까지 나는 그 사고에 대해 들은 바가 없다.

b. The tradition continued **up until** the Korean War.
그 전통은 한국 전쟁까지 계속되었다.

WITH

with는 전치사로만 쓰인다.

with는 X와 Y가 같은 장소에 있는 뜻에서 어느 상황에 참여하는 사람이나 개체, 또는 과정을 도입한다. 이것은 다음과 같이 도식화할 수 있다. X와 Y는 주어진 상황에서 상호 작용한다.

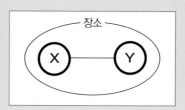

도식 1

1. 전치사적 용법

1.1. 같은 자리에 함께 있기

다음에서 X는 Y와 같은 장소에 있거나 어디로 같이 움직인다.

1

a. She still lives **with** her parents.
그녀는 아직도 부모와 같이 산다.

b. I went to the cinema **with** my mother.
나는 어머니와 함께 영화관에 갔다.

c. We are going to spend the day **with** friends.
우리는 그날을 친구들과 보낼 생각이다.

d. He mixed **with** the crowd.
그는 그 군중들과 섞였다.

e. I can't keep up **with** you.
나는 당신과 같은 수준을 유지할 수가 없다.

1.2. 도구나 재료

다음 X **with** Y에서 X는 과정이고, Y는 X에 쓰이는 도구나 재료이다. 이 Y도 과정과 같이 있는 것으로 생각된다.

2

a. We cook **with** gas.
우리는 가스로 요리한다.

b. Johnny is playing **with** his toy cars.
조니는 그의 장난감 자동차를 가지고 놀고 있다.

c. We covered her **with** a blanket.
우리는 그녀를 담요로 덮었다.

다음에서도 Y는 X가 쓰는 재료이다.

3

a. You can clean these shoes **with** soap and water.
당신은 이 신발을 비누와 물로 닦을 수 있다.

b. He put the two pieces together **with** glue.
그는 그 두 조각을 아교로 붙였다.

1.3. 싸움, 다툼

다음 예문의 상황은 싸움이나 다툼이고, 여기에는 적어도 두 사람이 필요하다.

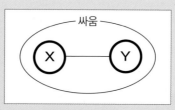

도식 2   X와 Y : 싸움의 상대

다음 예를 살펴보자.

4

a. John's always fighting **with** other boys.
존은 늘 다른 아이들과 싸우고 있다.

b. She is battling **with** her cold.
그녀는 감기와 싸우고 있다.

c. He is having a game **with** her.
그는 그녀와 같이 게임을 하고 있다.

1.4. 비교, 대조

다음 예문에 쓰인 상황은 비교나 대조이고, 이 상황에는 두 개체가 필요하다.

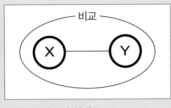

X와 Y : 비교의 상대   도식 3

다음 예를 살펴보자.

5

a. What he has just said conflicts **with** what he told us yesterday.

그가 방금 말한 것은 그가 어제 우리에게 말한 것과 다르다.

b. Her calculation disagrees **with** mine.

그녀의 계산은 내 계산과 일치되지 않는다.

c. He ranks **with** the best poets in this country.

그는 이 나라에서 제일가는 시인들과 어깨를 겨룬다.

d. His wild behavior contrasts **with** his kind word.

그의 거친 행동은 그의 친절한 말과 대조된다.

1.5. 동시 과정이나 변화

다음 예에서는 X와 Y가 동시에 변한다.

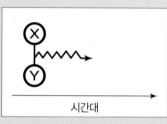

도식 4   X와 Y가 같이 움직이는 관계

6

a. The rates of payment vary **with** the season.

지불률은 계절에 따라 변한다.

b. The probability of error diminishes **with** the size of the machine.

그 오차의 확률은 기계의 크기에 따라서 줄어든다.

c. The wine improves **with** time.

포도주는 시간이 지나면서 좋아진다.

d. **With** age, driving gets hard.

나이가 들면서 운전이 어려워진다.

e. He went **with** the flow.

그는 흐름과 같이 갔다(즉, 시류에 따랐다).

위 6a에서 계절(Y)은 변하는 것인데 이에 따라서 지불률(X)도 변하는 것으로 풀이된다. 6b에서 기계의 크기에 따라서 오차가 줄어든다는 뜻이다. 6c에서도 변하는 것은 시간이므로 이에 따라서 포도주가 좋아지는 것으로 풀이된다.

다음 X **with** Y에서도 X는 Y와 동시에 일어난다.

> **7**
>
> a. **With** his death, the family came to an end.
> 그의 죽음과 함께, 그 집안은 끝났다.
>
> b. **With** every step, we drew nearer to danger.
> 매 발자국마다 우리는 위험에 접근하였다.
>
> c. Suddenly another policeman appeared, and **with** that the thief gave up.
> 갑자기 경찰 한 명이 더 나타나자 그와 동시에 그 도둑은 포기했다.

1.6. 과정과 수반 사항

다음에서 X는 과정이고 Y는 과정에 수반될 수 있는 결과, 목적, 조건 등이다. 이 경우에도 X와 Y가 같이 있는 것으로 본다.

> **8**
>
> a. We missed our train **with** the result that we were late for work.
> 우리는 우리 열차를 놓쳤는데 그 결과로 지각했다.
>
> b. They met several times **with** a view to marriage.
> 그들은 결혼을 목적으로 몇 번 만났다.
>
> c. I agree to your plan, **with** the proviso that I shall be informed of progress at regular intervals.
> 나는 정기적으로 경과를 보고받는다는 조건과 함께 당신의 계획에 동의한다.

다음에서도 X는 과정이고, Y는 과정에 수반되는 마음의 상태이다.

> **9**
>
> **a.** I agree **with** all my heart.
> 나는 나의 온 마음을 다해 동의한다.
>
> **b.** They treated the glass **with** care.
> 그들은 조심스럽게 잔을 다루었다.
>
> **c.** They treated him **with** some coldness.
> 그들은 그를 약간 냉정하게 대했다.
>
> **d.** He lifted the chair **with** ease.
> 그는 그 의자를 쉽게 들어 올렸다.

다음 문장에 쓰인 동사는 시작이나 마침을 나타내는 동사이다. X **with** Y에서 X는 Y와 같이 일어난다.

> **10**
>
> **a.** The day began **with** the singing of songs.
> 그날은 노래 부르는 것으로 시작되었다.
>
> **b.** The party ended **with** a dance.
> 그 모임은 춤으로 끝났다.
>
> **c.** We finished **with** ice cream.
> 우리는 아이스크림을 먹고 (식사를) 마쳤다.
>
> **d.** He starts off a day **with** a cup of coffee.
> 그는 매일 커피 한잔으로 시작한다.

1.7. 헤어짐

헤어지는 과정에도 반드시 두 사람이나 개체가 있어야 한다. **with**는 이 두 개체를 도입한다.

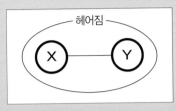

X와 Y가 헤어지는 관계　　　　　　도식 5

다음 예를 살펴보자.

11

a. Let's dispense **with** all formalities and get down to business.
모든 형식적 절차들은 그만두고, 일을 진지하게 시작합시다.

b. John broke **with** his first wife three years ago.
존은 첫 아내와 3년 전에 이혼을 했다.

c. Let's have done **with** the stupidity once and for all.
이러한 어리석은 짓은 다시는 없도록 합시다.

d. He couldn't part **with** the car.
그는 그 차를 팔 수가 없었다.

e. He made a clean break **with** the past.
그는 과거와 깨끗이 단절했다.

1.8. 소유

소유 관계를 나타내는 한 가지 방법은 X와 Y가 한자리에 있는 것으로 개념화하는 것이다.

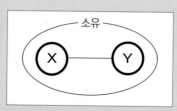

도식 6   X가 Y를 가지는 관계

12

a. A tall man **with** a black coat was standing beside her.
검은 코트를 가진 키 큰 남자가 그녀 옆에 서 있었다.

b. A man **with** blue eyes was sitting at the bar.
푸른 눈을 가진 어떤 남자가 그 바에 앉아 있었다.

1.8.1. 전체와 부분

다음에서 X와 Y는 전체와 부분 사이의 관계이다. 이 표현 역시 X가 Y와 함께 있는 소유 관계로 본다.

13

a. He has a toy cart **with** four wheels.
그는 네 바퀴가 있는 장난감 카트를 가지고 있다.

b. We want a room **with** two beds.
우리는 침대가 둘 있는 방을 원한다.

c. We came to a hall **with** doors on both sides.
우리는 양쪽에 문이 있는 홀에 이르렀다.

d. I have found a can **with** a hole in the end.
나는 끝에 구멍이 있는 깡통 하나를 발견했다.

1.8.2. 장소와 물건

다음 X **with** Y에서 X는 장소이고, Y는 이 장소에 있는 개체들이다.

a. The garden is swarming **with** bees.
그 정원에는 벌들이 많이 있다.

b. The lake is alive **with** fish.
그 강에는 물고기가 많다.

다음은 수동태 문장으로 주어에는 **with**의 목적어가 많이 있다.

a. His shirt is spattered **with** mud.
그의 셔츠는 진흙이 많이 튀어 있다.

b. The room is littered **with** toys.
그 방은 장난감들이 흩어져 있다.

c. The closet is cluttered **with** books.
그 벽장은 책들로 어지럽게 되어 있다.

1.8.3. 부담 동사

다음 수동문에서 X **with** Y는 X가 Y를 갖게 되는 관계를 나타낸다.

> **16**
>
> **a.** Richard is cursed **with** a bad temper.
> 리처드는 좋지 못한 성질을 타고났다.
>
> **b.** She was filled **with** envy.
> 그녀는 시기심으로 가득 차 있었다.
>
> **c.** He was charged **with** stealing a watch.
> 그는 시계를 훔친 죄를 쓰고 있다.

with는 16a에서 주어 리처드가 저주를 받아 좋지 못한 성질을 갖게 되고, 16b에서는 그녀가 시기심으로 가득 차 있고, 16c에서는 그가 시계를 훔친 누명을 쓰고 있음을 나타낸다.

1.8.4. 감정 동사

다음에 쓰인 동사는 감정 동사의 수동형이고, 주어는 **with**의 목적어를 가지고 있어서 특정한 감정을 갖는다.

> **17**
>
> **a.** He is delighted **with** the gift.
> 그는 그 선물을 받고 기뻐한다.
>
> **b.** She was disappointed **with** the result.
> 그녀는 그 결과에 실망했다.
>
> **c.** They are vexed **with** the problem.
> 그들은 그 문제로 짜증을 내고 있다.

위에서 Y는 X가 갖는 감정 상태의 원인이 된다.

1.9. 공유

공유 개념에도 한 명 이상의 사람이 필요하다. X **with** Y에서 X와 Y는 무엇을 공유하는 사람이다.

18

a. I shared the room **with** James.
나는 제임스와 그 방을 썼다.

b. He broke the news **with** us.
그는 우리에게 그 소식을 알렸다.

c. I have nothing in common **with** him.
나는 그와 공통점이 없다.

1.10. 관련

X **with** Y는 X와 Y가 서로 관련되는 관계를 나타낸다.

19

a. What's wrong **with** your car?
무엇이 너의 차와 관련해서 잘못되어 있니(즉, 너의 차에 무슨 문제가 있니)?

b. What's the matter **with** you?
무엇이 너와 관련해서 문제이니(즉, 너에게 무슨 문제가 있니)?

c. How are things **with** you?
모든 일이 당신과 관련하여 어떻습니까?

d. I have found a job **with** the firm.
나는 그 회사와 관련된 일자리를 찾았다.

e. I have some difficulties **with** directions.
나는 길을 찾는 데 어려움이 있다.

1.11. 대화, 토의

대화나 토의에도 상대가 있다. **with**는 이러한 상대를 도입한다.

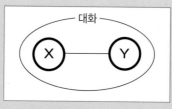

도식 7   X와 Y가 대화의 상대

다음 예문을 살펴보자.

20

a. He talked **with** the chairman.
그는 그 의장과 이야기를 나누었다.

b. I chatted **with** her.
나는 그녀와 한담을 했다.

c. I have conversation **with** him.
나는 그와 대화를 나누었다.

d. I am going to discuss the matter **with** my co-worker.
나는 그 문제를 내 동료와 논의할 예정이다.

2. be 동사와 with

X **with** Y가 be 동사와 함께 쓰일 때, be 동사만 쓰일 수도 있고, 보어(명사나 형용사)와 함께 쓰일 수도 있다.

2.1. be with

다음 21a는 X와 Y가 같이 있다. 21b에서 주어는 환유적으로 마음이나 주의를 가리키고 Y인 me는 나의 생각이나 행동을 가리킨다.

21
   a. He is in the kitchen **with** his wife.
      그는 그 부엌에 그의 아내와 같이 있다.

   b. Are you still **with** me?
      당신은 아직도 내 생각을 따라오고 있습니까?

   c. I am totally **with** you.
      나는 전적으로 너의 생각에 동의한다.

2.2. be 명사 with

다음에 쓰인 be 동사의 보어는 친구, 동업자를 나타내는 명사(friend, partner)이다. 친구나 동업자는 적어도 두 사람이 있어야만 한다.

22
   a. Mary is friends **with** Helen.
      메리는 헬렌의 친구이다.

   b. He is partners **with** Mr. Kim.
      그는 김씨와 동업자이다.

2.3. be 형용사 with

2.3.1. 감정, 태도

다음에서 be 동사의 보어는 형용사이다. 다음에 쓰인 형용사는 감정이나 태도를 나타내고, **with**의 목적어는 감정이나 태도의 대상이다.

23

   a. He is angry **with** us because we make so much noise.
      그는 우리가 떠들었기 때문에 우리에게 화를 낸다.

   b. She is very friendly **with** the boys.
      그녀는 그 남자아이들과 사이가 좋다.

   c. Don't be rough **with** your sister.
      너의 누이에게 거칠게 행동하지 말아라.

   d. He is honest **with** me.
      그는 내게 정직하다.

   e. He is good **with** children.
      그는 아이들을 잘 대한다.

   f. He is strict **with** his students.
      그는 그의 학생들에게 엄격하다.

2.3.2. 비교

다음의 형용사는 비교와 관계된다. 비교에는 비교되는 두 개체가 필요하다.

24

   a. The plate is identical **with** mine.
      그 접시는 내 것과 같다.

   b. Our house is not comparable **with** yours.
      우리 집은 너의 집과 비교할 수 없다.

2.3.3. 앎

다음에 쓰인 형용사는 앎과 관련되고, 앎은 주어가 어떤 지식을 갖는 것으로 개념화된다.

25

a. I am familiar **with** how it works.
나는 그것이 어떻게 움직이는지 안다.

b. He is conversant **with** the history.
그는 그 역사를 잘 알고 있다.

c. Are you acquainted **with** his paintings?
당신은 그의 그림을 잘 압니까?

d. He is bad/good **with** direction.
그는 길을 잘 모른다/잘 찾는다.

2.4. be 전치사구 with

다음에서 be 동사의 보어는 전치사구이다. 이 전치사구도 의미상 두 사람이나 개체가 필요하다.

26

a. She is in love **with** John.
그녀는 존과 사랑에 빠져 있다.

b. Mary is in bed **with** cold.
메리는 감기로 누워 있다.

c. John is out of step **with** us.
존은 우리와 보조가 안 맞는다.

d. The tree is out of line **with** others.
그 나무는 다른 나무들과 줄이 안 맞는다.

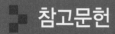

참고문헌

Dictionaries

Benson, Morton, Evelyn Benson, and Robert Ilson. 1986. The BBI Combinatory dictionary of English: a guide to word combinations. Amsterdam: John Benjamins.

Collins COBUILD dictionary of phrasal verbs. 1989. London: Collins.

Courtney, Rosemary. 1983. Longman dictionary of phrasal verbs. London: Longman.

Cowie, A. P. and R. Mackin. 1975. Oxford dictionary of current idiomatic English. London: Oxford University Press.

Cullen, Kay and Howard Sargeant. 1996. Chambers English dictionary of phrasal verbs. Edinburgh: Chambers Harper Publishers Ltd.

Fowler, W. S. 1978. Dictionary of idioms. London: Nelson.

Heaton, J. B. 1965. Prepositions and adverbial particles. London: Longman.

Hill, L. A. 1968. Prepositions and adverbial particles. London: Oxford University Press.

Hornby, A. S. O. 1974. Oxford advanced learner's dictionary of current English. London: Oxford University Press.

Longman dictionary of contemporary English. 1978. London: Longman.

Longman dictionary of English idioms. 1979. London: Longman.

Taya-Polidori, Junko. 1989. English phrasal verbs in Japanese. London: Edward Arnold.

Turton, Nigel D., and Martin H. Manser. 1985. The student's dictionary of phrasal verbs. London: Macmillan.

Wood, Frederick. 1964. English verbal idioms. London: Macmillan.

Wood, Frederick. 1967. English prepositional idioms. London: Macmillan Press Ltd.

Workbooks

Bruton, J. G. 1969. Exercises on English prepositions and adverbs. Ontario: Thomas Nelson and Sons(Canada) Ltd.

Close, R. A. 1967. Prepositions. London: Longman.

English Language Service, Inc. 1964. The key to English prepositions. London: Collier Macmillan Ltd.

English Language Services. 1964. The key to English two-word verbs. London: Collier Macmillan Ltd.

Feare, Ronald E. 1980. Practice with idioms. New York: Oxford University Press.

Heaton, J. B. 1965. Using prepositions and particles(1, 2, 3). London: Longman.

Hook, J. N. 1981. Two-word verbs in English. New York: Harcourt Brace Jovanovich, Inc.

Longman for the British council. 1968. Structures used with phrasal verbs.

McCallum, George P. 1970. Idiom drills. New York: Thomas Y. Crowell Company.

Mortimer, Colin. 1972. Phrasal verbs in English. London: Longman.

Pack, Alice C. 1977. Prepositions. DYAD. Rowley, Mass.: Newbury House Publishers, Inc.

Reeves, George. 1975. Idioms in action: a key to fluency in English. Rowley, Mass: Newbury House Publishers.

Worrall, A. J. 1975. More English idioms for foreign students. London: Longman.

Books and Papers

Bennett, David C. 1975. Spatial and temporal uses of English prepositions: an essay in stratificational semantics. London: Longman.

Bolinger, Dwight. 1971. The phrasal verb in English. Cambridge, Mass.: Harvard University Press.

Brugman, Claudia M. 1983. The story of over. Linguistic Agency University Trier. Series A, paper no. 102.

Cuyckens, Hubert. 1984. At: a typically English preposition. In Jacek Fisiak, ed., Papers and Studies in Contrastive Linguistics 19: 49-64.

Deane, Paul D. 1933a. Polysemy as the consequence of internal conceptual complexity: the case of over. ESCOL: 32-43.

Deane, Paul D. 1933b. Multimodal spatial representation: on the semantic unity of over and other polysemous perpositions.

Dewell, Robert B. 1994. Over again: image-schema transformations in semantic analysis. Cognitive Linguistics 5: 351-380.

Dirven, Rene. Xxxx. The construal of caues: the case of cause prepositions.

Fraser, Bruce. 1967. The verb-particle combination in English: Taikushan studies in modern linguistics. New York: Academic Press.

Hawkins, B. 1984. The semantics of English prepositions. Ph. D. dissertation, UCSD.

Herskovits, Annette. 1985. Semantics and pragmatics of locative expressions. cognitive science 9: 341-378.

Herskovits, Annette. 1986. Language and spatial cognition. An interdisciplinary study of the prepositions. Cambridge: Cambridge University Press.

Kennedy, Arthur G. 1920. The modern verb-adverb combination. Stanford: Stanford University Press.

Lakoff, George. 1987. Women, fire and dangerous things: what categories reveal about the mind. Chicago: Chicago University Press.

Lakoff, George, and Mark Johnson. 1980. Metaphors we live by. Chicago: University of Chicago Press.

Leech, Geofrfrey N. 1969. Towards a semantic descrition of English. London: Longman.

Lindner, Sue. 1983. A lexico-semantic analysis of English verb particle construction. Indiana University Linguistics Club.

Lindkvist, K. G. 1978. At vs. on, in, by: on the early history of spatial at and certain primary idesa distinguishing at from on, in, by. Stockholm.

Oamond, Meredith. (manuscript) The prepositions we use in the construal of emotion: why do we say fed up with but sick and tired of?

Radden, G. 1985. Spatial metaphors underlying prepositions of causality. In W. Paprotte and R. Dikrven(eds). The ubiquity of metaphors. Amsterdam: John Benjamins.

Rauh, G. 1991. Approaches to prepositions. Tubingen: Gunter Narr Verla.

Rice, Sally. 1992. Polysemy and lexical representation: The case of three English prepositions. Proceedings of the 14th annual conference of the cognitive science society. 89-94. New Jersey: Lawrence Erlbaum.

Rice, Sally. 1993. Far afiled in lexical fields: the English prepositions. In Bernstein. Michael(ed). ESCOL '92. Ithaca: Cronel University Press. 206-217.

Rice, Sally. 1996. Prepositional prototypes. In Puetz, Martin, and Rene Dirven (ed), The construal of space in language and thought. Berlin: Mouton de Gruyter.

Vandeloise, Claude. 1994. Methodology and analysis of the preposition in. cognitive linguistics 5: 157-184.

Wege, B. 1991. On the lexicaln meaning of prepositions: a case study of above, below, and over. In G. Rauh(ed), Appraches to prepositions. 275-296. Tubingen. Gunter Narr Vergla.

Wesche, Birgit. Xxxx. At ease with at. Journal of Semantics 5: 385-398.

Wierzbicka, Anna. 1993. Why do we say in April, on Thursday, at 10 o'clock? In search of an explanation. Studies in Language 17: 437-454.